"十四五"普通高等教育本科精品系列教材

U0602758

旅游统计应用

▶ 主　编◎徐　乐
▶ 副主编◎王　磊　杨　洋

西南财经大学出版社

中国·成都

图书在版编目(CIP)数据

旅游统计应用／徐乐主编;王磊,杨洋副主编.
成都:西南财经大学出版社,2024.8.--ISBN 978-7-5504-6263-2
Ⅰ.F590
中国国家版本馆 CIP 数据核字第 2024R7B635 号

旅游统计应用
LÜYOU TONGJI YINGYONG

主　编　徐　乐
副主编　王　磊　杨　洋

策划编辑:李邓超
责任编辑:高小田
责任校对:王青杰
封面设计:墨创文化　张姗姗
责任印制:朱曼丽

出版发行	西南财经大学出版社(四川省成都市光华村街 55 号)
网　　址	http://cbs.swufe.edu.cn
电子邮件	bookcj@ swufe.edu.cn
邮政编码	610074
电　　话	028-87353785
照　　排	四川胜翔数码印务设计有限公司
印　　刷	郫县犀浦印刷厂
成品尺寸	185 mm×260 mm
印　　张	17.875
字　　数	543 千字
版　　次	2024 年 8 月第 1 版
印　　次	2024 年 8 月第 1 次印刷
印　　数	1— 3000 册
书　　号	ISBN 978-7-5504-6263-2
定　　价	45.00 元

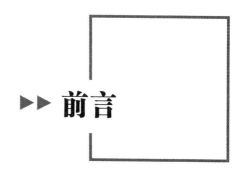

▶▶ 前言

　　《旅游统计应用》教材注重跨学科融合，知识涵盖旅游管理、酒店管理、统计学等多个学科领域，以提高学生的综合素质。本教材从统计学课程内容出发，借助学院的省一流专业旅游管理、国家级一流专业酒店管理方面的优势，以旅游企业和银杏标准酒店为案例，培养学生对旅游酒店数据分析的实践能力和决策制定的能力，提升学生的实际操作能力，培养他们成为旅游酒店行业的领导者和创新者。本教材同样适用于旅游、酒店行业的相关从业人员。

　　党的二十大胜利召开，为新时代中国的发展绘制了宏伟蓝图，也为旅游酒店业的未来发展指明了方向。大会强调要加快构建新发展格局，着力推动高质量发展，并明确提出要促进文化产业和旅游产业融合发展，满足人民日益增长的精神文化需求。在这一背景下，旅游统计学的教学与研究更应紧跟时代步伐，将二十大会议精神融入其中，为培养新时代的旅游统计人才贡献力量。

　　本教材内容体系全面、系统、实用，既紧贴党的二十大精神，又涵盖统计学基础知识，还紧密结合旅游酒店行业实际，具有指导性和可操作性。在内容体系上，本教材突出实践性的特点，把提升学生的职业能力的理论和实践相结合作为一个综合的考量因素。本教材主要采用案例式、项目式组织教学内容，再进一步将教学内容分解成任务，由任务驱动教学内容，项目与案例的设计均选自真实的酒店项目和案例，并借助计算机统计软件帮助学生在传统计算的基础上融入 Excel、SPSS、Python 等软件进行数据处理和分析。不仅让学生更加深入地理解统计学的应用，也提高了学生应用统计软件处理和解决实际问题的动手能力。

　　整个内容体系的设计围绕着教学环节的实施展开，主要分为：理论知识、实践能力与综合运用三个环节。教材利用国家统计局旅游类数据以及教师团队在酒店挂职锻炼过程中所收集到的真实数据，开展统计综合运用。本书共包括十章，第一章是总论，介绍统计学的基本概念。第二章和第三章的内容是旅游统计数据的收集、整理与展示，包括统计数据收集、调查的方法、统计表和统计图的展示。第四章和第五章的内容是旅游总量指标、相对指标和数据分布特征，包括指标的概念、作用，集中趋势与离散程度的具体运用。第六章和第七章的内容是统计抽样估计和假设检验，包括抽样误差的含义、点估计和区间估计的方法以及样本容量的确定、假设检验的方法。第八章和第十章的内容是相关与回归分析和统计指数。这两章要求学生掌握一元线性回归分析方法解决实际问题并用指数体系进行因素分析。第九章的内容是旅游时间序列分析，要求学生通过本章的学习能运用长期趋势的分析和预测方法分析解决旅游时间序列问题。

　　本书的编者都是从事多年教学工作并有丰富经验的老师，主编是成都银杏酒店管理学院的徐乐，副主编为王磊、杨洋老师。课程组的其他成员张晓萌、许悦然、文飞人、郑牵宝、李玥儒、刘城、杨海几位老师也参与了本书的编写。由于编者水平有限，本书不足之处在所难免，欢迎广大读者批评指正。

编者

2024 年 7 月

▶▶ 目录

第一章

总论

- - - ■**学习目标** -

　　通过本章的学习了解统计实践和统计学的产生和发展历程；熟悉统计学的研究对象和统计研究的基本方法；理解统计学的基本概念；了解 Excel 在统计分析中的主要功能及其使用方法。

- - - ■**基本要求** -

　　了解统计学的研究对象和统计基本方法，熟悉统计学中的相关概念，能够运用信息化工具处理统计数据。

第一节　统计的产生和发展

一、统计活动的产生与发展

　　统计学（statistics）是一门方法论学科，研究如何搜集、整理、显示和分析统计数据，以探索现象内在的数量特征和数量规律。

　　统计作为一种社会实践活动，是为了适应社会政治经济的发展和国家管理的需要而逐步产生和发展起来的。它的产生和发展的历史包括统计实践史和统计理论史，其中统计实践已有 5 000 多年的历史，而统计理论只有 300 多年的历史。了解统计的渊源及其发展过程，对于了解统计学的研究对象和性质，学习统计学的理论和方法、提高统计实践和理论水平，都是非常必要的。

　　统计作为收集、整理数据资料的一种社会实践活动，已有悠久的历史。早在没有文字的原始社会，我们的祖先就以结绳计数的方式统计每天打到的猎物数，进行食品的计数分配。到了奴隶社会，当时的统治阶级出于对内统治和对外扩张疆域的需要，进行征兵、征税，开始了人口、土地和财产的统计。

我国最早的统计资料是夏朝关于土地和人口数字的记载。当时的记载表明，华夏大地分九州，国土面积24 388 024顷，人口13 553 923人。春秋战国时期，诸侯开始了兵员、乘骑、车辆等方面反映军事实力的军备统计。公元前221年，秦始皇统一中国后，将全国分为三十六郡，不但进行了人口普查（2 000万人），而且还统一了货币和度量衡。世界各国在其历史发展过程中，也都有过各自的统计活动历史。例如，公元前3050年，埃及为建造金字塔，举行全国人口与财产普查；罗马帝国时代，人口出生、死亡都必须到寺院登记等。到了封建社会，经济依然十分落后，统计学的发展非常缓慢。统计学广泛、迅速地发展是在资本主义社会。1830—1849年，欧洲出现"统计狂热"时期，各国相继成立了统计机关和统计研究机构，统计成为社会分工中一种专门的行业。

二、统计学的产生和发展

虽然人类统计实践活动的历史很悠久，但在17世纪之前，统计方法仅局限于原始登记和简单计算（那时甚至连"统计"这个词也没有出现），并没有形成系统的学科理论，统计学作为一门专业的学科体系出现，距今只有300多年的历史。一般认为，统计学产生于17世纪中叶的欧洲。在17世纪的欧洲，随着资本主义社会的产生和发展，统计的内容由过去对人口、土地等方面的简单汇总逐步扩大到工业、贸易等方面，人们开始注意总结统计实践的经验，不断地发展、创新统计方法，逐步地形成比较系统的统计理论和方法体系，这就是统计学的起源。统计科学理论使统计实践从感性走向理性，从被动变为主动，从自发地适应需要到自觉地利用统计为人类社会经济活动服务，加快了统计实践的科学化进程。根据统计学的产生和发展过程，可以将统计学划分为古典统计学、近代统计学和现代统计学三个时期。

（一）古典统计学时期

古典统计学时期是指17世纪中后期至18世纪中后期的统计学萌芽时期，古典统计学分为政治算术学派和国势学派两大学派。

1. 政治算术学派

政治算术学派用计量方法研究社会经济问题，产生于17世纪中叶的英国，创始人威廉·配第（William Petty，1623—1687），其代表作是他于1676年完成的《政治算术》一书，这本书是经济学和统计学史上的重要著作，这里的"政治"是指政治经济学，"算术"是指统计方法。在这本书中，他利用实际资料，运用数字、重量和尺度等定量分析工具对英国、法国和荷兰三国的国情国力，作了系统的数量对比分析，其所采用的方法是前所未有的，为统计学的形成和发展奠定了方法论基础。因此，马克思说："威廉·配第——政治经济学之父，在某种程度上也是统计学的创始人。"政治算术学派的另一个代表人物是约翰·格朗特（1620—1674），他以1604年伦敦教会每周一次发表的"死亡公报"为研究资料，在1662年发表了《关于死亡公报的自然和政治观察》的论著。书中通过大量观察发现了人口各年龄组的死亡率、性别比例等重要的数量规律，并对人口总数进行了较为科学的估计：第一次编制了"生命表"，对死亡率与人口寿命作了分析，从而引起了普遍的关注。因此，他被认为是人口统计学的创始人。政治算术学派虽然提出了利用数字、重量、尺度的统计学方法基础，但是并没有形成统计学学科概念，故后来的统计学家们认为该学派有统计之实，无统计之名。1787年，英国的齐麦曼（E. A. Zimmeman）博士首次将德语 statistik 译成英语 statistics，并将其作为政治算术的代名词，用来研究社会经济现象的数量关系。令人遗憾的是，该学派的学者无一人使用"统计学"名称，造成了实不符名。

2. 国势学派

国势学派又称记述学派，产生于17世纪中叶的德国。国势学，就是以文字来记述国家的显著事项的学说。由于该学派主要以文字记述国家的显著事项，因此称其为记述学派。国势学派的创始人是海尔曼·康令（Hermann Conring，1606—1681）教授，他提出通过对国家重要事项的研究来说明各国的状态，研究状态形成的原因。康令于1660年把国势学从法学、史学和地理学等学科中独立出来，在大学中讲授"实际政治家所必需的知识"；阿亨华尔在哥廷根大学开设"国家学"课程，其主要著作是《近代欧洲各国国势学纲要》，书中讲述"一国或多数国家的显著事项"，主要用对比分析的方法研究了国家组织、领土、人口、资源财富和国情国力，比较了各国实力的强弱，为德国的君主政体服务。因在外文中"国势"与"统计"词义相通，后来正式将其命名为"统计学"。国势学派只是对国情的记述，偏重事物性质的解释，未能进一步揭示社会经济现象的规律，也不研究事物的计量分析方法，不注重数量对比和数量计算，只是用比较级和最高级的词汇对事物的状态进行描述。所以，人们也把它叫作记述学派（旧学派或德国学派），并认为国势学派有统计学之名而无统计学之实。

政治算术学派和国势学派都以社会经济现象作为研究对象，以社会调查作为研究基础，均认为自己这门科学是具体阐明国情、国力的社会科学。但政治算术学派注重用数字说话，进行定量分析；而国势学派则注重文字表达，进行定性分析。两个学派的分歧在于是否把数量方面的研究作为这门学科的基本特征。两个学派的相互争论，直到克尼斯于1850年发表了《独立科学的统计学》论文，提出"国势论"和"统计学"的科学分工，主张把"国势论"命名为"国势学"，把"政治算术"正名为"统计学"后，才宣告结束。这两个学派共存了100多年，互相影响，互相争论，总的来讲政治算术学派的影响要大些。

19世纪中叶，政治算术学派和国势学派的争论还未结束，统计理论又有了新的发展。比利时人凯特勒的研究成果使统计学的发展进入了一个新的阶段，自然也导致了新的学派和新的争论出现，这就是进入近代统计学时期的"数理统计学派"和"社会统计学派"。

（二）近代统计学时期

18世纪末至19世纪末是近代统计学时期，在这个时期，各种学派的学术观点已经形成，最主要的两个学派就是"数理统计学派"和"社会统计学派"。

1. 数理统计学派

数理统计学派产生于19世纪中叶，创始人是比利时的天文学家、数学家和统计学家凯特勒（Lambert Adolphe Jacques Quetelet，1796—1874），他的代表作是《社会物理学》《统计学的研究》和《关于概率论的书信》等。凯特勒是当时统计学界的中心人物，他担任过比利时中央统计局局长，主持过第一次国际统计会议（1853），他最先运用大数定律论证社会生活现象并非偶然，而是有其发生的规律性。此外，他还运用概率论原理，提出了"平均人"的概念——具有平均身高、平均体重、平均智力和道德品质的典型人物。统计的任务就是关于平均人的比较研究。他认为，社会上所有的人与平均人的差异越小，社会矛盾就越容易得到缓和。凯特勒认为，统计学既研究社会现象又研究自然现象，是一门独立的方法论科学。凯特勒倡导统计学与概率论的结合，使统计学开始进入新的阶段。可以说，凯特勒是古典统计学与近代统计学的承上启下者，也是数理统计学派的奠基人。

数理统计学派的又一代表人物是德国的韦特斯坦（T. Wittstein），他首次提出了数理统计这一名词。韦特斯坦在1867年发表了一篇论文《关于数理统计学及其在政治经济学和保险学中的应用》。1872年，英国的斯波拉吉（T. B. Sprague）将其译为英文，发表在保险统计师学会会刊第ⅩⅦ期上。从此，这个名词被广泛应用。自19世纪中叶到20世纪20年代，描述统计学和推断统计学相继产生，数理统计学才开始分化为一门独立的学科，并在英美形成了数理统计学派，把统计学由通用科学逐渐演变为通用的方法论科学。目前，数理统计学已成为欧美统计学的主流，并在世界各国统计学界产生了极其广泛的影响。

数理统计学派在理论上混淆了自然现象与社会现象之间的本质区别，过分夸大了概率论的作用，认为统计学就是数理统计学，是通用于研究自然现象和社会现象的方法论体系，是现代应用数学的一个重要分支，否认社会经济统计学的存在，因而又导致了与社会统计学派的长期争论。

2. 社会统计学派

社会统计学派产生于19世纪后半叶，创始人是德国经济学家、统计学家克尼斯（K. G. A. Knies，1821—1898），主要代表人物有厄恩斯特·恩格尔（Christian Lonrenz Ernst Engel）、乔治·冯·梅尔（Georg Von Mayr，1841—1925）等人。他们融合了国势学派与政治算术学派的观点，沿着凯特勒的"基本统计理论"把社会统计学派向前发展，但在学科性质上认为统计学是一门社会科学，是研究社会现象变动原因和规律性的实质性科学，以此同数理统计学派通用方法相对立。社会统计学派在研究对象上认为统计学是研究总体而不是个别现象，而且认为由于社会现象的复杂性和整体性，必须对总体进行大量观察和分析，研究其内在联系，才能揭示现象的内在规律。这是社会统计学派的"实质性科学"的显著特点。社会统计学派一方面研究社会总体，另一方面在研究方法上采用大量观察法，这两方面构成了"实质性社会科学"的两大特点。社会统计学派的观点在德国、日本统计学界影响较大。

（三）现代统计学时期

20世纪至今为现代统计学时期，这一时期的主要特征是描述统计学已转向推断统计学，1907年，英国人戈塞特（1876—1937）提出了小样本t统计量理论，丰富了抽样分布理论，为统计推断奠定了基础。英国的罗纳德·费希尔（R. A. Fisher，1890—1962）提出了极大似然估计量的概念，其迅速成为估计参数的重要方法，他还提出样本相关系数的分布、实验设计和方差分析等方法。英国科学家弗朗西斯·高尔顿（Francis Galton）提出了相关与回归思想，并给出计算相关系数的明确公式。英国统计学者 K. 皮尔逊发展了拟合优度检验，还给出了卡方统计量及其极限分布，波兰学者奈曼（J. Neyman，1894—1981）创立了区间估计理论，并和 K. 皮尔逊发展了假设理论。美国学者瓦尔德提出决策理论和序贯抽样方法。美国化学家威尔科克松（Frank Wilcoxon）发展了一系列非参数统计方法，开辟了统计学的新领域。由马哈拉诺比斯领导的印度统计研究所和 20 世纪 30 年代后期奈曼发表的两篇论文，使抽样的数学理论在 20 世纪 30 年代得到了迅速发展。

统计学发展史表明，统计学是从设置指标研究社会经济现象的数量开始的，随着社会的发展和实践的需要，统计学家不断丰富和完善统计方法，统计学也不断发展和演变。从目前世界各国统计研究状况来看，统计学为研究社会经济现象的数理方面，以及研究自然技术现象的数量方面提供各种统计方法。它既研究确定现象的数量方面，又研究随机现象的数量方面。它已从一门实质性的社会学科，发展成为方法论性质的综合性学科。从统计学的发展趋势来看，它的作用与功能已从描述事物现状、反映事物规律，向抽样推断、预测未来变化方向发展。随着统计学理论知识的发展与健全，统计学的应用领域将会进一步扩大，将出现许多新型的交叉学科，比如将统计应用到法律、文学等学科。同时，伴随着计算机技术的飞速发展，统计学还将在模糊现象、突变现象及混沌现象等方面开辟新的研究领域。

三、科技创新带动了统计学的发展

党的十八大以来，我国在载人航天、探月探火、深海深地探测、超级计算机、卫星导航、量子信息、核电技术、大飞机制造、生物医药等领域取得重大成果，进入创新型国家行列。习近平总书记在党的二十大报告中强调，必须坚持科技是第一生产力、人才是第一资源、创新是第一动力，深入实施科教兴国战略、人才强国战略、创新驱动发展战略，开辟发展新领域新赛道，不断塑造发展新动能新优势。统计学发展与党的二十大精神的科技创新是当前和未来一段时间内统计学发展的重要方向。

在信息技术高速发展的当下，科技创新将是统计学发展的重要方向，主要表现在：

（一）统计学发展需要加强理论创新

在互联网时代，统计学需要与人工智能、云计算、大数据等技术进行结合，探索更加高效和智能的数据分析方法和工具，提高数据处理的效率和精度。统计学作为一门应用性很强的学科，需要不断适应时代的需求，加强理论创新。在党的二十大精神的指引下，统计学需要进一步深化对统计理论的研究，加强对统计数据的分析方法、统计模型的建立等方面的研究，以更好地适应社会经济发展的需要。

（二）统计学发展需要加强应用实践

统计学作为一门应用性很强的学科，需要不断加强应用实践，以更好地指导社会经济发展。未来需要统计工作者对统计学的方法、技术和工具进行深入研究和创新，要能够掌握解决实际应用中的难点和问题，提高统计学的应用水平和应用效果，以更好地为经济社会发展提供科学依据。

（三）统计学发展需要加强人才培养

统计学作为一门应用性很强的学科，需要不断加强人才培养，以更好地推动统计学的发展。这就需要培养具有实践能力和创新精神的人才，包括在教育过程中注重实践操作和实践能力的培养，提高统计人才的综合素质和应用能力，以更好地为统计事业发展提供人才支持。

（四）统计学发展需要加强国际交流

统计学作为一门应用性很强的学科，需要不断加强国际交流。在党的二十大精神的指引下，统计学需要加强对国际统计理论和实践的研究，以更好地为统计事业发展提供借鉴和支持。

四、统计学的学科体系

现代统计学是一门多分支的学科。统计学根据研究的侧重点不同可以划分为理论统计学和应用统计学两个大类，统计学的学科体系如图1-1所示。

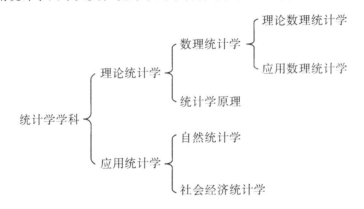

图1-1　统计学的学科体系

数理统计学是应用数学的一个分支，在这里也作为统计学的一个分支，它以概率论等数学理论为基础，研究随机现象的数量规律，是一门纯方法论的学科。该学科从19世纪中叶创立以后迅速发展，先后由多位统计学家建立了参数估计与假设检验理论、非参数统计理论、相关与回归分析理论、统计决策理论、实验设计理论等数理统计学的新分支。数理统计学又可以分为理论数理统计学和应用数理统计学，前者主要研究统计理论和方法的数理依据，后者主要研究量化分析的方法技术。

统计学原理是在统计实践的基础上，对统计理论、方法的一般概括，内容包括统计的对象和任务、统计的理论基础和方法论基础，以及关于统计活动各个环节的理论和方法。统计学原理既结合了数学、概率论和数理统计学的知识，又是统计实践经验的高度总结，是指导统计实践活动的科学依据。我们一般所说的统计学就是指统计学原理。

自然统计学将理论统计学应用于自然现象领域，是探索地理、地质、气候、天文、生物等非人类现象的数量关系和数量规律的统计方法论，其较为重要的分支有生物统计学、气象统计学、天文统计学等。

经济与管理类专业的学生，所要学习的主要是社会经济统计学。这是一门以社会经济现象作为特定研究对象的应用统计学，它的特点是在质与量的紧密联系中，研究事物的数量表现和数量特征。人口统计学、教育统计学、司法统计学、社会保障统计学、医药与卫生统计学等均属于社会统计学的重要分支，而国民经济统计学、工业统计学、农业统计学、贸易统计学等属于经济统计学的重要分支。社会经济统计学具有十分广阔的发展前景。

第二节　统计学的研究对象与方法

一、统计的概念

统计就是人们正确运用统计理论和方法收集数据、整理数据、分析数据和由数据得出结论的实际操作过程，是人们通过数据对客观世界的一种认识活动。现代统计的含义包括三个方面：统计工作（统计活动）、统计资料和统计学。统计是统计工作、统计资料和统计学的统一体。

（一）统计工作（统计活动）

统计工作即统计实践，是对社会经济现象客观存在的现实数量进行收集、整理和分析预测等活动的总称。一个完整的统计工作过程一般包括统计设计、统计调查、统计整理、统计分析等环节。统计工作是统计一词最基本的含义，是人们对客观事物的数量表现、数量关系和数量变化进行描述和分析的一种计量活动。例如，银行的计划统计科，每月编制项目报表，这个过程就是统计工作；又如，我国进行人口普查时要经过方案设计、入户登记、数据汇总、分析总结和资料公布等一系列过程。这些都是统计工作。在我国，各级政府机构基本上都有统计部门，如统计局，它们的职能主要就是从事统计数据的收集、整理和分析工作。

（二）统计资料

统计资料是统计工作过程中所取得的各项数字资料和与之相关的其他实际资料的总称。

统计资料是统计工作的直接成果。统计资料包括原始资料和整理后的资料即次级资料。例如，企业生产经营活动的原始记录、各车间的统计台账、人口普查时初次登记的资料就是原始资料，而统计公报、调查分析报告等现实和历史资料就是次级资料。统计资料的表现形式有统计表、统计图、统计分析报告、统计公报和统计年鉴等。

（三）统计学

统计学是一门关于数据的科学，是一门关于数据的收集、整理、分析、解释和推断的科学。统计学经过300多年的发展，形成了自己的学科体系。统计学从统计分析方法的研究和应用角度，分为理论统计学和应用统计学，前者研究一般的收集、整理和分析数据的方法，后者则以各个不同领域的具体数量为研究重心。

1. 描述统计学（descriptive statistics）

描述统计学研究如何取得反映客观现象的数据，并以图表形式对所收集的数据进行加工处理和显示，进而通过综合、概括与分析得出反映客观现象的规律性数量特征，内容包括统计数据的收集方法、数据的加工处理方法、数据的显示方法、数据分布特征的概括与分析方法等。

2. 推断统计学（inferential statistics）

推断统计学研究如何根据样本数据推断总体数量特征的方法，它是在对样本数据进行描述的基础上，对统计总体的未知数量特征作出以概率形式表述的推断，是系统论述统计理论和方法的科学，是长期统计工作实践的经验总结和理论概括。其中，应用纯逻辑推理的方法研究抽象的随机现象的数量规律性的科学称为理论统计学，而应用统计方法研究各领域客观现象的数量规律性的科学称为应用统计学。社会经济统计学则是关于国民经济和社会现象数量方面的调查、整理和分析的原理、原则和方式方法的科学，按性质它属于应用统计学。

统计工作、统计资料和统计学三者之间的关系为：统计工作是搜集统计资料的过程，统计资料是统计工作的结果，统计学是统计工作的经验总结和概括，统计学反过来又指导统计工作。统计学是从数据方面认识客观世界，研究社会经济现象的。在统计学中运用到大量的数学知识，数学为统计理论和统计方法的发展提供基础，但是不能将统计学等同于数学。统计学可以被用到几乎所有的研究领域，可以帮助其他学科探索学科内在的数量规律性，但是统计学并不能解决各学科领域的所有问题，对统计分析结果的解释以及对各学科内在规律的研究，还需要各学科领域的专业研究来完成。

统计数据的收集是取得统计数据的过程，是进行统计分析的基础。如何取得准确、可靠的统计数据是统计学研究的内容之一。

统计数据的整理是统计数据的加工处理过程，目的是使统计数据系统化、条理化，符合统计分析的需要。数据整理是数据收集与数据分析之间的一个必要环节。

统计数据的分析是统计学的核心内容，是通过统计描述和统计推断的方法来探索数据内在规律的过程。

可见，统计学是一门有关统计数据的科学，统计学与统计数据有着密不可分的关系。

英文中，statistics 一词有两个含义：当它以单数名词出现时，表示作为一门科学的"统计学"；当它以复数名词出现时，表示"统计数据"或"统计资料"。从中可以看出，统计学由一套收集和处理统计数据的方法组成，这些方法来源于对统计数据的研究，目的也在于对统计数据进行研究。离开了统计数据，统计方法就没有了用武之地，统计学也就失去了存在的意义。而统计数据如果不用统计方法加以分析也仅仅是一堆数据而已，得不出任何有益的结论。

此外，统计数据在英文中是以复数形式出现的，这表明统计数据不是指单个的数字，而是由多个数据构成的数据集。单个的数据显然不需要用统计方法进行分析，仅凭一个数据点也不可能得出事物的规律，只有经过对同一事物进行多次观察或计量得到大量数据，才能利用统计方法探索出事物内在的必然规律性。

二、统计的研究对象及其特点

（一）统计的研究对象

统计学和统计活动是理论与实践的关系，它们的研究对象是一致的。统计的研究对象是大量现象总体的数量方面，其特征是在质与量的辩证统一中研究大量现象总体的数量方面，反映现象发展变化的规律性在具体时间、地点和条件下的数量表现，揭示事物的本质相互联系、变动规律性和发展趋势。统计学和统计活动的区别在于：统计学是从理论角度进行研究阐述，统计活动则是从实践角度进行具体研究。

数量方面是指现象总体的数量特征、数量关系及数量界限，通过对这些数量方面的研究，表明所研究现象的规模、水平、速度、比例和效益等，以反映社会经济现象发展变化的规律性，反映现象的本质。统计学和统计工作是理论和实践的关系，它们所要认识的研究对象是一致的。

社会经济现象包括自然现象以外的社会的政治、经济、文化、人民生活等领域的各种现象。比如，国民财富与资产、人口与劳动力资源、生产与消费、财政与金融、教育与科技发展状况、城乡人民物质文化生活水平等。通过对这些基本的社会经济现象的数量方面的认识，达到对整个社会的基本认识。

社会经济统计学虽然不研究自然现象与科学技术本身，但是社会、经济和自然、技术总是密切联系、相互影响的。社会经济统计学也研究自然技术因素对社会生活变化的影响，研究社会生产发展对社会生活自然条件的影响。例如，研究资源条件和技术条件的变化对于社会生产生活的影响程度，研究社会生产的发展引起自然条件的变化等。

【例1-1】我国历次人口普查的总人口情况见表1-1。

表1-1 我国历次人口普查的总人口情况

项目	时 间	总人口/亿人
第一次人口普查	1953 年 6 月 30 日 24 时	5.74
第二次人口普查	1964 年 6 月 30 日 24 时	7.23
第三次人口普查	1982 年 7 月 1 日零时	10.08
第四次人口普查	1990 年 7 月 1 日零时	11.34
第五次人口普查	2000 年 11 月 1 口零时	12.95
第六次人口普查	2010 年 11 月 1 日零时	13.71
第七次人口普查	2020 年 11 月 1 日零时	14.43

数据来源：根据国家统计局历次人口普查统计公报数据整理而来。

（二）统计学研究对象的特点

1. 数量性

从数量上认识现象的性质和规律性，这是统计研究的基本特点。

统计的研究对象是社会经济现象的数量方面，包括社会经济现象的规模、水平、现象间的数量关系，以及决定现象质量的数量界限。统计研究对象的数量性，是统计区别于其他社会经济调查研究活动的根本特点。统计对社会经济现象数量方面的认识是定量认识但必须以定性认识为基础，要和定性认识结合起来，遵循定性-定量-定性的科学的认规律。现象的数量方面包括数量多少、数量关系、质和量互变的数量界限等。数量关系指各种平衡关系、比例关系和依存关系，例如总供给与总需求的平衡关系，各产业间的比例关系，消费与收入之间的依存关系等。客观现象往往具有复杂性的特点，现象之间具有多方面的联系。

2. 总体性

统计研究的对象总是由大量同类事物构成的总体现象的数量特征。个别和单个事物的数量表现是可以直接获取的，一般无须运用统计研究方法。例如，要了解某名工人的工作情况，查一查生产记录就可以了，可如果要了解全体工人产量的分布、差异和一般水平等，就要用统计方法来进行计算和分析。统计对总体现象的数量特征进行研究时，是通过对组成总体的个别事物量的认识来实现的。例如，在人口普查中，我们通过对每一户家庭的人口状况进行调查，根据所取得的资料，编制人口总数，人口结构（性别、年龄、民族、职业等结构），人口分布，人口出生率，人口死亡率等指标来反映一个国家或一个地区的人口总体情况。个别事物有很大的偶然性，大量事物具有共性。统计学正是要从大量的客观事物中找出其共性，即规律性，从对个体数量特征的观测入手，运用科学的统计方法获得反映总体一般特征的综合数量，这是统计的又一基本特征。

3. 变异性

变异性是指组成研究对象的各个单位在特征表现上存在差异，并且这些差异是不可以按已知条件事先推断的。例如，要研究某地区的消费行为，每个消费者的家庭收入有差异，消费偏好有差异，消费品的市场价格也不稳定。这时就需要研究消费者平均消费、家庭平均收入、消费偏好和消费品的市场价格等因素。正是因为研究对象的各单位存在差异性，统计方法才有了用武之地。

4. 社会性

统计学通过研究大量社会经济现象总体的数量方面，来认识人类社会活动的条件、过程和结果，反映物质资料的占有关系、分配关系、交换关系以及其他的社会关系。其定量研究是以定性分析为前提的，而定性分析使其在客观上就有了社会关系的内涵。社会经济现象与自然科学技术问题是不同的，对于同一社会经济现象，站在不同的立场，持有不同的观点，运用不同的方法，可以得出差别较大的结论。这些都体现出社会经济统计活动的社会性。

5. 具体性

统计研究的总体数量是一个有具体时间、具体地点、具体条件限定的数量。如销售收入100万元，在表面上看，它只是一个毫无意义的抽象数量。如果说2023年5月份某企业销售收入为100万元，这就是统计中所说的具体数量了。可见具体性就是指在时间、地点、条件三方面有着明确的规定性。

统计工作虽然是研究具体的数量，但为了进行复杂的定量分析，还需要借助抽象的数学模型和数理统计方法，遵循一定的数学规则。以抽象方法为手段，以具体数量为目的，体现了统计研究中具体和抽象的辩证关系。

三、统计学的研究方法

人们在统计实践经验的基础上，通过逐步概括和总结，形成了一系列专门的统计方法，构成了统计方法体系，如图1-2所示。

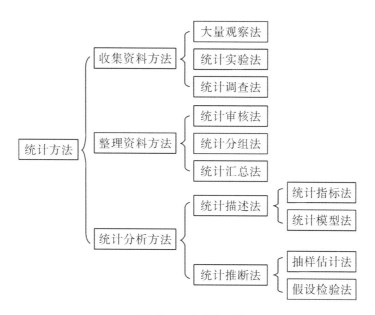

图 1-2　统计方法体系

（一）大量观察法

大量观察法是统计活动中收集数据资料的基本方法，该方法是指统计研究客观现象和过程，要从总体上进行考察，对总体中的全部单位或足够多的单位进行调查并加以综合研究。统计研究运用大量观察法是由社会经济现象的大量性和复杂性所决定的。统计调查中的许多方法，如统计报表、普查、抽样调查等，都是通过观察研究对象的大量单位，来了解客观事物及其发展规律的。复杂的社会经济现象是在诸多因素的错综作用下形成的，各单位的数量特征有很大差别，不能仅取少数单位或任意抽取个别单位进行观察，必须从总体出发，收集大量调查单位的材料，才能从中认识社会经济现象的规律性。只有对足够多数的个体进行观察，观察值的综合结果才会趋向稳定，建立在大量观察法基础上的数据资料才会给出一般的结论。统计学的各种调查方法都属于大量观察法。

（二）统计分组法

由于研究对象本身的复杂性、差异性及多层次性，需要对研究现象进行分组或分类研究，以期在同质的基础上探求不同组或类之间的差异性。统计分组法是指根据统计研究的任务和现象本身的性质特点，按照某种标志将总体区分为若干组成部分的一种统计方法。例如，将人口按性别分组、职工按职业分组、学生按成绩分组、企业按经济类型分组、公司按经营收入分组等。

统计分组法是研究社会经济现象总体内部差异的重要方法，统计分组法在统计研究中的应用非常广泛。统计分组法有传统分组法、判别分析法和聚类分析法等。

（三）综合指标法

综合指标是指综合反映社会经济现象总体数量特征和数量关系的指标。常用的综合指标有总量指标、相对指标、平均指标和标志变异指标等。综合指标法在统计学，尤其是社会经济统计学中占有十分重要的地位，是描述统计学的核心内容。综合指标法运用各种统计综合指标对社会经济现象的数量方面进行综合、概括的分析。通过对大量的原始数据进行汇总整理，计算出各种综合指标，可以反映出现象在具体时间、地点、条件下的总体规模、相对水平、平均水平和差异程度，概括地描述总体的综合数量特征及其变动趋势。

综合指标法和统计分组法之间存在着密切的关系。统计分组如果没有相应的统计指标来反映现象的规模水平，就不能揭示现象总体的数量特征，而综合指标如果不进行科学的统计分组，就无法划分事物变化的数量界限，就会掩盖现象的矛盾，成为笼统的指标。所以，在研究社会经济现象的数量关系时，必须科学地进行分组，合理地设置统计指标，指标体系和分组体系应该相适应。一般应把统计分组和综合指标结合起来进行应用。

（四）归纳推断法

归纳推断法是指对所获得的大量观察资料，通过观察各单位的特征，归纳推断总体特征的方法。一般以一定的置信度要求，采用归纳推理方法，根据样本数据来推断总体数量特征。这是从个别到一般，由具体事实到抽象概括的推理方法。归纳推断法不仅可用于总体数量特征的估计，也可用于对总体的某些假设进行检验，在统计研究中有广泛的用途，是现代统计学的基本方法之一。

（五）统计模型法

统计模型法是根据一定的经济理论和假定条件，用数学方法模拟客观经济现象相互关系的一种研究方法。统计模型法一般必须包含三个方面的构成要素，即社会经济变量、基本数学关系式和模型参数。在进行实际计算与分析时，一般将总体中一组相互联系的统计指标作为社会经济变量，其中有些变量会被描述为其他变量的函数，可称为因变量，而它们所依存的其他变量则称为自变量，往往要用一个或一组数学方程式来表示现象的基本关系式，该数学方程可以是直线的，也可以是曲线的，可以是二维的，也可以是多维的。利用这种方法可以对社会经济现象和过程中表现出来的数量关系进行比较完整和近似的描述，从中将客观现象的其他复杂关系影响加以抽象和抵消，以便于利用数学模型对社会经济现象的变化进行数量上的模拟和预测，如长期趋势分析、相关回归分析、统计预测等。统计模型法是贯穿统计认识全过程的基本方法，也是统计分析的最普遍、最严密的方法。现代信息技术的迅猛发展，为其应用开辟了更加广阔的领域。

上述各种方法之间是相互联系、互相配合的，共同构成了统计学的方法体系。

第三节　统计学中的几对基本概念

一、统计总体和总体单位

根据一定的目的和要求，统计需要研究有关的统计总体。统计总体简称总体，是由客观存在的、同一性质基础上结合起来的许多个别单位构成的整体。总体单位是构成统计总体的基本单位。例如，要研究全国旅游行业的经营情况，则全国的旅游企业就是总体，每个旅游企业就是总体单位。

各总体单位在某一方面的同质性（共同性）是形成统计总体的必要条件，同时也是总体的一个重要特征。例如，上例中每一个旅游企业间存在诸多不同的特征，但它们都是"我国的旅游企业"，在这一点上是相同的，即具有相同性质。但总体的同质性不要求总体单位在各个方面都具有共同性，而只是当统计研究目的确定后，各总体单位在某一点上或某些方面应具有共同性。如上例，研究旅游企业的发展，只要是旅游企业就应该包括在该总体内，而不考虑它是国有的还是私营的。但如果研究目的是研究私营经济的发展，则只要是个体经济就包含在该总体之中，并不考虑其行业的归属。

如果一个统计总体中包括的单位数是无限的，称为无限总体。例如宇宙中星球的个数构成一个无限总体。统计总体中包括的单位数是有限的，称为有限总体。例如，在特定时点上的全国人口总数、旅游企业总数等，都是有限总体。对于有限总体，既可以进行全面调查，也可以进行抽样调查。对于无限总体，则只能进行抽样调查，根据样本数据推断总体特征。当然，即使是有限总体也应该根据现实需要和可能来确定统计调查方法，只要是调查单位足够多就符合大量性的要求了。

随着统计研究的目的和任务的不同，构成统计总体的总体单位也不尽相同。总体单位既可以是人（如一个员工），可以是物（如一辆运输工具），也可以是企事业单位（如一个公司），还可以是一个事件、状况、长度、时间等。

综上所述，总体和总体范围的确定，取决于统计研究的目的要求。而形成统计总体的必要条件，亦即总体必须具备四个特性：大量性、同质性、变异性和相对性。

（一）大量性

大量性是总体的量的规定性，即指总体的形成要有一个相对规模的量，个别单位或极少量的单位不足以构成总体。因为个别单位的数量表现可能是各种各样的，只对少数单位进行观察，其结果难以反映现象总体的一般特征。统计研究的大量观察法表明，只有观察足够多的量，在对大量现象的综合汇总过程中，才能消除偶然因素，使大量社会经济现象的总体呈现出相对稳定的规律和特征，这就要求统计总体必须包含足够多数的单位。足够多数，是指足以反映规律的数量要求。当然，大量性也是一个相对的概念，它与统计研究目的、客观现象的现存规模以及总体各单位之间的差异程度等都有关系。

（二）同质性

总体的同质性是指构成总体的各个单位至少有一种性质是共同的，同质性是将总体各单位结合起来构成总体的基础，也是总体的质的规定性。例如，全国旅游企业作为统计总体，则每个总体单位都必须具有从事旅游活动的企业特征，而不具有这些特征的就不能称之为旅游企业。如果违反同质性，把不同性质的单位结合在一起，那么对这样的总体进行统计研究，不仅没有实际意义，而且会产生虚假和歪曲的分析结论。

同质性的概念也是相对的，它是根据一定的研究目的而确定的，目的不同，同质性的意义也就不同。例如，研究旅游企业的经营状况时，所有旅游企业都是同质的，而研究民营旅游企业经营状况时，那么民营旅游企业与国有旅游企业就是异质的。可见，同质性是相对于研究目的而言的，当研究目的确定后，同质性的界限就确定了。

（三）变异性

总体各个单位除了具有某种共同的性质以外，在其他方面（如在对旅游行业普查中，企业的经济类型、从业人员数量、资金总额、所在地区、产值等方面）则各有不同，具有质的差别和量的差别，这种差别称为变异。正因为变异是普遍存在的，才有必要进行统计研究，变异性是统计的前提条件。总体中各个单位之间具有变异性的特点，这是各种因素错综复杂作用的结果，所以有必要采用统计方法加以研究，这样才能表明总体的数量特征。

（四）相对性

统计总体和总体单位的角色不是一成不变的，两者随着研究目的和任务的不同而不同。对于同一个客观事物在某项研究中属于个体，但在另一研究中可能就成为统计总体。例如：在四川省高校这个统计总体中，每个高校都是总体单位，比如四川大学就是其中的一个总体单位。但是要研究一个典型高校内部的教学科研情况，如果选中了四川大学，那么它就成为统计总体了，学校的各个院系和每个教职工就是总体单位。

二、统计标志与标志表现

统计标志简称标志，是说明总体单位属性或数量特征的名称。对总体中的每个单位从不同方面考察，它们都具有许多属性特征和数量特征。例如，学生的性别、身高、体重等属性特征和数量特征，这些就是总体单位的标志。统计研究是从登记标志状况开始的，进而去反映总体单位的数量特征。由此可见，标志是统计研究的基础。

标志可分为品质标志和数量标志两种。品质标志是表明单位属性方面特征的名称，其标志表现只能用文字、语言来描述。例如，大学生的性别是品质标志，其标志表现为男、女。数量标志是表明单位数量方面特征的名称，其标志表现可以用数值来描述。例如，我国高校的修学年限有3年、4年、5年等。

按照标志的表现是否相同，标志还可分为不变标志和可变标志。一个总体中各单位标志表现完全相同的某一标志，称为不变标志。例如，在教师总体中，职业这一标志在各单位中的表现都是相同的，都是教师，是不变标志。一个总体至少要有一个不变标志，才能够使各单位结合成一个总体。如果没有不变标志，那么总体也就不存在。由此可见，不变标志是总体具有同质性的基础。

一个总体中各单位某一标志的标志表现有可能不同时，这个标志便称为可变标志。例如，在教师总体中，教龄、性别、学历等标志在各单位中的表现可能不同，因此是可变标志。在一个总体中，必须存在可变标志，因为所研究的现象在各单位之间存在着差异，才需要进行统计研究。

因此，标志的具体表现便是统计最为关心的问题。如果说标志是统计要调查的项目，那么标志表现则是调查得到的结果。

三、统计指标与指标体系

（一）统计指标

1. 统计指标的概念

统计指标简称指标，是用来综合反映总体数量特征的范畴和数值的总称。统计指标是统计学中最重要的基本概念，无论是统计研究，还是统计实践活动，都离不开统计指标，统计活动过程也就是统计指标的设计、数据形成和应用的过程。一个完整的统计指标的构成要素主要有指标名称、时间限制、空间限制、指标数值、计量单位和计算方法等。如 2022 年中国国内生产总值（GDP）为 121.02 万亿元。这个统计指标的时间范围为 2022 年度，空间范围为中国，指标名称为国内生产总值，指标数值为 121.02 万亿元，计量单位为万亿元，计算方法没有指出，一般默认为统计局规定的统计方法。

2. 统计指标的特点

（1）数量性。

所有统计指标都是可以用数值来表示的，这是统计指标的基本特点。统计指标所反映的就是客观对象的数量特征，这种数量特征是统计指标存在的形式，凡是不能直接表现为数量的，都不能称之为统计指标。没有数量特征的统计指标是不存在的。

（2）综合性。

综合性是指统计指标既是同质总体大量个别单位的总计，又是大量个别位标志差异的综合，也是许多个体现象数量综合的结果。统计指标的形成都必须经过从个体到总体的过程，它是通过个别单位数量差异的抽象化来体现总体综合数量的特点的。

（3）具体性。

统计指标的具体性有两方面的含义：一是统计指标不是抽象的概念和数字，而是一定的具体的社会经济现象的量的反映，是在质的基础上的量的集合，这一点使社会经济统计和数理统计、数学相区别；二是统计指标说明的是客观存在的、已经发生的事实，它反映社会经济现象在具体地点、时间和条件下的数量变化。

3. 统计指标的分类

统计指标从不同的研究目的、不同的角度出发可以分为不同的种类。

（1）统计指标按说明的总体现象的内容不同，可以分为数量指标（quantitative indicators）和质量指标（qualitative indicators）两类。

数量指标是说明现象总体绝对数量多少的指标，它反映的是总体外延的广度、规模大小及其发展成果多少的总和。它用绝对数来表示，并有实物或货币的计量单位。例如耕地面积、人口数、国内生产总值等都是数量指标。质量指标是说明总体内部数量关系和总体单位水平的指标，反映现象本身质量、现象的强度、经营管理工作质量和经济效果等，用来说明总体的质的属性。质量指标表示事物的内涵量，例如产品合格率、劳动生产率、人口的性别和年龄构成、资金利润率等都属于质量指标。在统计工作中，质量指标通常以相对指标或平均指标的形式出现。数量指标是计算质量指标的基础，质量指标往往是相应的数量指标进行对比的结果。在实际工作中，要把数量指标和质量指标结合起来应用。在研究总体现象时，不仅要用数量指标了解总体的绝对数量多少及其发展变化，而且要用质量指标了解总体内部的数量关系及其发展变化。

（2）统计指标按作用和表现形式不同，可以分为总量指标（population indicators）、相对指标（relative indicators）和平均指标（average indicators）。

总量指标是反映总体现象规模的统计指标，是说明总体现象广度的。它表明总体现象发展的结果。总量指标的数值随总体范围的大小而增减，并具有可加性。总量指标可以反映一个国家和地区的基本情况，是制订政策、编制计划的基本依据，如人口总数、土地面积等。相对指标是两个有联系的总量指标相比较的结果，反映总体之间或总体内部各组成部分之间的数量关系，如人口密度、人口的年龄构成等。相对指标在数值上与总体范围的大小无直接的相关关系，不具有可加性。平均指标是按某个数量标志表明同类社会经济现象在一定时间、地点条件下所达到的一般水平，例如平均工资、人均土地面积等。同相对指标一样，平均指标在数值上与总体范围大小无直接的相关关系，不具有可加性。

由于事物的内容决定其形式，因此我们所说的总量指标是数量指标的表现形式，相对指标和平均指标是质量指标的表现形式。

（3）统计指标按在管理上所起的作用不同，可以分为考核指标（assessment indicators）和非考核指标（non-assessment indicors）。

考核指标是根据管理的需要，用来考核成绩、评定优劣、决定奖罚的统计指标，它是从所有统计指标中精选出来的若干统计指标。它的现实作用很大，直接影响地区、部门、单位以及劳动者的荣誉、物质利益和积极性。因此，这类指标的确定必须严肃、认真、细致，对其含义、界限、计算方法等都要规定得明确而又具体，一般来讲，不宜过多。非考核指标是用于了解情况和研究问题的。在一个单位，一般来说，非考核指标的数量要多于考核指标的数量，因而也不能忽视。

4. 统计指标与标志的区别和联系

统计指标与标志的区别主要表现在：

（1）说明对象不同。统计指标说明的是总体的特征，而标志则是反映总体单位的特征。

（2）表述形式不同。统计指标都可以用数值表示，而标志既有能用数值表示的数量标志，又有不能用数值只能用文字表述的品质标志。

统计指标与标志的联系主要表现在：

（1）具有对应关系。在统计研究中，标志与统计指标名称往往是同一概念，具有相互对应关系。因此，标志就成为统计指标的核算基础。

（2）具有汇总关系。许多统计指标的数值是由总体单位的数量标志值汇总而来的。如某地区旅游业总产值就是各旅游企业总产值加总之和，这里，地区旅游业总产值就是统计指标，而各旅游企业总产值则是标志。同时，通过对品质标志的标志表现所对应的总体单位数进行加总，也能形成统计指标。

（3）具有变换关系。由于统计研究的目的不同，统计总体和总体单位具有相对性。统计总体和总体单位规定的非确定性，导致相伴而生的统计指标和标志也不是严格确定的。随着研究目的的变化，原有的总体转变为总体单位，相应的统计指标也就成为数量标志；反之亦然。这说明，指标与数量标志之间存在着一定的联系和变换关系。

社会经济现象是一个复杂的总体，各类现象之间存在着相互依存和相互影响的关系。一个统计指标往往只能反映复杂现象总体某一方面的特征，要了解客观现象在各个方面及其发展变化的全过程，仅靠单个的统计指标是不行的，必须建立和运用统计指标体系。

（二）统计指标体系

社会经济现象是一个复杂的总体，各类现象之间存在着相互依存和相互影响的关系。一个统计指标往往只能反映复杂现象总体某一方面的特征，要了解客观现象在各个方面及其发展变化的全过程，仅靠单一的统计指标是不行的，必须建立和运用统计指标体系。

统计指标体系是由若干个相互联系、相互作用的统计指标组成的整体，用以说明所研究社会经济现象各方面相互依存和相互制约的关系。例如，一个工业企业把产品产量、净产值、劳动生产率、产品合格率、原材料消耗、成本、销售收入、利润等统计指标联系起来就组成了指标体系，这便于我们全面、准确地评价该企业的生产经营情况。

指标体系按其作用不同，可分为基本统计指标体系和专题统计指标体系。基本统计指标体系反映一定时期、一定范围内国民经济和社会发展基本情况，用于国家对经济社会运行的监测调控；专题统计指标体系主要是用于调查研究某一个专门问题的指标体系，如人口普查统计指标体系、产品质量调查统计指标体系。

指标体系按其考核范围不同，可分为宏观指标体系、中观指标体系和微观指标体系。宏观指标体系反映整个国家社会、经济和科技情况；中观指标体系反映各个地区和各个部门行业的社会、经济和科技情况；微观指标体系反映各企、事业单位的生产经营或工作运行情况。

指标体系按其作用功能不同，可分为描述性指标体系、评价性指标体系和预警性指标体系。描述性指标体系主要反映社会经济现象的现状、运行过程和结果；评价性指标体系主要比较、判断社会经济现象的运行过程、结果是否正常；预警性指标体系是对经济运行过程进行监测，起预警作用的指标体系。

四、变异和变量

（一）变异

变异是指标志在总体各单位具体表现上的差异。如人的性别表现为男、女，年龄表现为19岁、20岁等，前者体现为质的差异，后者体现为量的差异。变异是统计研究的前提，没有变异就没有统计。

（二）变量

变量是指可变的数量标志或者指标。变量的具体取值称为变量值，是对客观现象进行观测与统计分析的结果。一个变量可以有多个变量值，如各职工工资存在差异，则职工的工资是一个变量，各职工工资为 3 000 元、4 000 元等，这是职工工资这个变量的具体表现，即变量值。再比如，学生成绩这个变量，可具体表现为 60 分、70 分、80 分、90 分等多个变量值。

变量按其变量值是否连续可分为离散型变量和连续型变量。离散型变量是指可以按一定顺序一一列举其整数变量值，且两个相邻整数变量值之间不可能存在其他数值的变量。如学生人数、职工人数等。连续型变量是指变量的取值连续不断，任意两个相邻的变量中间有无数个变量，无法一一列举，如工人工资、零件的尺寸、电子元件的使用寿命等。

根据变量值确定与否，我们还可将变量分为确定性变量和随机变量。确定性变量是受确定性因素影响的变量，如中奖人数、企业的收入、成本、利润等，多为描述统计研究的内容，是可解释和可控制的。随机变量则是受许多随机因素（又称不确定性因素）影响的变量。随机因素是那些不确定的、偶然的、非人为控制的、不可解释的变量，其取值无法事先确定。社会经济现象既有确定性变量也有随机变量。例如，除了某种正常的、起决定性的因素外，影响某企业生产的同一批次灯泡的质量波动还有许多因素，如果抽取一部分灯泡进行检验，这种灯泡的寿命值不尽相同，数值的大小带有偶然性的波动，检验前是不能预先确定的，则灯泡寿命就是随机变量。随机变量具有随机性或偶然性，但它的数值变动却有一定的规律性，通过大量观察，应用统计技术方法，可以揭示和描述其数量特征以及变动的规律性。

第四节　利用 Excel 进行统计分析

在统计工作中需要对各种数据进行制表、绘图、分组整理、分析和管理等。近年来，随着计算机技术的不断发展，许多软件也随之被开发并应用于统计方向。目前主要有 Excel、SAS、SPSS、EViews、TSP、Statistica、Minitab、Python 等软件。这些软件的运用，使统计数据的处理、分析、存储、传递、印刷等过程变得非常方便快捷，大大提高了统计工作的效率。日益扩大的传统的和先进的统计技术的应用领域，促使统计科学和统计工作发生了革命性的变化。在众多的数据处理软件中，由于 Excel 能够与 Windows 操作系统以及 Office 中的其他软件良好结合，而且普及面广、使用简便、功能强大、能够满足一般统计分析的需要，所以本教材选择 Excel 来进行统计分析。

利用 Excel 进行统计分析主要是利用 Excel 中的统计函数、数据分析工具和图表。本节先对 Excel 的这几种统计功能作一个简单的概述。

一、统计函数

Excel 内置的函数中有很多可用于统计，其中常用的统计函数有：AVEDEV（平均差）、AVERAGE（算术平均值）、CONFIDENCE（总体平均值的置信区间）、CORREL（相关系数）、COVAR（协方差）、GEOMEAN（几何平均值）、HARMEAN（调和平均值）、KURT（峰度）、MEDIAN（中位数）、MODE（众数）、NORMDIST（正态分布的概率值）、NORMINV（正态分布的累积函数的逆函数）、NORMSDIST（标准正态分布的概率值）、NORMSINV（标准正态分布累积函数的逆函数）、SKEW（偏度）、STANDARDIZE（正态化数值）、STDEV（样本的标准差）、STDEVP（总体的标准差）、VAR（样本方差）、VARP（总体方差）和 ZTEST（Z 检验的双尾 P 值）等。

使用函数功能最直观的方式是单击编辑栏的 fx 按钮，弹出"插入函数"对话框，如图 1-3 所示。在"插入函数"对话框中的"或选择类别"框中选定函数类型"统计"，在下面的"选择函数"列表中选择所需的函数，单击"确定"按钮，弹出"函数参数"对话框，在对话框中再按提示输入数据区域和相关参数即可。图 1-4 就是利用 AVERAGE 函数计算 A1~A10 单元格这 10 个数据的算术平均值的对话框，单击对话框中的"确定"按钮，计算结果"11"就将显示在预先选定的输出单元格 A11 中。

使用函数功能的另一种方式，是在公式编辑栏中按 Excel 的规定输入函数名和有关参数的数值或所在区域，其大致形式为"＝函数名（参数 1，参数 2，……）"。不同的函数需指定不同的参数。图 1-4 中的计算可用"＝AVERAGE（A1：A10）"来完成。函数实际上就是一些预定义的计算公式。在统计数据处理中，通常需要自己输入一些公式来完成计算。Excel 中的所有公式都以等号（＝）开头。公式可以包括数字、数学运算符、单元格引用和函数命令。

图 1-3　"插入函数"对话框

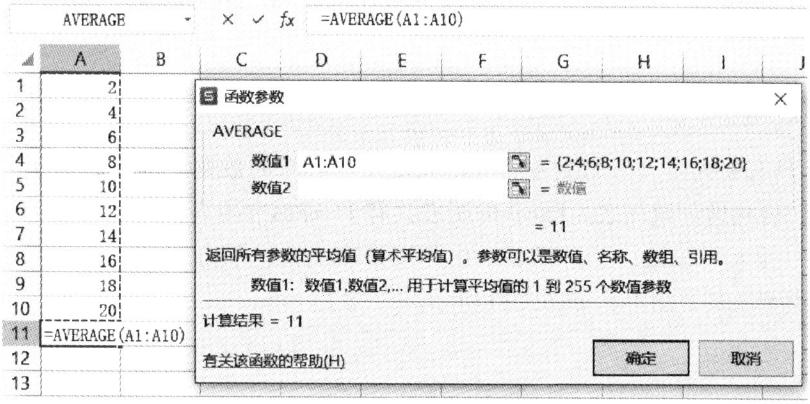

图 1-4　"函数参数"对话框

　　公式复制是 Excel 数据成批计算的重要操作方法，它可以使用自动填充功能来实现，也可以用"复制"和"粘贴"命令来实现。在复制公式时，须注意单元格引用的方式是绝对引用和相对引用。绝对引用的单元格地址的行号和列标前带有"＄"符号，无论将公式复制和剪切到哪里，该单元格都固定不变。相对引用不加"＄"符号，将公式复制和剪切到别处时，公式中所引用的一个单元格地址也会随之变动。如果仅需要将公式的计算结果复制到目标区域，并不想复制公式本身，则在粘贴时应使用"选择性粘贴"命令，即右击目标区域，选择"选择性粘贴"命令，在其对话框中选择"数值"或"值与数字格式"选项，再单击"确定"按钮即可。

二、数据分析工具

Excel 提供了一组可直接使用的数据分析工具，称为"分析工具库"，为统计分析带来极大的方便。使用这些工具的方法是：在 Excel 中选择"数据"→"数据分析"命令；在弹出的"数据分析"对话框中选择所需的分析工具，如图 1-5 所示；在所选工具的对话框中填写必要的数据或参数的信息后单击"确定"按钮，即可得到所需的输出结果（表格或图表形式）。

图 1-5　数据分析中的分析工具菜单

如果菜单栏中没有出现"数据分析"命令，则应先执行"加载宏"命令。在 Excel 2007 工作表中，单击文档左上角的 Office 按钮，在菜单中单击其下端的"Excel 选项"按钮（在 Excel 2010 工作表中，选择菜单栏的"文件"→"选项"命令），在打开的"Excel 选项"对话框中选择"加载项"选项中的"分析工具库"，单击下方的"转到"按钮，在弹出的"可用加载宏"对话框中选择"分析工具库"后单击"确定"按钮即可。

三、图表

Excel 具有强大而灵活的图表功能，能使枯燥乏味的数据形象化。利用 Excel 的图表向导可以轻松地创建图表。Excel 的图表共有 11 种标准图表类型、170 多种常用子图表。单击"插入"按钮，工具栏显示出常用图表类型，单击"其他图表"，即可查看所有图表类型及其子图形，如图 1-6 所示。

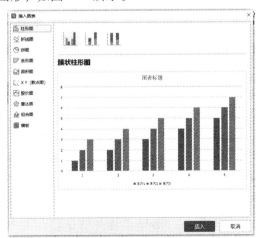

图 1-6　Excel 2007 的统计图表类型

选定图表类型后单击"下一步"按钮，弹出"图表数据源"对话框，在"数据区"选项卡中输入数据所在区域。每一行（或一列）数据作为一个系列，如果有多个系列，则可在"系列"选项卡中添加（或删除）、命名、指定相应数据区域，并指定分类轴。然后根据提示填写标题、分类轴和数值轴的名称等，即生成所需的统计图表。

对自动生成的图表可以进行缩放、移动、复制和删除等操作，也可以单击图表的任一部分（如标题、图例、坐标轴、绘图区等）对其进行修改或美化。

素质教育小故事

肖华在党旗下的统计数据使命

在一个充满活力和机遇的现代化城市，肖华是一名优秀的统计师，他深深地热爱着自己的工作。在他的职业生涯中，统计学与坚持党的领导相结合，共同推动着他不断前行。

肖华所在的单位负责一项重要的社会调查项目，旨在了解民众对党的领导和国家政策的满意度。这项工作不仅要求数据准确可靠，而且需要深入了解民众的真实想法。作为统计师，肖华深知自己的责任重大。

为了获得最真实的数据，肖华带领团队深入基层，走进社区、村庄和企业，与民众面对面交流。他们耐心地解释调查的目的和意义，倾听民众的声音，记录他们的意见和建议。在这个过程中，肖华发现，民众对党的领导充满了信任和期待，他们希望国家能够继续繁荣发展，社会能够更加和谐稳定。

然而，调查工作并不总是一帆风顺的。有时候，民众会出于各种原因而拒绝接受调查，或者提供不准确的信息。面对这些困难，肖华并没有放弃。他带领团队耐心地与民众沟通，解释调查的重要性，引导他们积极参与。

在收集到大量数据后，肖华运用统计学的知识和方法，对数据进行了深入分析和挖掘。他发现，民众对党的领导和国家政策的满意度普遍较高，但也存在一些问题和不足。他将这些问题和不足整理成报告，向领导汇报，并提出了相应的建议和改进措施。

领导对肖华的工作给予了高度评价，并鼓励他继续发挥统计学的优势，为党和人民的事业做出更大的贡献。肖华深受鼓舞，他深知自己肩负的责任和使命。他更加努力地学习和工作，不断提高自己的业务能力和水平。

随着时间的推移，肖华的工作取得了显著的成效。他所在的单位不仅完成了社会调查项目，还为国家制定一系列重要的政策提供了有力支持。肖华也因此在工作中获得了更多的荣誉和认可。

在这个过程中。他坚信，只有坚持党的领导，才能够确保统计数据的真实性和准确性；只有运用统计学的知识和方法，才能够更加深入地了解民众的真实想法和需求。他将继续发挥自己的专业优势，为党和人民的事业贡献自己的力量。

章节练习

一、判断题

1. 社会经济统计的研究对象是社会经济现象总体的各个方面。　　　　（　　）

2. 统计调查过程中采用的大量观察法，是指必须对研究对象的所有单位进行调查。　　　　　　　　（　　）

3. 个人的工资水平和全部职工的工资水平，都可以称为统计指标。　　（　　）

4. 对某市工程技术人员进行普查，该市工程技术人员的工资收入水平是数量标志。　　　　　　　　（　　）

5. 社会经济统计学的研究对象是社会经济现象的数量方面，但它在具体研究时也离不开对现象质的认识。　　　　　　　　（　　）

6. 品质标志说明总体单位的属性特征，质量指标反映现象的相对水平或工作质量，两者都不能用数值表示。　　　　　　　　（　　）

7. 某一职工的文化程度在标志的分类上属于品质标志，职工的平均工资在指标的分类上属于质量指标。　　　　　　　　（　　）

8. 总体单位是标志的承担者，标志是依附于总体单位的。　　　　　（　　）

二、单选题

1. 社会经济统计的研究对象是（　　　）。
    A. 抽象的数量特征和数量关系
    B. 社会经济现象的规律性
    C. 社会经济现象的数量特征和数量关系
    D. 社会经济统计认识过程的规律和方法

2. 对某城市工业企业未安装设备进行普查，总体单位是（　　　）。
    A. 工业企业全部未安装设备
    B. 工业企业每一台未安装设备
    C. 每个工业企业的未安装设备
    D. 每一个工业企业

3. 标志是说明总体单位特征的名称（　　　）。
    A. 它有品质标志值和数量标志值两类
    B. 品质标志具有标志值
    C. 数量标志具有标志值
    D. 品质标志和数量标志都具有标志值

4. 工业企业的设备台数、产品产值是（　　　）。
    A. 连续变量
    B. 离散变量

C. 前者是连续变量，后者是离散变量

D. 前者是离散变量，后者是连续变量

5. 几位学生的某门课成绩分别是 67 分、78 分、88 分、89 分、96 分，"学生成绩"是（　　）。

    A. 品质标志

    B. 数量标志

    C. 标志值

    D. 数量指标

6. 在全国人口普查中（　　）。

    A. 男性是品质标志

    B. 人的年龄是变量

    C. 人口的平均寿命是数量标志

    D. 全国人口是统计指标

7. 下列指标中属于质量指标的是（　　）。

    A. 社会总产值

    B. 产品合格率

    C. 产品总成本

    D. 人口总数

8. 指标是说明总体特征的，标志是说明总体单位特征的，（　　）。

    A. 标志和指标之间的关系是固定不变的

    B. 标志和指标之间的关系是可以变化的

    C. 标志和指标都可以用数值表示

    D. 只有指标才可以用数值表示

9. 统计指标按所反映的数量特点不同可以分为数量指标和质量指标两种。其中数量指标的表现形式是（　　）。

    A. 绝对数

    B. 相对数

    C. 平均数

    D. 百分数

10. 离散变量可以（　　）。

    A. 被无限分割，无法一一列举

    B. 按一定次序一一列举，通常取整数

    C. 连续取值，取非整数

    D. 间断取值，无法一一列举

三、多选题

1. 要了解某地区的就业情况（　　）。

    A. 全部成年人是研究的总体

    B. 成年人口总数是统计指标

C. 成年人口就业率是统计标志

D. 反映每个人特征的职业是数量指标

2. 统计研究运用的方法包括（　　　）。

    A. 大量观察法

    B. 统计分组法

    C. 综合指标法

    D. 统计模型法

3. 在全国人口普查中（　　　）。

    A. 全国人口总数是统计总体

    B. 男性是品质标志表现

    C. 人的年龄是变量

    D. 每一户是总体单位

4. 在工业普查中（　　　）。

    A. 工业企业总数是统计总体

    B. 每一个工业企业是总体单位

    C. 固定资产总额是统计指标

    D. 机器台数是连续变量

5. 下列各项中，属于统计指标的有（　　　）。

    A. 1999 年全国人均国内生产总值

    B. 某台机床使用年限

    C. 某市年供水量

    D. 某地区原煤生产量

6. 下列统计指标中，属于质量指标的有（　　　）。

    A. 工资总额

    B. 单位产品成本

    C. 出勤人数

    D. 人口密度

7. 下列各项中，属于连续型变量的有（　　　）。

    A. 基本建设投资额

    B. 岛屿个数

    C. 国内生产总值

    D. 居民生活费用价格指数

四、填空题

1. 统计工作与统计资料的关系是（　　　）和（　　　）的关系。

2. 统计工作与统计学的关系是（　　　）与（　　　）的关系。

3. 标志可分为（　　　）和（　　　）两种。

4. 要了解一个企业的产品生产情况，总体是（　　　），总体单位是（　　　）。

5. 统计指标按反映的数量特点不同可分为（　　　）和（　　　）两种。

五、问答题

1. 指标与标志之间有哪些区别与联系？
2. 数量指标与质量指标如何区别？

第二章

旅游统计数据的收集

■**学习目标**

通过本章的学习，明确旅游统计数据的收集来源及质量要求；明确旅游统计调查方案的设计；明确各种旅游统计调查方式的应用。

■**基本要求**

了解旅游统计数据的收集来源及质量要求；熟悉旅游统计调查方案的设计；掌握各种旅游统计调查方式的应用。

第一节　旅游统计数据的来源及质量要求

旅游统计数据收集是根据统计研究的目的和要求，运用科学的统计调查方法，有组织有计划地收集统计数据的过程。旅游统计数据收集是统计工作的基础阶段，它为统计整理和分析提供基础资料。这一阶段的工作质量的好坏，直接影响到统计整理和分析结果的可靠性、真实性，关系到能否确切地反映客观实际、得出正确的结论。

一、旅游统计数据的来源

从旅游统计数据本身来看，统计数据都来源于直接的调查或实验。但从使用者的角度看，旅游统计数据则主要有两个来源：一是直接的调查和科学的实验，这是数据的直接来源，这种数据被称为一手数据或原始数据；二是别人的调查或实验数据，这是数据的间接来源，这种数据被称为二手数据或间接数据。

（一）一手数据的收集

二手数据是为其他目的而收集的信息，而一手数据是为当前特定的目的而收集的信息。使用者在实施数据收集时，总是先收集二手数据，以判断问题是否已部分或全部解决，再决定是否需要收集一手数据。

一手数据的来源主要有两个渠道：一是调查或观察；二是实验。通过调查而取得一手数据是取得社会经济数据的重要手段，一手数据主要通过各种调查方式取得；实验也是取得统计数据的重要方法之一，是取得自然科学数据的主要手段。本章将在第三节中对取得统计调查数据的各种调查方式进行详细介绍。

（二）二手数据的收集

与一手数据相比，二手数据有很多不同的特点。二手数据是长期积累形成的，具有信息量大、用途多样、来源广泛，且收集迅速、成本较低、花费的时间短等特点。因此，对大多数数据使用者来说，亲自做调查去获取数据往往是不可能或不必要的，所使用的数据大多数都是别人的调查或科学实验的数据，即二手数据。

1. 内部二手数据的收集

企业内部二手数据包括有关企业自身的二手数据和企业掌握的企业之外的其他数据。企业自身的二手数据有公开与非公开之分。公开的数据如企业的内部报表、统计报告、财务报告、公司刊物、向媒体透露的产品测试数据和上市公司的各种公开披露的信息等。非企业公开的数据如营销计划、产品供销存数据等。对于企业非公开的数据，需防止泄露。企业内部二手数据的收集可以从企业的数据库、企业信息管理系统、企业决策支持系统和企业数据仓储中获得。

2. 外部二手数据的收集

企业外部二手数据主要是一些公开出版或公开发布的数据。在我国，公开出版或公开报道的社会经济统计数据主要来源于国家或各级地方统计部门以及各种报刊、图书、广播、电视和互联网等，如《中国统计年鉴》《中国人口统计年鉴》以及省、市、区编辑的各种统计年鉴等。另外，政府和国际组织，如联合国、世界银行、国际货币基金组织等，也会定期公布一些相关数据。我们也可以从行业协会出版的定期刊物、大企业（特别是上市公司）发布的信息中获取二手数据。随着计算机网络技术的快速发展，互联网已成为获取所需的各种数据的主要渠道，它使二手数据的收集变得更加简便、快捷。

在收集二手数据时，必须注意以下问题：该数据最初是由谁收集的？当初收集数据的目的是什么？该数据是什么时间收集的？原始数据收集的方法是什么？该数据与其他调查结果是否一致？是否有关于调查精度的说明？

二、旅游统计数据的质量

（一）旅游统计数据的质量评价标准

旅游数据的质量问题是数据收集阶段应该重点关注的问题，因为数据质量的好坏直接影响到统计分析结论的客观性与真实性。就一般旅游统计数据而言，可将其质量评价标准概括为以下几方面：

1. 准确性

准确性就是要求收集的数据必须符合客观实际，真实可靠。因为只有这样，才能对事物做出正确的判断，得出科学的结论。旅游统计数据的准确性不仅涉及技术性问题，还涉及统计制度和纪律，即是否坚持实事求是的原则问题。在中国，统计立法是为了保障统计资料的准确性。各机关、社会团体、各企事业组织以及个体工商户都应该按照《统计法》的规定如实提供统计资料，不得虚报、瞒报、拒报、迟报，不允许伪造、篡改。公民有义务如实提供国家统计调查所需要的资料，统计工作人员也应该如实反映情况，要有高度的责任心和职业道德。

2. 及时性

及时性就是要求收集数据在规定的时间内及时完成。统计数据是进行管理、决策以及制定政策不可缺少的依据，而社会经济现象又是不断发展变化的，因而统计数据具有很强的时效性，如果统计数据收集不及时，就难以发挥它的作用。而统计数据的及时性是一个全局性问题，每一项统计工作的完成，都是诸多单位共同努力的结果，任何单位不按照规定完成，都会影响整个统计工作的开展。因此，各调查单位要增强全局观念，共同遵守制度和纪律才能做好此项工作。

3. 全面性

全面性就是要求统计调查收集的数据要完整、全面。只有齐全的统计数据，才能正确地反映所研究的社会经济现象的全貌。

4. 系统性

系统性就是要求收集的各项统计数据应该配套，要能从不同侧面、不同层次对调查对象的整体进行全面反映，要能够从事物的内部结构和外部联系上进行对比分析。

另外，在满足以上标准的基础上，还应考虑其成本问题，即应以最经济的方式取得所需数据。由此可见，数据的质量是多方面要求的综合体现。在设计统计调查方案、收集数据、整理与分析数据各环节上都应该注意保证数据的质量，以便得出切合实际的结论。

（二）旅游统计调查误差

旅游统计数据的准确性如何主要是由调查误差的大小来反映的。旅游统计调查误差是指调查结果或实验结果所得的统计数据与调查总体实际数据之间的差异。

旅游统计调查误差有两种：一种是登记性误差；另一种是代表性误差。登记性误差是由于错误判断事实或者错误登记事实而产生的误差，无论是全面调查还是非全面调查都会产生登记性误差。产生登记性误差的原因主要是计量错误、记录错误、抄录错误、在上报过程中的汇总错误，以及被调查者不如实上报或有意虚报、瞒报等。这是人为因素或仪器设备和技术条件等因素造成的。这种误差在全面调查和非全面调查中都可能发生。代表性误差是非全面调查所固有的一种误差。在非全面调查中，由于只对现象总体的一部分单位进行调查，这部分单位不可能正好完全代表总体的情况，这样产生的误差则为代表性误差。非全面调查中只有抽样调查能够计算代表性误差，所以通常讲的代表性误差是针对抽样调查而言的。代表性误差的大小，直接影响到对总体的认识，并且代表性误差常随调查单位的增加而减小。

为了取得准确的统计资料，必须采取措施防止可能发生的登记误差，把它缩小到最低范围内。完善调查方案，加强调查过程的检查监督，提高调查人员的素质和业务水平，采用现代化的信息手段等方法，可以把登记性误差降低到最低限度。

第二节 旅游统计调查设计

旅游统计数据收集是一项系统工程，为了使统计数据收集顺利进行，在收集数据之前，必须设计一个周密的调查方案，使调查工作有计划、有组织地进行。设计一项完整的旅游统计调查方案一般包括以下几个方面的内容：

一、确定调查目的

调查目的，就是指为什么要进行调查，调查要解决什么问题。调查的目的决定了调查工作的内容、范围、方法和组织。例如，成都生态旅游调查问卷，目的是为成都市生态旅游发展提供一些建议或意见；《中部地区旅游发展规划》客源市场调查问卷，则是为中部地区旅游发展规划的制定提供依据，所以问题都集中在中部地区江西、安徽、河南、山西、湖北、湖南这六个省的旅游景点上；四川旅游服务质量调查问卷是为了进一步提高四川旅游服务质量和服务水平，弘扬诚实守信的职业道德，树立行业良好形象，促进旅游业健康并快速有序发展而全面开展的综合问卷调查活动，因此，问卷多围绕着消费者在四川旅游期间对旅游服务的印象展开。总之，调查项目要根据调查目的列入计划。

二、确定调查对象和调查单位

明确了调查的任务和目的以后，就可以进一步根据调查目的来确定调查对象和调查单位，即向谁调查、由谁来提供具体资料。目的越明确、越具体，调查对象和调查单位的确定就越容易，能否正确确定调查对象和调查单位，直接关系调查材料的准确性和完整性。

调查对象，就是要进行调查的客观事物的总体，是由在某一方面具有共同性质的许多个体组成的。如我们要了解某年全国星级饭店的经营状况，那么该年全国的星级饭店就是调查对象，其中的每一个企业就是一个调查单位。如果调查目的是了解北京的国际旅行社在某年招徕的入境旅游者的情况，那么该年北京市的国际旅行社就是我们调查的对象，而他们招徕的入境旅游者当中的每一位，就是我们要调查的单位。

调查单位是构成调查对象的每一个单位，是进行登记的标志承担者，也就是在调查对象中所需要调查的具体单位。如果要了解目前我国旅游高等教育的发展状况，到2023 年年底，全国共有高等旅游院校及开设旅游系（专业）的普通高等院校 2 868 所，那么所有这些从事旅游高等教育的院校就是调查对象，而 2 868 所当中的每一所院校就是一个调查单位。调查对象不同，调查单位也就不同。

三、确定调查项目

在调查目的、调查对象、调查单位确定之后，必须确定具体的调查项目。

（一）拟订调查项目

调查项目是指调查时所要登记的调查单位的特征，或标志，是向调查单位需要调查的内容。调查项目包括需要向调查单位了解的有关标志，如调查旅游者的性别、国籍、年龄、旅游花费等项目时，其中性别、国籍为品质标志项目，而年龄与旅游花费则为数量标志项目。选择品质标志还是数量标志，选择哪几个标志，需要根据调查目的和被研究现象自身的特点来确定。调查要搜集的是大量的个体量，并不需要了解调查单位在所有标志下表现的个体量，只需要根据统计研究的目的，选择那些与调查目的直接相关的标志进行调查，也就是要对调查单位本身固有的标志进行取舍。调查项目中，对于那些没有用的，或是可有可无的标志应予以删除，以免分散调查力量，降低调查质量，耗费更多的时间、人力、物力。

拟订调查项目应本着需要与可能的原则，要求列出的项目应是那些能够得出确切答案的项目，并且提法要明确、具体；此次的调查项目要能与以往同类调查项目相衔接、相对应，以便研究现象本身随时间变化而发生的改变。另外，确定的调查项目之间还应尽可能互相有联系，以便于核对其答案的准确性。

（二）起草调查提纲

调查提纲是指打算调查的内容，包括掌握基本的统计数字和对情况的基本了解。当调查项目确定之后，应加以科学分类、排列，构成调查提纲，又称调查纲要。在调查开始前，要对调查项目进行仔细检查，并对提出问题的次序认真研究。一般起草调查提纲时，应注意提出的问题要尽可能简单明了，前后次序要合乎逻辑。

（三）编制调查问卷

1. 调查问卷的结构

一般来说，调查问卷主要由封面信、指导语、问题、答案、编码等几个部分组成。

（1）封面信。封面信，即一封给被调查者的短信。它应该简明扼要地向被调查者说明该项调查的内容、调查的目的和意义、调查者的身份，并承诺为被调查者保密，在信的结尾处一定要真诚地感谢被调查者的合作和帮助等。下面是一份"旅游客源市场抽样调查问卷"的封面信：

尊敬的女士、先生：

为了全面掌握全市接待国内外游客（包括过夜旅游者和一日游游客）到本市旅游的目的，综合分析我市旅游的发展状况，不断提高我市的旅游接待水平，使您得到质价相符的服务，请您协助我们填写这张调查表，在符合您情况的项目内填写或用"√"表示。

谢谢您的协助！

××市文化和旅游局

如果是访问问卷，在问卷的封面信的下方还应印上有关其他内容。例如：

调查时间_____ 年_____ 月_____ 日　　　问卷编号_____

调查员姓名_____

被访者合作情况_____

核查员姓名_____

（2）指导语。指导语是对问卷填写方法的说明，即用来指导被调查者填写问卷的说明。它一般在封面信之后，标有"填表说明"的标题，其内容应对填表的方法、要求、注意事项等作一个简明介绍。

（3）问题及答案。问题和答案是问卷的主体。问题分为特征问题、行为问题和态度问题三类。特征问题用以测量被调查者的基本情况，行为问题测量的是被调查者过去发生的或正在进行的某些行为和事件。特征问题与行为问题统称为事实问题，它们是有关被调查者的客观事实；态度问题用以测量被调查者对某一事物的看法、认识、意愿等主观因素，态度问题是揭示某现象产生的直接原因和历史原因的关键一环。一个问卷中不一定必须同时具备三种类型的问题。从形式上看，问题可分为限定回答式和非限定回答式。

（4）编码。编码是指用计算功能识别的数码，对问题和答案进行转换，这样才能用计算机进行统计处理和分析。编码工作既可以在调查进行前（设计问卷时）进行，即预编码，也可以在调查之后收回问卷时进行，即后编码。编码一般应放在问卷每一页的最右边。

2. 提出问题的格式

提出的问题有非限定式问题和限定式问题两种。非限定式问题由于不需要列出答案，所以其格式很简单。在设计时，只需要提出问题，然后在该问题下留出一定的空白即可。限定式问题的格式则不同，它需要列出问题和答案两部分。在设计中，其主要格式有下面几种：

（1）填空式。填空式，即在问题后面画一条横线，让回答者填写。它一般适合于回答者容易填写的问题，常常只需要填写数字。例如：

①您的年龄：_____

②请问您家有几口人：_____

（2）二项式或是否式。二项式或是否式，即问题可供选择的答案只有两个，被调查者能填其中一个答案。例如：

①男　　　　②女

（3）多项式。多项式，即问题可供选择的答案在两个以上，根据问卷的要求，被访者或只能选填其中一个答案，或可以选填其中几个答案。例如：

您的职业：

①政府工作人员　　②企业管理　　③个体职业者

④服务人员　　⑤工人　　⑥教师

⑦农民　　⑧学生　　⑨军人　　⑩其他

（4）矩阵式。矩阵式，即把两个或两个以上的问题集中起来，用一个矩阵来表示，如表2-1所示。

表2-1　矩阵式格式

问题	满意	无所谓	不满意
您对本市的旅游景点			
您对本市的交通状况			
您对本市的环境绿化			

（5）直线式。主观态度方面的问题常常不容易一格一格地挑选，态度的两端构成

一个连续体。对于这种问题可以用直线式，让被访者在直线的任何一点上做出回答，如图 2-1 所示。

喜欢＿＿＿＿＿＿＿＿＿＿＿＿＿＿＿＿＿＿＿＿＿＿＿不喜欢

忧愁＿＿＿＿＿＿＿＿＿＿＿＿＿＿＿＿＿＿＿＿＿＿＿快乐

图 2-1　态度连续体图

（6）序列式。有些问题需要被调查者对所给出的全部答案作出反应，并区分出重要程度。对于这类问题，可采用序列式。序列式有许多不同的格式，包括单选式和多选式两种。例如：

您获取旅游信息的主要来源和渠道（可多选）：

①朋友介绍　　　　②电台、电视　③书籍、杂志、报纸
④旅游中介组织　　⑤互联网　　　⑥其他

3. 问卷设计应注意的问题

（1）问卷的开场白。问卷的开场白，必须慎重对待，要以亲切的口吻询问，措辞应精心设计，做到言简意明，亲切诚恳，使被查者自愿合作，认真填写问卷。

（2）问题的字眼（语言）。由于不同的字眼会对被调查者产生不同的影响，因此往往看起来差不多的问题，会因所用字眼不同，而使应答者产生不同的反应，作出不同的回答。故问题所用的字眼必须小心，以免影响答案的准确性。一般来说，在设计问题时应留意以下两个原则：

一是避免一般性问题。如问题的本来目的是求取某种特定资料，但问题过于一般化，导致应答者所提供的答案资料无多大意义。

例如：某酒店想了解旅客对该酒店房租与服务是否满意，因而作以下询问：

您对本酒店是否感到满意？

这样的问题，显然不够具体。由于所需资料牵涉房租与服务两个方面，因此应分别询问，以免混乱，如：

您对本酒店的房租是否满意？

您对本酒店的送餐服务是否满意？

二是问卷的语言要口语化，符合人们交谈的习惯。

（3）问题的选择及顺序。通常问卷的头几个问题可采用开放式问题，旨在使应答者感到十分自在，不受拘束，充分表达自己的见解。不过要留意，最初安排的开放式问题必须较易回答，避免高敏感性、困窘性问题。否则一开始就被拒绝回答的话，以后的问题就难以继续了。因此问题应容易回答且具有趣味性，旨在提高应答者的兴趣。核心问题往往置于问卷中间部分；分类性问题，例如收入、职业、年龄通常置于问卷之末。

问卷问题在排列时需注意其内在逻辑性。问题在安排上应先易后难，从一个能引起被调查者兴趣的问题开始，再到一般性的问题、需要思考的问题，敏感性的问题应放在最后。这样可以使被调查者在前面答题的基础上，更好地理解难一些的题意，从而节省时间，保证调查质量。问卷中问题的顺序一般按下列规则排列：

①容易回答的问题放前面，较难回答的问题放稍后，困窘性问题放后面，个人资料的事实性问题放卷尾。

②封闭式问题放前面，自由式问题放后面。

③要注意问题的逻辑顺序，按时间顺序、类别顺序等合理排列。

④调查问卷必须方便数据统计分析。

（4）在印刷正式调查问卷时，应注意纸张及装订质量，保证调查问卷的整洁、庄重，让被调查者感觉到调查活动的正式、严肃。在展开大型调查活动前最好预先在小范围内进行测试。其目的主要是发现问卷中存在歧义、解释不明确的地方，寻找封闭式问题额外选项，以及了解被调查者对调查问卷的反应，从而对调查问卷修改完善。

（四）设计调查表

无论是调查项目还是调查提纲，最后都要反映在调查表中。调查表是统计调查方案的重要内容，是统计工作中收集原始资料的基本工具。调查者可以把要了解的项目列在调查表中，以便填写、整理、综合。为了避免调查表内的项目太多，不列入调查表的内容可以另列文字提纲。调查表的内容一般由表头、表体和表脚三部分组成。表头用来表明调查表的名称和填报单位的名称、性质、隶属关系等，可以用来核实和复查。表体也叫表身，是调查表的主体，包括统计调查所要说明的社会经济现象的原则、栏号和计算单位。表脚主要包括填报人的签名和调查日期，以便于查询。

调查表的格式般有单一表和一览表两种形式。单一表又称卡片式，是将一个调查单位的调查内容登列在一份表格上或一张卡片上的表式。单一表可以容纳较多的项目，而且便于整理和分类。一份表格并不只限于一张表，可以视调查项目内容的多少由若干个调查单位填写，即一览表。一览表较单一表节省人力和物力，但当调查项目较多时不宜采用。一般说来，调查项目较多时，可以采用单一表；而调查项目较少时，则可采用一览表。

为了使填报者正确填写表中内容，还应编制填表说明和指标解释。填表说明的内容应包括填写的方法和注意事项；指标解释则是为了说明调查表中每一个指标的含义、范围和计算方法等。此外，在设计调查表时还应注意其表的内容必须满足汇总表的要求。对于设计者来说，应先制作汇总表，它的内容直接反映了该项调查的目的和要求。调查内容中有些有固定答案而又不复杂的可列出答案，由被调查者划记以方便填表者。

四、确定调查时间与地点

（一）关于统计调查时间与地点的一般概念

统计调查的时间包括三个概念，即调查时间、调查期限与调查时点。调查时间是指调查资料所属的时间，当调查的是时期现象时，就要明确规定资料所反映的是调查单位从某年某月某日起到某年某月某日止的资料，是一个累计数。调查期限则是指调查工作进行的起止时间，也就是登记调查项目的时间，一般这一期限不宜过长，以保证调查资料的时效性。调查时点是指当被调查的现象属于时点现象时，需要确定调查时点。选择什么时点调查最好，取决于调查对象的特点，如近年的人口普查，其调查时点均规定在某年的 11 月 1 日零时，其目的也就是要尽量选择一个人口状况变动最小的时点作为调查时点。

调查地点是指登记资料的地点，在一般情况下调查单位所在地与调查地点是一致的。比如在酒店调查旅游者的情况，调查地点就是酒店。但如果要调查旅行社接待的旅游者的情况，就可能到旅游者所在的旅游景区景点或住宿的酒店去调查，也可能直接让旅行社提供调查资料。

（二）关于旅游市场统计调查的时间与地点

旅游市场统计所采用的调查的时间和地点，应符合旅游市场的特点。旅游市场统计调查的时间可以是旅游者到达或即将离开某一旅游目的地的时间，但这一时间一般比较短，只能搜集一些人数资料。在旅游者停留在旅游城市的时间内，也可以搜集一些资料，因为这一时间相对较长，可以在旅游者的住宿地、游览地等处进行调查。此外，调查时间可以选择在旅游者乘坐交通工具的时候，这时旅游者有足够的空闲时间来回答问题或填写表格。如旅行社的导游一般都是在旅游者游览完该市，坐在开往机场的旅游车上时，向旅游者发放"游客意见征询卡"，这时旅游者既有时间也有心情填写这些表格，且收回率很高。

调查地点是和调查时间密切联系在一起的，通常在调查地点确定后，调查时间也就随之确定了。

五、制订旅游统计调查工作的组织实施计划

为了保证整个旅游统计调查工作的顺利进行，在旅游统计调查方案中还应该有一个周密的组织实施计划。其主要内容应该包括：旅游统计调查工作的领导机构设置，统计调查人员的组织，旅游调查资料表报送办法，旅游统计调查前的准备工作，包括宣传教育、干部培训、调查文件准备、调查经费的预算和开支办法、旅游统计调查方案的传达布置、试点及其他工作等。

值得注意的是，调查人员的素质往往直接影响到调查的质量，因此，在组织大型调查之前必须进行必要的专门训练，落实经费的来源，制订切实可行的调查经费计划，整个调查方案的内容，即是对旅游统计调查的设计。这个方案不仅限于调查阶段的问题，也包括旅游统计整理阶段汇总内容方面的问题。因此，应该把它看成是特定统计过程的总体方案。由于我们的认识总有局限性，所以制定的调查方案是否符合实际，必须接受调查实践的检验。

旅游统计工作的调查方案要严格按照国家有关规定设计，不仅要具有可行性还要保证规范性。文化和旅游部《文化和旅游统计管理办法》第二十二条明确规定，各级文化和旅游行政部门应当按照批准的统计调查制度开展统计工作。依法执行的统计调查表应当标明表号、制定机关、批准机关或者备案机关、批准文号或者备案文号、有效期限等标志。对未标明规定标志或者超过有效期限的统计调查表，统计调查对象有权拒绝填报。

第三节　旅游统计调查方式

旅游统计调查方式是指组织收集调查数据的形式与方法。常用的统计调查方式主要有以下几种，即统计报表、普查、抽样调查、重点调查和典型调查。各种方式各有其特点和作用，适用于不同的调查对象。

一、统计报表

统计报表是按照国家有关法规的规定，自上而下地统一布置，以一定的原始记录为依据，按照统一的表式、统一的指标项目、统一的报送时间和报送程序，自下而上地逐级定期提供基本统计资料的一种调查方式。统计报表也是一张调查表，报表中的项目就是调查项目。

统计报表编制、实施和管理的一整套规章制度统称为统计报表制度。按照《统计法》的有关规定，执行统计报表制度是各地方、各部门、各单位必须向国家履行的一种义务。统计报表的基本内容包括报表目录、表式及填表说明三部分。报表目录是指应报送的报表名称、报送日期、编报单位、编报范围等有关事项的说明；表式即报表的具体格式、要求填报的各项指标等；填表说明是指填表时有关事项的说明，包括统计范围、统计目录和指标的解释、计算方法等具体规定。

统一性是统计报表的基本特点，具体表现为：第一，统计报表的内容和报送的时间是由国家强制规定的，以保证调查资料的统一性；第二，统计报表的指标含义、计算方法、口径是统一的。

按照不同的角度，统计报表可进行各种分类。

（一）按调查范围划分

按调查范围，统计报表可分为全面统计报表和非全面统计报表。全面统计报表要求调查对象中的每一个单位都要填报，非全面统计报表只要求调查对象的一部分单位填报。

（二）按报送周期长短划分

按报送周期长短，统计报表可分为日报、周报、旬报、月报、季报、半年报和年报。日报、周报、旬报和月报称为进度报表，主要用来反映生产、工作的进展情况。季报和半年报主要用来掌握国民经济发展的基本情况，检查各季度的、半年的生产工作情况。年报是每年上报一次，主要用来全面总结全年经济活动的成果，检查年度国民经济计划的执行情况等。报告的周期长短不同，不仅是时间上的差别，在内容和作用方面也是有差别的。报送的周期越短，其指标项目就越简单；反之，指标项目就越复杂。

（三）按实施范围不同划分

按实施范围不同，统计报表可分为国家统计报表、部门统计报表和地方统计报表。国家统计报表是由国家统计部门统一制发，用来反映全国性的经济和社会基本情况的统计报表。部门统计报表是为了适应本部门业务管理的需要而制定的专业统计报表，在本系统内实施，用来收集有关部门的业务技术资料，是国家统计报表的补充。地方统计报表是针对地区特点而补充规定的地方性统计报表，是为本地区的计划和管理服务的。

统计报表的资料来源于基层单位的原始记录。从原始记录到统计报表，中间还经过统计台账和企业内部报表。原始记录是基层单位以特定的表格形式，对生产经营活动的具体内容和状况所进行的最初的数字和文字记载，具有广泛性、群众性、经常性和具体性的特点。如企业的产品产量、工人的出勤和工时记录、库存物资收付记录等都是原始记录。设置原始记录时，应遵循切合实际、统一协调、简明通俗、容易操作的设计原则，这样才能保证原始记录的准确可靠。

统计台账是基层单位根据统计报表的要求和基层经营管理的需要，按时间顺序设置的一种系统积累统计资料的表册。设置统计台账既便于准确及时地填报统计报表，也便于积累统计资料。原始记录、统计台账和统计报表之间联系密切，逐层递进。

二、普查

普查是为了满足某种专门需要而组织的一种一时性调查，一般是对全国某一社会经济领域进行的大规模的国情调查，如我国曾经进行过几次的工业普查和人口普查等。普查是一种一时性调查，所取得的资料主要是某种现象在一定的时点上的总量资料，属于全面调查的范畴，且调查项目详细，资料丰富而全面。通常情况下，普查的组织方式有两种：一种是自上而下组织专门机构从事这一工作，有专门的人进行调查，但同时也要利用一些平时的原始记录资料。另一种组织方式就是没有专门组织这种普查机构，也无专门的调查人员，而是利用被调查单位本身的组织机构进行调查，综合本单位的日常管理工作，把平时的资料充分利用起来加以整理。此外，还有一种快速普查，这种普查主要是为了适应特殊时期的特殊要求，一般调查项目都是最基本的，也不搞逐层调查，而是由基层单位直接上报到最高统计机构。

由于普查所反映的是某种现象在一定时点上的总量资料，因此正确选择普查时间就显得十分重要了。普查的登记时间也叫登记期限，是登记普查项目的时间，即为一个时间段，一般不能太长，通常在半个月左右。普查的标准时间则是指登记调查单位时所依据的统一调查时点，即一瞬间。规定普查标准时间的目的在于避免登记的重复或遗漏，因为普查的登记时间不是一个时点，而是一个时间期限。确定普查的标准时间，最好应是被调查对象的变动最小时。与普查的时间有关联的还有普查的间隔期，由于普查耗费较多的人力、物力和财力，因此一般不可能在较短的时期内进行多次普查。然而普查的间隔期应是有规律的，两次普查的间隔时间不宜过长，否则普查资料的时效性和实际作用会降低。一般来讲，进行各类普查都应有固定而且相等的间隔期，但间隔期时间的长短，则应根据本国的国情和被调查现象的特点来确定。

尽管通过普查可以取得全面、详细而丰富的统计资料，但是它涉及面广，所用时间太长，人力、物力、财力消耗大，因此不能轻易进行，要做好充分的准备工作，建立普查机构，拟定调查方案，培训调查人员，并通过试点工作改进调查方案的设计，还要对所需要的原始资料进行整理和补充。另外，还应注意同类普查的内容和时间在历次普查时应尽量保持一致，以便于比较分析。

任何统计调查都会出现一些误差，普查也不例外。如普查的登记差错、资料搜集误差和资料整理时出现的误差，以及由于资料内容涉及被调查对象本身的特殊利益而产生的虚假数据等。为了使误差降低到普查数据基本可靠的限度之内，应在普查的各个阶段采取相应的预防措施，强化宣传，鼓励填报，确保保密，并在普查之后再进行一次抽样复查，以校正普查中出现的误差。

三、重点调查

重点调查是按照一定研究目的对总体中重点单位的某种数量特征进行的调查，是一种非全面调查。重点单位，就是在总体中虽然为数不多，但这些单位被研究标志总量却占整个总体标志总量的绝大部分，这些调查单位的该种数量的特征能对总体做出综合说明，通过对这些单位的调查可以得到表明总体基本情况的资料。如要想综合了解全国旅游外联、城市接待、创汇等主要旅游经济指标，只要对全国的 60 个（包括北京、上海、广州、桂林、西安、苏州、杭州等城市在内的）主要旅游城市进行重点调查，就可以基本掌握全国的大体情况。

通常根据调查任务的不同，重点单位可能是一些企业或行业，也可能是一些地区、城市。能否采用重点调查，是由调查的任务和研究对象的特点来决定的。重点调查并不是要用重点单位的指标来推算整个总体指标，而只是通过单位本身的指标来说明总体在该数量特征方面的基本状况。一般说来，当调查任务只要求掌握基本情况，而部分单位又比较能集中反映所研究的问题时，宜采用重点调查。由于重点调查被调查的单位数少，可以用较少人力、物力、财力和时间获得反映总体基本情况的资料。调查的指标项目可以多一些、细一些，具有搜集资料快和代表性强的特点，有助于对问题的深入研究，所以重点调查在我国的统计工作中经常被采用。

重点调查在具体工作中可以灵活运用，可以在某个时期专门组织一次调查，也可以对重点单位布置报表。

四、典型调查

典型调查是在被研究对象中有意识地选择若干有代表性的单位进行调查研究。从统计调查的角度来看，典型调查也是统计工作搜集资料的重要方法，是一种按照调查的预定目的而专门组织的非全面调查。典型调查的范围小，调查单位数少，因而指标可以多一些，可以用来研究某些比较复杂的专门问题，所以说典型调查是一种深入、细致的调查方式。典型调查的单位是根据调查的目的和任务，在对调查总体进行全面分析的基础上有意识地选择出来的。

（一）典型调查的特点

调查单位的选择主要取决于调查者的主观判断与决策。因为调查单位是根据调查的目的与任务，在对现象总体进行初步分析的基础上，有意识地选择出来的。显然，调查单位的选择更多地取决于调查者的主观判断与决策。因此，调查人员的经验将会影响到调查单位的选择。

典型调查的结果一般不宜用丁推断总体。典型调查主要是为了探索认识事物发展变化的趋势及规律。

（二）典型调查的作用

在统计实践中，典型调查的作用也是其他调查方式无法取代的。

它只对少数典型单位进行调查，调查单位少，能对典型单位做深入细致的调查，进行具体剖析。

调查的内容具有很大的灵活性。根据需要，调查既可以从事物的数量方面进行，也可以从事物的质量方面进行。

（三）典型调查的形式

正确选择典型单位，保证典型有充分的代表性，是搞好典型调查的关键。典型调查可分为两种：一种是作为个别单位的典型调查，另一种为具有统计特点的典型调查。对个别单位的典型调查是一种解剖式的调查方式，这种典型调查的典型单位就是在其全部单立中有代表性的。尽管单位数很少却可以达到其调查目的，通过这种调查来说明总体的基本情况及其变动的规律性。对个别单位的典型调查又分为两种情况：一种是选出的单位对总体具有代表性，可以大致反映总体的情况；另一种情况就是选出的单位是同类现象中的突出者，比如是特别好的，或是特别差的等。

总之，这种调查的目的都是要摸清一般情况，从中找出经验、教训以及事物发展变化的规律。要想把典型单位选好，具有真正的代表性，就要事先广泛地了解情况。值得注意的是，不能用个别典型单位的数量或指标去推算全体的指标，因为个别单位受偶然因素的影响较大。关于具有统计特点的典型调查，其典型单位不是个别单位而是一个部分，或是几十个单位组成一个小总体，即典型总体，这依然是大量的调查单位。这样做的目的就是要用这部分典型单位的结果从数量上推断总体的结果。为了保证调查结果精确，通常采用"划类选典"的方法，以缩小与总体的差别。这种"选典"是有意识进行的，典型单位的代表性与选择者对客观现象的认识程度密切相关，并且直接受其影响。

在一定条件下，典型调查可以验证全面调查数字的真实性，补充全面调查的缺口，搜集不需要或不可能通过全面调查和其他非全面调查取得的统计资料。对于从全面调查中发现的一些不够清晰的问题，可以深入若干典型单位进行统计调查，取得有关的统计数字，具体地分析具体问题。典型调查还可以反映社会现象一般规律和基本趋势，对研究新事物，了解新情况、新问题的数量表现尤其具有重要意义。

五、抽样调查

抽样调查是专门组织的一种非全面调查，是一种非常具有代表性的调查方法。它是按照随机的原则从总体全部单位中抽取一部分单位作为样本进行观察，根据对这部分单位的调查结果，通过科学的计算来推断总体，并有效控制抽样误差的一种统计调查方法。随着现代统计理论和方法的不断完善，抽样调查已在世界各国得到了广泛的运用。许多统计调查活动在公众舆论、市场研究、医药、卫生、科学等方面都采用了这一方法，特别是在旅游业的调查实践中。

在旅游经济现象中，有很多现象是无法进行全面调查的，故须采用抽样方法调查；即使对可以用全面调查方式的现象来说，有时使用抽样调查方式更加节约并能提高效率。现在世界上许多国家，无论是自然科学实验还是社会科学搜集资料，都广泛采用抽样调查方法。改革开放以来，我国进行了一系列的统计调查方法改革，要求在统计的各个领域广泛推广、运用抽样调查，并不断地提高它在统计调查方法体系中所占的比重，逐步取代传统的逐级上报、层层汇总、无所不包的全面统计报表，确立它在统计调查中的主体地位。

综上所述，统计调查的方式多种多样，实际组织调查时到底采取什么方式方法，必须根据调查的具体任务和调查对象本身的特点而定，并随客观情况和工作条件的变化而适当选用。在许多情况下可以推行非全面调查，特别注意采用抽样调查。同时，也要注意各种调查方法的结合运用，把全面调查和非全面调查结合起来，或用非全面调查核实全面调查资料的质量。

比如，现在人口普查的一个显著特点是各国逐步采取全面调查与抽样调查相结合的方法。如美国，曾选择20%的人口调查出生地、文化教育程度、收入等；选择15%的人口调查父母出生地、童年语言、是否服兵役等；选择5%的人口调查行业、职业和来美时间。

素质教育小故事

党的方针政策为统计工作指路

在一个充满活力的城市中，王丽是一名年轻的统计师，她热爱自己的工作，并始终坚信党的方针政策是引领国家发展的重要指南。

王丽所在的城市正面临着产业结构调整和城市发展的双重挑战。为了制定科学合理的政策，市政府决定开展一项关于城市经济发展和民生改善的调查，并委托王丽和她的团队负责收集和分析相关数据。

王丽深知这项任务的重要性，她明白统计数据的准确性直接关系到政策制定的合理性和有效性。因此，她带领团队精心策划了调查方案，明确了调查的目标和范围，制定了详细的调查问卷和采集方法。

在数据收集的过程中，王丽坚持以党的方针政策为指导。她深入了解了党的关于经济发展、民生改善和社会稳定的方针政策，并将其融入调查的每个环节。她带领团队走进社区、企业、学校等各个领域，与群众面对面交流，倾听他们的声音，了解他们的需求和期望。

在调查过程中，王丽遇到了不少困难和挑战。有些人对调查持怀疑态度，不愿意配合；有些人提供的信息不准确或存在偏差。但王丽并没有放弃，她坚信党的方针政策是正确的，只要坚持下去，就一定能够收集到真实可靠的数据。

经过几个月的艰苦努力，王丽和她的团队终于完成了数据收集工作。他们得到了大量的第一手资料，包括问卷数据、访谈记录、现场观察等。王丽运用统计学的知识和方法，对这些数据进行了深入分析和挖掘，揭示了城市经济发展和民生改善的现状和问题。

根据王丽的分析报告，市政府制定了一系列科学合理的政策，包括优化产业结构、加强基础设施建设、提高民生保障水平等。这些政策得到了广大市民的积极响应和支持，推动了城市的持续健康发展。

在这个过程中，王丽深刻地体会到统计数据的收集与坚持以党的方针政策相结合的重要性。她认为，只有坚持以党的方针政策为指导，才能确保统计数据的真实性和准确性；只有运用统计学的知识和方法，才能更加深入地了解群众的需求和期望。她将继续努力，为党和人民的事业贡献自己的力量。

章节练习

一、判断题

1. 全面调查和非全面调查是根据调查结果所得的资料是否全面来划分的。（　　）

2. 对我国主要粮食作物产区进行调查，以掌握全国主要粮食作物生长的基本情况，这种调查是重点调查。（　　）

3. 与普查相比，抽样调查调查的范围小，组织方便，省时省力，所以调查项目可以多一些。（　　）

4. 采用重点调查搜集资料时，选择的调查单位是标志值较大的单位。（　　）

5. 调查单位和填报单位在任何情况下都不可能一致。（　　）

6. 对某市下岗职工生活状况进行调查，要求在一个月内报送调查结果。所规定的一个月时间是调查时间。（　　）

7. 典型调查既可以搜集数字资料，又可以搜集不能用数字反映的实际情况。（　　）

8. 统计调查误差是指由于错误判断事实或者错误登记事实而产生的误差。（　　）

9. 在对现象进行分析的基础上，有意识地选择若干具有代表性的单位进行调查，这种调查属于重点调查。（　　）

10. 普查一般用来调查属于一定时点上社会经济现象的数量，它并不排斥对属于时期现象的项目的调查。（　　）

二、单项选择题

1. 连续调查与不连续调查的划分依据是（　　）。

　　A. 调查的组织形式不同

　　B. 调查登记的时间是否连续

　　C. 调查单位包括的范围是否全面

　　D. 调查资料的来源不同

2. 统计调查是进行资料整理和分析的（　　）。

　　A. 基础环节

　　B. 中间环节

　　C. 最终环节

　　D. 必要补充

3. 调查几个重要铁路枢纽，就可以了解我国铁路货运量的基本情况和问题，这种调查属于（   ）。

    A. 普查

    B. 重点调查

    C. 典型调查

    D. 抽样调查

4. 下列调查中，调查单位与填报单位一致的是（   ）。

    A. 企业设备调查

    B. 人口普查

    C. 农村耕地调查

    D. 工业企业现状调查

5. 对一批商品进行质量检验，最适宜采用的方法是（   ）。

    A. 全面调查

    B. 抽样调查

    C. 典型调查

    D. 重点调查

三、多项选择题

1. 我国统计调查的方法有（   ）。

    A. 统计报表

    B. 普查

    C. 抽样调查

    D. 重点调查

2. 在工业设备普查中（   ）。

    A. 工业企业是调查对象

    B. 工业企业的全部设备是调查对象

    C. 每台设备是调查单位

    D. 每个工业企业是填报单位

3. 普查是一种（   ）。

    A. 专门组织的调查

    B. 全面调查

    C. 经常性调查

    D. 非全面调查

4. 抽样调查方式的优越性表现在以下几个方面（   ）。

    A. 费用少

    B. 速度快

    C. 灵活性大

    D. 调查范围全面

5. 普查的特点是（   ）。

A. 专门组织的调查

B. 全面调查

C. 有重点的调查

D. 对代表性单位的调查

四、简答题

1. 一个完整的统计调查方案应包括哪几个方面的内容？

2. 统计普查有哪些主要特点和应用意义？

3. 抽样调查有哪些特点？有哪些优越性？

4. 什么是调查对象和调查单位？

5. 怎么设计调查问卷的问题及顺序？

第三章

旅游统计数据的整理与展示

■**学习目标**

通过本章学习，了解统计整理的含义以及统计整理的原则及步骤，掌握统计数据的整理流程和统计分组方法，掌握常见的几个统计图的使用场合，准确运用统计图和统计表显示统计总体的数量和特征。

■**基本要求**

掌握分配数列的编制方法，掌握统计表的构成和编制及常用统计图的绘制内容；能对相关统计数据按照某个标志进行分组、编制分配数列，能熟练地编制统计表及常用统计图。

第一节 旅游统计数据的整理

原始数据经过整理以后，一般以文字、表格和图形的形式向受众展示。国内外知名的调查机构定期发布的各项权威报告，无一不是依托文字、表格和图形展示情报信息，为人们决策提供参考。俗话说："字不如表，表不如图。"图形将枯燥的数据信息以直观、简明的方式展现给读者。可以说，上至 80 岁的老人，下至 3 岁的小孩，甚至对数字不敏感的人，也能通过图形了解数据蕴含的信息。在旅游统计数据收集完毕后，需要进行数据整理才能将信息展现给信息阅读者。

一、统计数据整理的概念及意义

（一）统计数据整理的概念

统计数据整理，是指根据统计研究的目的，统计调查所得的原始数据进行科学的分组和汇总，使之系统化、条理化的工作过程。对已经整理过的初级资料进行再整理，也属于统计整理。

统计调查所收集的反映个体的原始数据是零星、分散和不系统的。根据这样的数据，人们难以从总体上分析和认识其数量特征。因此，统计调查只有经过统计数据整理这个阶段，才能将这些零星的、分散的和不系统的原始数据变成有条理的、系统的，才能说明总体数量特征是有用的数据。

统计数据整理从广义上讲，包括两种整理：一是对统计调查所收集到的原始数据进行分组和汇总；二是对已经加工过的次级数据进行有目的的再加工。

（二）统计数据整理的意义

统计数据整理能够对总体做出概括性的说明。通常通过统计调查可以取得第一手资料，但这种资料只能反映总体各单位的具体情况，是分散、零碎、表面的，要说明总体情况，揭示总体的内在特征，还需要对这些资料进行加工整理，使之系统化，并转化为综合指标。

统计数据整理是整个统计工作和研究过程的中间环节，统计数据整理既是统计调查的继续，又是统计分析的基础。统计调查所搜集到的资料，只有科学的审核、分类、汇总等整理工作，才能使统计数据在认识社会的过程中，实现由个别到全体、由特殊到一般、由现象到本质、由感性到理性的转化，才能从整体上反映出事物的数量特征。否则统计调查所得的资料就算再丰富、再完备，其作用也发挥不出来，统计调查将徒劳无功，统计分析也将无法进行。

统计数据整理是积累历史资料的必要手段。统计研究中经常要用动态分析，这就需要有长期累积的历史资料，而根据积累资料的要求，对已有的统计资料进行筛选，以及按历史的口径对现有的统计资料重新调整、分类和汇总等，都必须通过统计数据整理工作来完成。

二、统计数据整理的内容

统计数据整理的内容主要包括以下几个方面：

（一）调查资料的审核

为了确保统计工作的质量，在对调查资料进行整理汇总前，首先要做好调查资料的审核和检查工作。因为资料一经汇总，原始资料中的差错就会被掩盖起来，影响到整个统计工作的质量，故在整理之前必须对调查资料作严格审核。

对原始资料的审核主要包括以下三个方面：

1. 及时性审核

审核资料的及时性就是检查调查资料是否按规定的时间报送。任何单位的资料不能及时报送，都将会影响整个统计工作的进程，特别是一些时效性较强的资料，如果统计数据报送过于滞后，就失去了研究的意义。

2. 完整性审核

审核资料的完整性包括两方面：一是检查所有调查单位的调查表是否都已收齐；二是要检查调查表中所填写的项目有无遗漏，是否齐全。对于不完整的资料，应采取适当的措施加以补救，避免出现数据偏差。

3. 准确性审核

审核资料是否正确是资料审核的重点。准确性审核的办法主要有以下两种：一是逻辑检查法，即检查调查资料各项目之间的关系是否合乎逻辑，有无不合理或者相互矛盾的现象，调查资料的所属时间是否符合调查方案中规定的时间。例如，快捷小规模酒店收益中，不应有大宗会议招待收益评价目标，酒店当日入住人数原则上不应低于已登记入住房间数等；二是计算检查法，即检查资料的统计口径和范围、计算方法和计量单位是否符合要求，统计数字有无差错，有关指标间的平衡关系是否得到保持等。例如，审核中要注意各单项之和是否等于小计，小计之和是否等于合计，各横行纵栏的合计有无错误，相关指标之间的计算关系是否正确等。

通过审核发现错误以后，要区分不同情况及时纠正和处理。对弄虚作假、虚报瞒报、伪造篡改统计资料的，要按《中华人民共和国统计法》严肃处理。统计资料的审核是一项严肃细致的工作，一定要认真对待，不可草率从事。

三、统计数据整理的步骤

统计整理工作是一项细致的、科学的工作，主要包括以下几个步骤：

（1）设计统计整理方案。在进行统计整理之前，应当根据统计整理的目的，确定对调查资料的哪些内容进行加工整理；同时，要明确各种统计分组和汇总指标。制定统计整理方案，是保证统计整理有计划、有组织进行的首要步骤，是统计设计在统计整理阶段的具体化。

（2）对调查资料进行审核、订正。在搜集资料的过程中，经常会由于某些原因出现一些差错。因此，为了确保统计资料准确无误以及符合统计研究目的的要求，必须对统计调查所获得的原始资料进行严格审核，发现问题及时纠正。它是统计整理中的一个重要的环节，包括资料的准确性、及时性和完整性审核。

审核资料的准确性，就是检查所填报的资料是否准确可靠，主要从两个方面进行：其一，逻辑检查，主要从理论上或常识上检查资料的内容是否有悖常理、有无不切实际或不符合逻辑的地方及各项目之间有无相互矛盾之处。其二，计算检查，主要检查填报单位有无遗漏、调查表项目是否填齐、所填内容和表格规定是否一致、计量单位与法定单位是否一致以及各项数字之间的关系是否正确等。审核资料的及时性，主要检查资料是否符合调查规定的时间，是否在规定的调查期限内报出。审核资料的完整性，主要检查调查单位资料是否齐全，是否上报了规定的份数，调查项目是否完整等。

（3）对调查资料进行科学分组，并进行汇总计算。分组汇总就是用一定的组织形式和方法对经过审核的资料进行分组、汇总和计算。根据研究目的和统计分析的需要，选择整理的标志，并进行划类分组。科学的分组是搞好统计整理的前提条件。只有正确分组，才能整理出有科学价值的综合指标，并借助这些指标来揭示事物的本质与规律。

（4）对整理好的统计资料再次进行审核，纠正在汇总过程中产生的各种差错。

（5）编制和绘制统计图表。根据统计分析的要求或现象间的内在联系，将总体有关数量关系编制在一张表上或绘制成统计图，可以简明扼要地反映社会经济现象之间的数量特征。

（6）统计资料的保管与积累。统计研究中经常要进行动态分析，这就需要有长期累积的历史资料。而根据积累资料的要求，对已有的统计资料进行筛选，以及按历史的口径对现有的统计资料重新调整、分类和汇总等，都必须通过统计整理工作来完成。

第二节　旅游统计数据的分组

一、统计分组的概念与原则

统计分组是根据统计研究的目的，将统计总体按照某种标志划分为若干组成部分的一种统计方法。总体的这些组成部分称为"组"，统计分组同时具有两个方面的含义：对总体而言是"分"，即将总体区分为性质相异的若干部分；对个体而言是"合"，即将性质相同的个体组合起来。就作为分组标准的某一标志而言，同组的个体单位间都有相同之处，不同组的个体单位间则具有相异之处。统计分组主要是在统计总体内部进行的一种定性分类。

统计分组不仅是为了把总体中各个体的特质找出来，加以区别对待，分清事物的本性，而且是为了把个体中具有相关性、个体与个体之间、个体与总体之间的相关性理顺，从更深层次的层面上，揭示事物表象背面所存在的元素，以及各元素之间存在的关联性。

统计分组应遵循以下原则：

（一）穷尽原则

穷尽原则是指同一组内各单位性质相同，不同组所包含的各单位性质相异，保证做到总体中的每一个单位都有"组"可归，落在"组"内。比如：将银杏标准酒店入住率按客房总数进行统计，分为入住率100%~90%，90%~80%，80%~70%三组[1]，但假设在疫情期间，入住率低于70%，就会出现该企业无"组"可归的现象。而正确的分组是：入住率100%~90%，90%~80%，80%~70%，70%以下。所有组要能一起容纳总体的全部单位，这样符合分组的穷尽原则。

（二）互斥原则

互斥原则是指总体中的任何一个单位都是互斥的，分组过程中一个单位只能归属于某一个组，而不能同时归属于多个组。互斥原则就是强调同一个总体单位是无法模糊分类的。

---

[1]　统计学中常见的组限表示方法请见本书第58页的表3-7，以及第59页对表3-7的说明，本书类似情况下不再另作说明。

二、统计分组的作用

统计分组在统计研究中占有重要地位，其主要有三个基本作用：将现象划分为不同类型、表明现象的内部结构和分析现象之间的依存关系。

（一）将现象划分为不同类型

社会经济现象千差万别，要了解各种社会经济现象的性质、特点及其相互关系，必须根据各种标志把它们划分为性质不同的类型，以便解释不同社会经济现象的差异。大量社会经济现象的数量关系是错综复杂的，但它们都可以通过统计分组划分为各种不同的类型，且不同类型有着不同的数量特点和规律。因此，借助统计分组的方法，我们可以将所研究的统计总体划分为不同的类型来加以深入分析。

2019 年前三季度全国旅行社外联接待入境外国游客 1 846.69 万人次，从这些入境外国游客的来源洲来看：1156.03 万人次（62.60%）来自亚洲，365.46 万人次（19.79%）来自欧洲，228.99 万人次（12.40%）来自美洲，55.22 万人次（2.99%）来自大洋洲，40.81 万人次（2.21%）来自非洲，0.18 万人次（0.01%）来自其他地区。（图 3-1）。

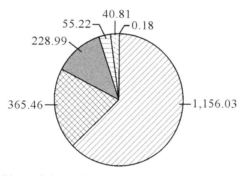

图 3-1　2019 年前三季度全国旅行社外联接待入境外国游客的来源洲

从这些入境外国游客的来源国来看：旅行社外联接待入境游客人数排名前 10 的国家是韩国、美国、俄罗斯、日本、泰国、新加坡、马来西亚、印度尼西亚、英国、澳大利亚（图 3-2），合计为 1 163.73 万人次，占比达到 63.02%。其中：韩国、美国和俄罗斯为前三名，旅行社外联接待入境游客人数分别为 301.15 万人次、141.02 万人次和 134.04 万人次，占比分别约为 16.3%、7.64% 和 7.26%。

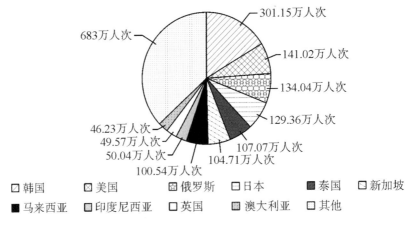

图 3-2 2019 年前三季度全国旅行社外联接待入境外国游客的来源国

因此根据现象划分的类型可进行进一步将其深化分解成不同的项目和数据规律。

（二）表明现象的内部结构

说明总体现象内部结构的统计分组简称为结构分组。结构分组在社会经济统计研究中应用广泛。

任何现象的总体都包含着不同的组成部分，从数量上说明部分与整体的关系是统计研究的重要内容。总体的内部结构可体现部分与整体的关系以及各部分之间存在的差别和相互联系，反映事物从量变到质变的过程，帮助掌握事物的特征，认识事物的性质。通常我们用比重指标说明总体的内部结构，从而反映其特点、性质或类型，并说明各部分的地位、作用与联系。通常我们用比重指标的变化来说明总体内部结构的变化，因为总体内部占比最大的部分的特点、性质决定或影响着总体的特点、性质。

图 3-3 为我国 2022 年酒店业数量及客房数按城市级别分布的总体情况。

（三）分析现象之间的依存关系

社会经济现象之间存在着广泛的相互联系和制约关系。但现象之间发生联系的方向和程序各不相同。关系比较紧密的一种联系就是现象间的依存关系。研究现象间依存关系的统计方法很多，如相关与回归分析法、指数因素分析法、统计分析法等，其中统计分组法是最基本的方法，是运用其他分析法的基础和前提。统计分组法确定现象间的依存关系，通常是把表现为事物变化发展原因的因素叫作影响因素，而把表现为事物变化发展结果的因素叫作结果因素。

统计分组的上述三个方面作用分别是从类型分组、结构分组和分析分组角度来说明的，它们不是彼此独立的，而是相辅相成、相互补充、配合运用的。

三、统计分组的种类

（一）统计分组标志的选择

分组标志是统计分组的依据或标准。正确选择分组标志是进行统计分组的关键，分组标志确定得恰当与否会直接影响统计分组的效果好坏。正确选择分组标志应遵循以下原则：

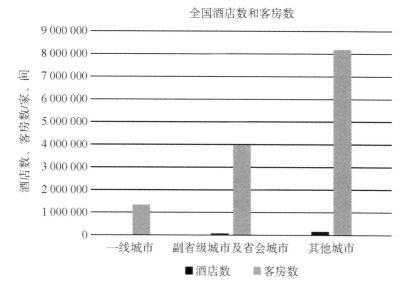

图 3-3　2022 年全国酒店和客房数（按照城市级别分布）

（注：一线城市指北京、上海、广州、深圳；副省级城市及省会城市指不包括一线城市在内的副省级城市及省会城市。）

1. 要符合统计研究的目的和任务要求

统计分组是为统计研究服务的，统计研究的目的不同，选择的分组标志也应有所不同。例如，同是以工业部门为研究对象，当研究的目的是分析部门中各种规模的企业的生产情况时，应该选择产品数量或生产能力作为分组标志。

2. 选择最重要的标志作为分组依据

客观现象纷繁复杂，研究某一问题可能涉及许多标志，科学的统计分组应从中选择与统计研究的目的、与有关事物的性质或关系最密切的标志，即最主要或最本质的标志作为统计分组的依据。

3. 要考虑到客观现象所处的具体历史条件

客观事物的特点和内部联系随着条件的变化而不同，因此选择分组标志时，要具体情况具体分析，根据事物的不同条件来选择分组标志。

（二）统计分组的种类

统计分组是按照标志进行分组的，分组的标志是统计分组的重要标准和依据。

1. 按分组标志的多少，统计分组可分为简单分组和复合分组

简单分组就是将统计总体按照一个标志进行分组，突出总体在这个方面存在的差异性，但掩盖了总体在其他方面的差异性。简单分组只能从一个方面说明和反映总体的分布特征和内部结构。表 3-1 为简单分组式例。

表 3-1　简单分组式例

酒店等级	数量
经济型（两星以下）	
中档型（三星）	

表3-1(续)

酒店等级	数量
高档型（四星）	
豪华型（五星）	
合计	

复合分组就是对同一总体按照两个或两个以上的标志进行分组并层叠排列形成的分组体系。复合分组，首先按照最主要的标志对总体进行第一次分组，然后再按照次要标志对第一次所分的组再进行第二次分组，依次按照所有标志分到最后一个为止。复合分组可以多角度地对同一总体进行较为全面的分析，充分发挥统计分组的作用。图 3-4 即为将某财务管理系的学生按专业分类，然后在这个基础上，再按照学生的籍贯和性别进行分组，这样形成的分组就是复合分组。

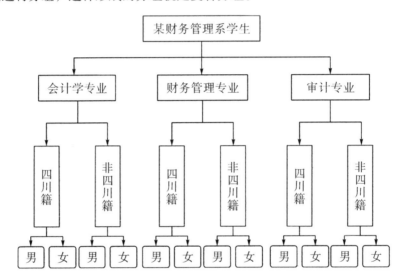

图 3-4　某财务管理系的学生按专业分类

2. 按分组标志性质的不同，计分组分为品质分组和数量分组

品质分组就是按照说明总体单位属性特征的品质标志进行分组，并在品质标志的变异范围内划分各组的界限，将一个总体划分为若干个性质不同的组成部分。

数量分组就是按照说明总体单位数量特征的数量标志进行分组，并在数量标志的变动范围内划分各组的界限，将一个总体划分为若干个性质不同的组成部分。

3. 按分组的作用和任务不同，统计分组分为类型分组、结构分组和分析分组

类型分组就是把错综复杂的现象总体，划分为若干个性质不同的部分，以说明总体所具有的数量特征和数量变化规律。

结构分组就是在统计分组的基础上，观察总体各单位在各组间的分布情况，以研究总体各组成部分在总体中起到的不同作用。

分析分组就是为了研究现象之间的相互依存关系而进行的分组，通过分析分组，我们可以进一步发现、分析社会经济现象之间存在的数量关系。

四、统计分组的方法

（一）统计分组的关键——分组标志的选择和各组界限的划分

选择分组标志是统计分组的核心问题。分组标志选择正确与否，关系到能否客观、真实地反映统计总体的性质和特征，能否达到统计分析研究的目的。统计分组的关键就是正确选择分组标志。选定了分组标志，还要进一步在分组标志变异的范围内划定各个相邻组之间的性质界限和数值界限。如果划不清各组的界限，那么分组就将失去意义。

（1）根据研究问题的目的和任务，正确选择分组标志。同一个总体，由于研究目的不同，所选择的分组标志也就不同。如果研究的目的是分析银杏标准酒店的收益情况，就应该选择"不同时段"或"不同收益类型"作为分组标志；如果研究的目的是分析银杏标准酒店的服务水平，就应该选择"服务评级"或"客户评分"作为分组标志。所以，对同一个总体，当研究目的和任务发生改变时，分组标志也要随之而改变。

（2）选择最能反映现象本质特征的标志。找到最能反映现象本质特征的标志，必须要以经济学理论和对社会经济现象的分析为基础。

（3）要结合现象所处的具体历史条件或经济条件来选择。任何社会经济现象在不同的历史、经济条件下都会有不同的数量变化，如果标志的选择不考虑这种数量上的变化，就会混淆事物的性质，进而掩盖事物具有的数量特征和数量关系。比如，现行统计制度在划分酒店规模时，就有"客房数量""配套设施""价格区间"等多种标志可供选择，如果是度假型酒店，就应选择"城市""环境"等来划分酒店的差异。

（二）统计分组的方法

1. 品质标志的分组方法

按品质标志分组，是指选择反映事物属性差异的品质标志为分组标志，并在其变异范围内确定各组之间的界限。

按品质标志分组有简单和复杂两种情况。简单的分组，分组标志一经确定，组的名称、组数和各组组限也随之确定了，如企业按经济类型分为"公有制经济"和"非公有制经济"两类。而比较复杂的按品质标志的分组称为分类，如国民经济的部门划分，就有三次产业分类、机构部门分类、产业部门分类等。对于这种比较复杂的分类，一般会有国家相关部门制定的统一分类目录。这些分类标准为统计数据整理提供了统一的依据。

2. 数量标志的分组方法

按数量标志分组时，我们应根据被研究的现象总体的数量特征，采用适当的分组形式进行分组，分组形式有单项式分组和组距式分组两种。

（1）单项式分组。单项式分组按每个具体变量值对总体进行的分组，即一个变量值代表一组，单项式分组一般适用于变异范围较小的离散变量。

（2）组距式分组。组距式分组是按变量值的一定范围对现象总体进行的分组，一般适用于连续变量和变异范围较大的离散变量，如对本市酒店客房保有数量进行分组，见表3-2。

表 3-2　本市酒店客房保有数量

客房保有量/间	酒店数量/家
200 以下	336
200～300	220
300～400	176
400 以上	89
合计	821

组距式分组还可以根据各组组距是否相等，分为等距分组和异距分组。

等距分组中各组的组距都相等，适用于标志值的变动比较均匀的情况。比如，酒店客房保有量、星级酒店数量、酒店员工工资等。等距分组便于计算和绘制统计图。

异距分组中各组的组距不完全相同，适用于三种情况。

第一，标志值分布很不均匀。比如，某企业职工的年龄集中分布在 30～50 岁，而其他年龄段的职工人数较少。如果这时仍采用 10 岁为组距进行等距分组，就会无法显示年龄分布的特征。

第二，标志值相等的量具有不同意义。比如，人的年龄在幼年的一岁和成年后的一岁，虽然时间长度一致，但其包含的意义不一样。因此，在人口普查中，人口的年龄分组是：不满周岁、1～3 岁、4～6 岁、7～12 岁、……、60～64 岁、65～79 岁、80～99 岁、100 岁以上。

第三，标志值按一定比例发展变化。比如，某市各工厂一年内创造的增加值可采用公比为 10 的不等距分组：6 万～60 万元、60 万～600 万元、600 万～6 000 万元。

组距式分组时，变量由于取值形式的不同，分为离散变量和连续变量，因此组距分组的组限确定就有了与之相适应的两种形式。

第一，间断组距式分组。间断组距式分组就是相邻两组的上下组限的取值是间断的。如按人均户籍人口数分组可分为：1～2 个、3～4 个、5～6 个。间断组距式分组适用于离散变量。

第二，连续组距式分组。连续组距式分组就是相邻两组的上下组限的取值是连续的。比如，工厂按生产计划完成程度分组：100% 以下、100%～110%、110%～120%、120% 以上，连续组距式分组适用于连续变量。在进行连续组距分组时，由于相邻两组的上、下限是重叠的，每一组的上限同时是下一组的下限，为避免计算总体单位分配数值的混乱，一般原则是把到达上限值的单位数计入下一组内，即称为"上限不在内"原则。如 110% 应作为下限统计到第三组 110%～120%，而不是统计到作为上限的第二组 100%～110%。

（三）统计分组中的几个基本概念

1. 全距（rang）

全距反映整个数列中变量值的最大差异程度。计算公式如下：

全距（R）= 数列中的最大值 - 最小值

2. 组距（class interval）

组距是指每一组上、下组限之间的距离。计算公式如下：

$$组距（d）= 上限 - 下限$$

组距的确定要根据事物的数量特征来确定。组距过大，会使性质不同的单位归并到同一组，破坏组内的同质性。组距过小，会使同一性质的单位分到不同的组，破坏了组与组之间的差异性。

3. 组数（group）

组数是分组的个数。当全距一定时，组数的多少是由组距来确定的。计算公式如下：

$$组数 = 组数 = \frac{全距}{组距} = \frac{R}{d}$$

组数的多少与组距的大小有关。在全距一定时，组数和组距成反比关系，组距大，组数就少；组距小，组数就多。

因此，在确定组距和组数时，我们应注意保证各组都能有足够的总体单位数，组数不能太多，也不宜太少，应以能充分、准确体现现象的分布特征为宜。

实际分组时将数据整理为多少组，应根据所依据数据的性质和表现出来的数量特征来确定。有时须凭借经验和对研究对象的认识做出判断，美国的 H. A. Sturgis 有一个经验公式可供参考，即 $k = 1 + 3.322gN$。其中，k 为组数，N 为总体单位数。

组距的确定因此可表示为

$$i = \frac{R}{k} = \frac{R}{1 + 3.322lgN} \quad （R 为全距）$$

4. 组限（class limits）

组限是组距两端的变量值，其中，一组中的最大值称为上限，一组中的最小值称为下限。

一般来讲，按数量标志分组的组限应是决定事物性质的数量界限。然而，在具体划分时，尚需在遵循这一原则的前提下，从分布特征的角度考虑编成的组距数列是否真实地反映了总体内部各单位的实际分布特征。

5. 组中值（mid-point of class）

组中值是各组变量范围的中间数值，反映各组变量值的一般水平，通常可根据各组上限、下限进行简单平均。计算公式如下：

$$闭口组中值 = \frac{上限 + 下限}{2}$$

组中值可用来代表该组变量值的平均水平，是建立在如下的假设条件下，即分类到该组的各总体单位在该组的分布是均匀分布。

在组距式分组中，缺少下限或上限的组被称为开口组。开口组组中值的确定，一般以其相邻组组距的一半来调整。计算公式如下：

$$缺上限的开口组组中值 = 下限 + \frac{邻组组距}{2}$$

$$缺下限的开口组组中值 = 上限 - \frac{邻组组距}{2}$$

第三节　分配数列

一、分配数列的概念和分类

（一）分配数列的概念

在统计分组的基础上，将总体的所有单位按组归类整理，并按一定顺序排列，形成总体中各个单位在各组间的分布，称为次数分配（frequency distribution）或分配数列。

分布在各组的总体单位数叫次数，又叫频数。它有两种表现形式：一是绝对数形式，即次数（f）；二是相对数形式，即频率，各组次数与总次数之比（$f/\sum f$）。在加权算术平均数的计算中，次数亦称为权数。

分配数列是由两个部分组成的：一是各组的名称；二是各组的次数（一般用 f 来表示），如表 3-3 所示。

表 3-3　银杏标准酒店应收账款数统计

时间/合计	金额/元	频率/%
30 天以内	27 000	0.46
1~2 个月	5 600 000	96.39
2~3 个月	137 800	2.37
3~4 个月	45 000	0.77
合计	5 809 800	100.00

（二）分配数列的分类

根据分组标志的不同，分配数列可以分为两种。

1. 品质分配数列

品质分配数列是按品质标志分组成为品质数列。编制品质数列时，分组标志一旦确定，组数和各组的界限也就随之确定了。品质数列一般比较稳定，能准确地反映总体的分布特征。

2. 变量分配数列

变量分配数列是按数量标志分组成为变量数列。变量数列的编制与品质数列相比较要复杂些。表 3-4 所示就是一个变量数列。

表 3-4　某年入境游客在不同区域人均消费基本情况　　单位：美元/人

按区域分组	人均消费
东北	494.04
华东	688.93
华南	427.74

表3-4(续)

按区域分组	人均消费
华中	403.01
西北	590.84
西南	553.93
合计	4 605.42

可见，变量数列也有两个组成部分：一是变量值或由变量值形成的组；二是次数（频数）或频率。其中次数（或频数）表示各组单位数的多少，是各组单位数的绝对数表示形式；频率表示各组单位数占总体单位数的比重，是各组单位数相对数的表示形式。与分配数列的两个组成部分相区别的是，变量数列中的分组一定是由变量值所形成的各个组。通常，为了计算的方便，将变量值用 x 表示，次数表示用 f 表示，频率表示为 $\dfrac{f}{\sum f}$。

二、变量数列的种类

变量数列，因其对变量的处理方法不同，分为单项变量数列和组距变量数列。

（一）单项变量数列

只以一个变量值代表一组的变量数列，称为单项变量数列，简称分组数列，如表3-5所示。

表3-5 某酒店客房服务人员负责客房数情况分组

客房服务人员负责客房数/间	服务人员数/人	比重/%
10	1	5
15	6	30
16	10	50
20	3	15
合计	20	100

单项变量数列适用于变量值比较少，且变量的变异幅度不太大的离散型变量。如表3-5中，变量值为每日客房服务的间数，是离散变量。日工作量最小的组值为10间，最大的组值为20间，其变动幅度是10~20间。因此，此资料适合采用单项式分组。

（二）组距变量数列

组距变量数列，是指在变量数列中，不是以一个变量值来代表一个组，而是由一个表示一定变动范围的区间或表示一定距离的两个变量值形成一个组。由这些组及其所包含的单位数组成的变量数列就叫组距变量数列，简称组距数列。

单项变量数列在应用中有一定的局限性。如果变量值很多且变量的变异范围很大时，单项变量数列形成的组数就会太多，这样不便于分析问题。此时，就需要使用组距数列。例如，对来华游客的年龄进行统计，则会因游客的年龄跨度过大（老者七八十岁，小的只有几岁，甚至几个月），而显得过于烦琐。如果采用组距数列，且按年龄段分组，则既简洁又能说明问题。表3-6即为一个组距分组。

表3-6　某年某旅行社接待游客年龄分布

按年龄分组	游客人数/人	占总人数比重/%
20岁以下	20	4
20~30岁	225	45
30~50岁	180	36
50岁及以上	75	15
合计	500	100

在表3-6中，年龄是数量标志，也是分组标志。分组形成的各个组均由两个变量值形成多个区间。其中第一组"20岁以下"和最后一组"50岁及以上"也反映为一定的区间，只不过他们是开口组，后面将详细解释。

与单项变量数列所不同的是，无论是离散型变量，还是连线型变量，都可以采用组距数列，这对于后者——连续型变量尤为适用。

在组距数列中，有以下名词或概念需要熟练掌握。

1. 组限

组距数列的上限和下限统称为组限。其中上限（U）是指每个组中的最大值，如表3-6中第二组中的30，第三组中的50等。下限（L）是指每一个组中的最小值，如表3-6中第二组中的20，第三组中的30等。

2. 组中值

组中值指组距数列各组中上限与下限之间的中点数值。组中值的一般计算方法是：

组中值 $= \dfrac{上限（U）+ 下限（L）}{2}$。例如，表3-6中第二组的组中值 $= \dfrac{20 + 30}{2} = 25$（岁），

表3-6中第三组的组中值 $= \dfrac{50 + 30}{2} = 40$（岁）。如果前一组的上限与后一组的下限不是同一数值的离散型变量，则前一组的组中值 $= \dfrac{后一组的下限 + 前一组的下限}{2}$，或者后

一组的组中值 $= \dfrac{后一组的上限 + 前一组的上限}{2}$。

3. 组距

组距指组距数列中每组中上、下限之间的距离或差数。组距的一般计算公式是：组距=上限（U）-下限（L）。表3-6中第二组的组距 =30-20=10（岁），第三组的组距 =50-30=20（岁）。如果前一组的上限与后一组的下限不是同一数值的离散型变量，则前一组的组距=后一组的下限 - 前一组的下限，或者后一组的组距=后一组的上限 - 前一组的上限。

4. 等距数列与不等距数列

组距式分组因各组组距的宽度是否相同而有等距分组与不等距（异距）分组之分，

组距数列也因此分为等距数列与不等距数列（或异距数列）。等距分组组成等距数列，不等距分组组成不等距（异距）数列。表3-6即为不等距数列。

5. 开口组

统计上，对缺少上限或下限的组叫作开口组。反之，上限与下限都齐备的组叫作闭口组。表3-6中的第一组和最后一组均为开口组。开口组的组距习惯上都以相邻组的组距为组距，即假设该组的组距与相邻组的组距相等。这样，开口组组中值的计算便是：

（1）缺下限的开口组组中值 = 上限 - $\dfrac{\text{邻组组距}}{2}$；

第一组的组中值 = 20-15 = 5（岁）

（2）缺上限的开口组组中值 = 下限 + $\dfrac{\text{邻组组距}}{2}$。

第四组的组中值 = $50 + \dfrac{20}{2} = 60$（岁）

三、变量数列的编制

无论是单项数列还是组距数列，其编制在方法上只有一般性原则，也就是说，编制变量数列大致可以依照以下步骤进行：

（一）整理原始资料

将原始资料按数值大小顺序排列，并确定最大值、最小值及全距。以某饭店餐厅50名员工的年龄资料为例（单位：岁）：

19，20，45，31，24，19，30，22，25，61，34，23，26，39，27，20，29，39，47，34，22，28，36，26，39，50，22，25，33，22，37，21，34，23，52，20，22，39，23，36，22，40，24，27，34，25，36，26，21，25。

将上述零乱的年龄资料按大小顺序进行排列，以便于确定标志的最大值、最小值以及全距，并为确定组距和组数提供依据。资料经过初步的整理，排列如下：

19，19，20，20，20，21，21，22，22，22，22，22，22，23，23，23，24，24，25，25，25，25，26，26，26，27，27，28，29，30，31，33，34，34，34，34，36，36，36，37，39，39，39，39，40，45，47，50，52，61。

经过初步的加工可以看出，资料中最小标志值是19，最大标志值是61，其变动幅度在19~61岁，全距R=最大值（U）- 最小值（L）= 61-19 = 42（岁），从数值的排列顺序中还可以看出，该饭店中餐厅的50名员工，年龄的分布较集中在20~40岁。

（二）确定组数和组距

对于组数和组距，其确定的原则是：符合社会经济现象的实际情况，能够充分反映总体分布的特点。至于是先确定组数，还是先确定组距，没有硬性规定。组数的多少和组距的大小是互为制约的，根据经验，组数过多或过少都不妥。一般来说，组数的多少取决于组距大小和组距是否相等。组数确定了，组距也就确定了；反之，若先确定了组距，组数也就随之而定了，用公式表示为

$$\text{组数}(K) = \frac{\text{全距}(R)}{\text{组距}(i)}; \qquad \text{或 } i = \frac{R}{K}; \qquad \text{或 } R = iK$$

以上述 50 名员工的年龄资料为例，则组数和组距的确定如下：

1. 确定等距分组还是不等距分组

因为组距分组有等距分组和不等距分组之分，所以组距数列也分为等距数列和不等距数列两种。问题在于何时采用等距分组，何时采用不等距分组呢？一般在实际进行分组时，应根据现象的性质和研究目的选择合适的组距分组。如果标志值的变动比较均匀，现象性质的相对差异是由数量的绝对变化逐渐积累起来的，则适宜采用等距分组。例如，年龄、身高、单位成本等。采用等距分组有很多好处：①便于各组单位数（次数）的直接比较，以研究各组的次数分配情况。因为等距分组是指标志变量在各组保持相等的距离，即各组标志值的变化都限于相同的范围，所以等距分组的各组单位数只受标志变量的影响。②便于根据其资料计算各项综合指标和进行分析对比。③便于制图，而且等距数列次数分配图也便于表示次数分配的实际情况。

可见，该饭店中餐厅员工的年龄分组，适宜采用等距分组。

2. 初定组距

可以假定把组数定位为组距相等的 6 组，组距则为 $i = R/K = 42/6 = 7$（岁）。这样，该饭店中餐厅 50 名员工的年龄资料可被分为以下 6 组：19~26，26~33，33~40，40~47，47~54，54~61。但是这样的分组也有一定的问题，既不利于计算，也不利于制图和描点。

3. 调整组距

为了方便起见，组距最好取 5 或 10 的倍数，组限也最好是 5 或 10 的倍数。如前例，我们将该 50 名员工的年龄资料进一步整理如下，分成这样的 5 组：

20 岁以下，20~30 岁，30~40 岁，40~50 岁，50 岁及以上，因此而得到的次数分配如表 3-7 所示。

表 3-7　某饭店中餐厅员工年龄次数分配表

按年龄分组	员工人数/人	占总数的比重/%
20 岁以下	2	4
20~30 岁	27	54
30~40 岁	15	30
40~50 岁	3	6
50 岁及以上	3	6
合计	50	100

由此可见，上例资料是先确定组数，还是先确定组距都未尝不可，但是有些资料由于研究目的的不同以及现象本身的特点，决定了在编制分配数列时，只能是先定组距，再定组数。例如，研究饭店的规模，可按照客房数进行分组，但并不是按每 100 间客房为一组地分成：99 间以下，100~199 间，200~299 间，300~499 间，500 间以上。再比如，对游客的年龄进行分组，由于票务和其他服务结算的关系，也是习惯上分成 16 岁以下，17~30 岁，31~50 岁，51 岁及以上这样的四组。

（三）确定组限和组限的表示法

组距和组数被确定之后，还要考虑具体确定以什么数值做组限的问题。一般情况下，确定组限要考虑的是：最小一组的下限应低于最小变量值，最大一组的上限应该高于最大变量值，而且组限值与最小或最大变量值的数值不应过于悬殊。组限的确定应该尽可能地反映出总体分配的规律性，如果组距为5，10，15……则每组的下限最好是它们的倍数。

常见的组限表示方法如表3-8所示。

表3-8　组限表示方法

一式	二式	三式	四式	五式	六式
20以下	10~	20以下	19以下	19.9以下	20以下
20~30	20~	20~30以下	20~29	20~29.9	20以上~30
30~40	30~	30~40以下	30~39	30~39.9	30以上~40
40~50	40~	40~50以下	40~49	40~49.9	40以上~50
50以上	50~	50及以上	50及以上	50及以上	50及以上

表3-8中，一式是最常用的写法，适用于连续型变量，但应用中一般遵循"上限不包括在内"的原则；二式是一式的简化形式；三式是对一式的补充和修正，含义明确，明确指出各组上限不包括在内；四式适用于离散型变量，以及精确至最近单位或最后完整单位的连续变量的分组；五式是四式的延伸，只适用于离散型变量；六式是"下组限不在内"的分组表示法，以区别于前面五种形式。例如，成本计划完成百分比分组的组限，就适合用第六式表示。可以写成图3-5的形式。

$$80\%\sim90\%$$
$$90\%以上\sim100\%$$
}完成成本计划组

$$100\%以上\sim110\%$$
$$110\%以上\sim120\%$$
}未完成成本计划组

图3-5

四、分配数列的表示方法

表示法是指用统计表来表示次数与分配，并可计算累计次数。在统计上，计算累计次数的方法有两种。

（一）较小制累积

较小制累积也称向上累积，是指将各组的次数从标志值最小一组的次数起逐组累计。每组的累计次数表示小于该组上限的次数共有多少，即上限以下的总体单位数有多少。

(二) 较大制累积

较大制累积也称向下累积，是指将各组的次数从标志值最大一组的次数起逐组累计。每组的累计次数表示大于该组下限的次数共有多少，即下限以上的总体单位数有多少。

同时，也可以按频率进行累积。它是从相对数上说明次数累积结果而非从绝对数角度，但仍同频率累积一样，可以反映总体各单位的分布特征，如表3-9所示。

表3-9 某酒店职工基本工资收入次数分布

工资收入/元	次数		较小制（向上）累计		较大制（向下）累计	
	人数/人	比率/%	人数/人	比率/%	人数/人	比率/%
4 000 以下	8	10.00	8	10	80	100.00
4 000~5 000	15	18.75	23	28.75	72	90.00
5 000~6 000	30	37.5	53	66.25	57	71.25
6 000~7 000	20	25.00	73	91.25	27	33.75
7 000 以上	7	8.75	80	100.00	7	8.75
合计	80	100.00	—	—	—	—

从表中找出任意一组，如5 000~6 000元组，则其较小制（向上）累积次数为53与66.25%，表示工资收入低于6 000元的共有53人，占总人数的66.25%；其较大制（向下）累积次数为57与71.25%，则表示工资收入高于5 000元的共有57人，占总人数的71.25%。

五、次数分配的主要类型

由于社会经济现象性质的不同，各种统计总体都有不同的次数分布，从而形成了各种不同类型的分布特征。概括起来，各种不同性质的社会现象的次数分布主要有三种类型：钟形分布、U形分布、J形分布。

(一) 钟形分布

钟形分布的特征是"两头小、中间大"，即靠近中间的变量值分布的次数多，靠近两边的变量值分布的次数少，其曲线图宛如一口古钟。如图3-6所示，钟形分布可分为正态分布和偏态分布。正态分布如图3-6（a）所示，其分布特征是以标志变量中心为对称轴，左右两侧对称，两侧变量值分布的次数随着与中间变量值距离的增大而渐次减少。而图3-6（b）为偏态分布，它们各有不同方向的偏态，即左（负）偏态分布和右（正）偏态分布。客观实际中，许多客观现象统计总体的分布都趋于对称分布中的正态分布。正态分布是描述统计中的一种主要分布，它在统计分析中具有重要的意义。

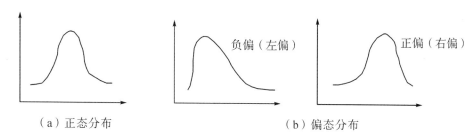

（a）正态分布 （b）偏态分布

图 3-6 正态分布示意图

（二）U 形分布

U 形分布的形状与钟形分布相反，靠近中间的变量值分布次数少，靠近两端的变量值分布次数多，形成"两头大，中间小"的 U 形分布。例如，人口死亡率分布，人口总体中，幼儿和老人死亡率高，而中青年死亡率低，如图 3-7 中的（c）所示。

（三）J 形分布

J 形分布有两种类型，一种类型次数随着变量的增大而增多，呈 J 形分布；另一种类型呈反 J 形分布，即次数随着变量增大而减少，如随着产品产量的增加，产品单位成本下降，如图 3-7 中的（d）所示。

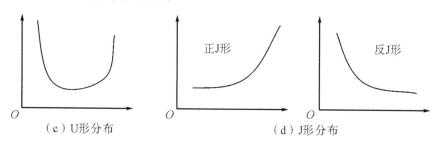

（c）U 形分布 （d）J 形分布

图 3-8 U 形和 J 形分布示意图

第四节 统计表和统计图

一、统计表

（一）统计表的概念

统计表是表现统计资料整理结果的基本形式，在统计实践中应用最为广泛。

它是以纵横交叉的线条结合成表格，用以表现统计资料的内容。广义上讲，统计工作各个阶段中所用的一切表格，都称为统计表，如调查表、汇总表或整理表、统计分析表、时间数列表等。

统计表的优点有如下几点：

（1）统计表是统计资料整理结果的最好的表现形式。它能够对统计资料加以合理组织和安排，使之系统化、条理化，而这正是统计资料整理工作的重要任务。

（2）统计表使用表格表现数字，简明易懂，使人一目了然，从而节省篇幅。

（3）用统计表表现统计资料整理的结果，可以对社会经济现象从各方面进行比较，便于了解现象或过程的内在联系。

（4）利用统计表易于检查数字的完整性。

（二）统计表的构成

从统计表的形式上看，统计表是由横行、纵栏、标题和数字构成的，其中标题又分为总标题、横行标题、纵栏标题。

总标题即统计表的名称，应该简明扼要地说明全表的内容，一般写在表的上端中部。横行标题，也称横标目，是指横行的名称。在统计表中，横行标题通常用以表示各组的名称，代表统计表所要说明的对象，一般写在表的左方。纵栏标题，也称纵标目，是指纵栏的名称。在统计表中，通常用以表示统计指标的名称，一般写在表的右方。当然，制表人可以根据表格横行标题、纵栏标题的多少以及需要的篇幅来确定横行标题和纵栏标题的具体位置和内容。

指标数值则写在各横行标题与各纵栏标题的交叉处，其数字内容受横行标题与纵栏标题的共同限制。

此外，必要时还需要在统计表的下方增列补充资料、注释、资料来源、计算方法及填表单位（人员）、填表日期等，如表 3-10 所示。

表 3-10　2019 年我国旅游业外汇收入（按客运方式）

项目	外汇收入/亿美元	所占比率/%
铁路国际旅游外汇收入	14.10	1.76
民航国际旅游外汇收入	369.02	45.91
汽车国际旅游外汇收入	15.93	1.98
轮船国际旅游外汇收入	2.85	0.35
长途交通国际旅游外汇收入	401.91	50.00
合计	803.81	100.00

资料来源：国家统计局网站。

统计表的内容分为主词和宾词。

主词指统计表所要说明的总体。它通常表现为各个总体单位的名称，总体的各个组或者是总体单位的全部。宾词则是指说明总体的统计指标，包括指标名称和指标数值。在表中"外汇收入"为主词，"所占比率"为宾词。

（三）统计表的分类

1. 按主词是否分组以及分组的程度不同，统计表可分为简单表、分组表和复核表

（1）简单表。

简单表指标的主词未经分组、仅列出各单位名称或按时间顺序排列的表格，如表 3-11 所示。

表 3-11　2016—2019 年我国外国人入境旅游人数

项目	2016	2017	2018	2019
人次/人	3 148.38	4 294.30	4 795.11	3 148.30

（2）分组表。

分组表是指标的主词仅按某一标志进行简单分组的统计表。分组表的主词可以按品质标志分组，也可以按数量标志分组。按照分组方法的不同，统计表又可分为分组表和组距表两种。

（3）复合表。

复合表是指表的主词按两个以上的标志进行复合分组的统计表，表 3-12 即为复合表。

表 3-12　某年某市旅游企业基本情况　　　　单位：万元

项目	固定资产	营业收入	利润
旅行社	861 042.58	1 175 649.68	−5 228.15
国际旅行社	809 657.64	1 007 021.98	−2 699.14
国内旅行社	51.384.94	168 627.70	−2 529.01
星级饭店	4 427 991.24	1 237 543.57	−40 142.29
内资饭店	2 524 936.98	624 520.78	−72 567.36
外资饭店	1 903 054.26	613 022.79	32 425.07
旅游区（点）	268 563.32	113 350.10	−16 366.60
旅游车船公司	—	—	—
其他旅游企业	583 915.14	433 825.57	30 633.24

2. 按作用的不同，统计表可分为调查表、整理表或汇总表和分析计算表

（1）调查表。

调查表是统计调查中用于登记、搜集原始材料的表格。

（2）整理表或汇总表。

整理表或汇总表是指统计整理或汇总过程中使用的表格，以及用于表现统计整理或汇总结果的表格。它是一种标准的统计表。表 3-10 即为整理表或汇总表。

（3）分析计算表。

分析计算表是指在统计分析中，用于对整理所得的统计资料进行定量分析、计算的表格。有时，它也往往与整理表结合在一起成为整理表的延续。

3. 按统计数列的性质不同，统计表可分为时间数列表、空间数列表和时空数列结合表

（1）时间数列表。

时间数列表是指反映在同一空间条件下、不同时间阶段上的某项或某几项统计数列的表格，也称动态表，如表 3-13 所示。

表 3-13　某年下半年全国旅游入境人数　　　　　单位：万人次

月份	7	8	9	10	11	12
人数	1 072.04	1 109.19	1 006.37	1 113.54	1 039.56	1 100.67

（2）空间数列表。

空间数列表是指反映在同一时间条件下、不同空间范围内的某项或某几项统计数列的表格，也称静态表，如表 3-14 所示。

表 3-14　某年四个直辖市接待外国游客人数

接待人数	北京	上海	天津	重庆
接待外国游客人数/人次	17 302 164	19 082 319	5 711 578	2 973 965

（3）时空数列结合表。

时空数列结合表是指同时反映时间与空间两方面内容的统计表。它既说明某一或某些社会经济现象在不同空间内的数量分布，又说明它们在不同时间上的数量波动，如表 3-15 所示。

表 3-15　某地区五年间主要国家入境外国游客人数（按洲划分）　　单位：人

地区	第一年	第二年	第三年	第四年	第五年
亚洲	5 107 321	6 224 716	6 982 361	8 643 800	7 264 963
欧洲	1 998 043	2 347 353	2 567 272	2 825 800	2 597 606
美洲	1 025 966	1 217 091	1 278 383	1 509 574	1 132 937
大洋洲	243 774	282 378	310 207	353 683	300 113
非洲	52 101	65 658	73 263	98 525	104 226
总计	8 432 296	10 160 432	11 226 384	13 439 497	11 402 855

4. 统计表表式设计应注意的事项

为了使统计表能科学反映研究对象的本质和特点，充分发挥其说明和分析问题的作用，同时为了标准化和美观，统计表编制时要遵循科学、实用、简练、美观的原则。

第一，统计表应设计成由纵横交叉线条组成的长方形表格，长与宽之间保持适当的比例。

第二，线条的绘制。表的上下两端应以粗线绘制，表内纵横线以细线绘制；表格的左右两端一般不画线，采用"开口式"。

第三，合计栏的设置。统计表各纵列须合计时，一般应将合计列在最后一行；各横行若须合计时，可将合计列在最前一栏或最后一栏。

第四，栏数的编号。如果栏数较多，应当按顺序编号，习惯上主词栏部分分别编以"甲、乙、丙、丁……"序号，宾词栏编以"（1）（2）（3）……"序号。

第五，标题设计。无论是总标题，还是横栏、纵栏标题都应简明扼要，要能简练而又准确地表述出统计资料的内容及所属的时间和空间范围。

第六，指标数值。表中数字应填写整齐，对准位数。当数字本身为 0 或因数字太小而忽略不计时，可填写为"0"；当缺某项数字资料时，可用符号"…"表示；不应有数字时用符号"—"表示；当某数值与相邻数值相同时，仍应填写，不应用"同上""同左""n"等字样或符号代替。

第七，计量单位。统计表必须注明数字资料的计量单位。当全表只有一种计量单位时，我们可以把它写在表头的右上方。如果表中各栏的指标数值计量单位不同，可在横行标题后添一列计量单位。

第八，注解与资料来源。为保证统计资料的科学性与严肃性，在统计表下，应注明资料来源，以便考察。必要时，在统计表下加注说明。

二、统计图

（一）统计图的意义和绘制原则

统计图是利用统计资料绘制成的几何图形或具体事物形象和符号，用以说明社会经济现象的数量特征。统计图与统计表一样，可以从数量方面反映研究对象的规模、水平、结构、发展趋势和比例关系，是展示统计数据的一种重要形式。它不仅使统计资料鲜明醒目、生动活泼，而且具体、形象、通俗易懂，给人以清晰而概括的印象，使人一目了然。

绘制统计图应遵循以下原则。

1. 统计图要反映客观实际情况。统计图不同于一般的美术图，不允许夸张。所用的统计资料及绘制的统计图都必须准确，给人留下正确的印象。

2. 统计图要简明扼要、主题突出、通俗易懂。绘制的统计图应该使读者一看就知道所表达的基本内容，每一个图形都应有一个确切的、简明扼要的标题，必要时可对图中的各项内容附加注解和说明。

3. 要根据不同的统计资料和不同的目的绘制不同的图形，尽量做到内容与形式的协调，在准确反映客观实际的前提下，尽量做到美观，以增加读者的兴趣，提高对读者的吸引力。

（二）统计图的结构

1. 图题和图号

图题是说明统计图内容的标题或名称；图号是统计图的编号。一般将图题和图号放在图的下方中部。

2. 图目

图目是用来说明纵轴、横轴所代表的类别、时间、地点、单位等。

3. 图尺

图尺也称为尺度，在统计图中用来测定指标数值的大小，包括尺度线、尺度点、尺度数和尺度单位。

4. 图形

图形是根据统计数据绘成的各种曲线、条形或平面、立体图形等。

5. 图注

图注是指统计图的注解和说明，包括图例、资料来源、说明等。

6. 其他

其他是指为了增强图示效果而在图形上附加的插图、装饰等。

(三) 几种常用的统计图

1. 线形图

线形图是以线条的连续升降表示现象动态及现象间的依存关系的统计图形。线形图是统计图形中最简单的图形,也是最常见的图形,尤其适用于显示变量值在不同时间上的差异。

【例 3-1】将表 3-16 中的 2018-2022 年某市游客人数绘制成线形图。

根据表 3-16 中的资料,在平面坐标图上以横轴表示年份,纵轴表示游客人数,可绘制线形图,如图 3-8 所示。

表 3-16　2018-2022 年某市游客人数

年份	某市游客人数/万人
2018	55.39
2019	60.06
2020	28.79
2021	32.46
2022	25.30

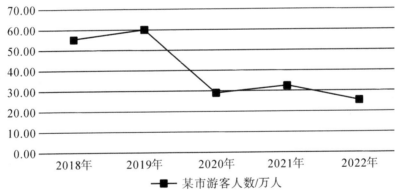

图 3-8　2018-2022 年某市游客人数线形图

2. 直方图

直方图是用矩形的宽度和高度表示次数分布的图形。绘制直方图时,横轴表示各组组限,纵轴表示次数或比率,即以各组组距为矩形宽度、次数为矩形高度绘制直方图。

【例 3-2】将表 3-16 中的 2018-2022 年某市游客人数绘制成直方图,如图 3-9 所示。

图 3-9 2018—2022 年某市游客人数直方图

3. 条形图

条形图是用宽度相同的条形的高度或长短来表示数据多少的图形。排列在工作表的列或行中的数据可以绘制到条形图中，条形图显示各个项目之间的比较情况。

【例 3-3】将表 3-17 中的数据绘制成条形图，如图 3-10 所示。

表 3-17 2018—2022 年某市城镇居民与农村居民旅游人均花费

年份	某市城镇居民旅游人均花费/元	某市农村居民旅游人均花费/元
2018	1 034.00	611.90
2019	1 062.60	634.70
2020	870.30	530.50
2021	1 009.60	613.60
2022	875.60	592.80

4. 饼状图

饼状图是以圆形和圆内的面积表现数值大小的图形。饼状图适合于表示总体中各组成部分所占的比例，主要用于研究结构性问题。

【例 3-4】将表 3-18 中的数据绘制成饼状图，如图 3-11 所示。

表 3-18 银杏标准酒店某月收入明细

收入	金额/万元	占比
客房收入	89.14	55.67%
餐饮收入	57.68	36.02%
康乐收入	10.72	6.69%
其它收入	2.58	1.61%
合计	160.12	100.00%

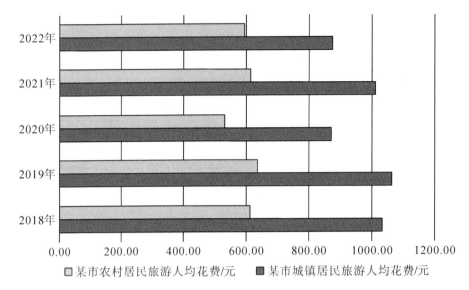

图 3-10　2018-2022 年某市城镇居民与农村居民旅游人均花费条形图

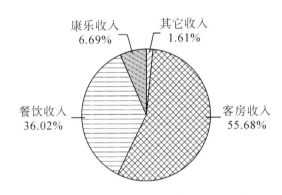

图 3-11　银杏标准酒店某月收入明细饼状图

以上介绍了几种常用的统计图,应用时应当根据所掌握资料的性质及绘图目的选择合适的图形。

第五节　旅游统计数据整理在 Excel 中的应用

一、数据分组的分组界定确定在 Excel 当中实现

(一)离散型分组界限

从 Excel 中进行确定离散型分组界限的操作。假定随机抽取部分某酒店某月客房销售量的数据,要对该销售数据进行分组。原始数据如图3-12所示。

日期	客房销售数量
2022年1月	98
2022年2月	122
2022年3月	198
2022年4月	136
2022年5月	200
2022年6月	265
2022年7月	320
2022年8月	502
2022年9月	400
2022年10月	300

图 3-12　原始数据

分析：此例中的客房销售数量是离散型数据，最小的为 98，最大的为 502，相差很大，变化幅度很大，所以应将性质相似的数据分为同组，性质悬殊的数据分为不同的数组。具体来说，可用 0~100、100~200、200~300、300~400、400~500、500~600 这 6 个区间来对这些数据进行分组。

示例 1：

具体操作步骤如下：

（1）设置单元格区域。在 A14 单元格和 B14 单元格中分别输入"范围"和"频数"；在 A15 单元格、A16 单元格、A17 单元格、A18 单元格、A19 单元格和 A20 单元格中分别输入"≤100""100-200""200-300""300-400""400-500"和"≥500"，如图 3-13 所示。

1	日期	客房销售数量
2	2022年1月	98
3	2022年2月	122
4	2022年3月	198
5	2022年4月	136
6	2022年5月	200
7	2022年6月	265
8	2022年7月	320
9	2022年8月	502
10	2022年9月	400
11	2022年10月	300
12		
13	范围	频数
14	≤100	
15	100-200	
16	200-300	
17	300-400	
18	400-500	
19	≥500	

图 3-13　设置单元格区域

（2）在 B14 单元格中输入公式"＝COUNTIF（B2：B11，"≤100"）"，按下 Enter 键即可得到客房销售数量在 100 以内的数据个数。

（3）在 B15 单元格中输入公式"＝COUNTIF（B2：B11，"≤200"）＝COUNTIF（B2：B11，"≤200"）"，按下 Enter 键即可得到客房销售数量在 100～200 的数据个数。

（4）在 B16 单元格中输入公式"＝COUNTIF（B2：B11，"≤300"）－COUNTIF（B2：B11，"≤300"）"，按下 Enter 键即可得到客房销售数量 200~300 的数据个数。

（5）在 B17 单元格中输入公式"＝COUNTIF（B2：B11，"≤400"）－COUNTIF（B2：B11，"≤400"）"，按下 Enter 键即可得到 300~400 的数据个数。

（6）在 B18 单元格中输入公式"＝COUNTIF（B2：B11，"≤500"）－COUNTIF（B2：B11，"≤400"）"，按下 Enter 键即可得到客房销售数量在 400～500 的数据个数。

（7）在 B19 单元格中输入公式"＝COUNTIF（B2：B11，"≥500"）"，按下 Enter 键即可得到客房销售数量大于 500 的数据个数。

计算结果如图 3-14 所示。

观察图 3-14 所得的计算结果，可知分组结果比较均匀，离散型分组界限便最终确定了。

1	日期	客房销售数量
2	2022年1月	98
3	2022年2月	122
4	2022年3月	198
5	2022年4月	136
6	2022年5月	200
7	2022年6月	265
8	2022年7月	320
9	2022年8月	502
10	2022年9月	400
11	2022年10月	300
12		
13	范围	频数
14	≤100	1
15	100-200	3
16	200-300	2
17	300-400	2
18	400-500	1
19	≥500	1

图 3-14　示例 1 计算结果

（二）连续型分组界限

由于连续型数据无法一一列举出数值，其分组只能是组距式分组。需要注意的是，按照变量标志进行数据分组时，各个分组的数量界限的选择必须能反映各个样本的本质差异，还应根据被研究的事物或现象总体的数量特征采用适当的分组数，并确定合适的组距。

例如，研究各个城市的旅游人口数量，就要对各个城市的旅游人口数量进行数据分组。而各个城市大小不一样，人口数量也会不一样，对于这种数据分组，必须采用组距式数据分组。一般来说，特大城市的人口多在 100 万以上，大城市的人口数量在 50 万~100 万，中等城市的人口数量在 20 万~ 50 万，小城市的人口数量多在 20 万以下。

下面，通过示例 2 就如何在 Excel 2020 中确定连续型分组界限进行介绍。

示例 2：

假定随机抽取某市部分酒店客房数量，要对该市酒店客房数进行数据分组，原始数据如图 3-15 所示。

	A
1	客房数量
2	31
3	52
4	47
5	33
6	36
7	45
8	39
9	54
10	37
11	49
12	41
13	46
14	32
15	57

	A	B
1	客房数量	
2	31	
3	52	
4	47	
5	33	
6	36	
7	45	
8	39	
9	54	
10	37	
11	49	
12	41	
13	46	
14	32	
15	57	
16		
17	范围	频数
18	30-40	
19	40-50	
20	50-60	

图 3-15 设置单元格区域

分析：此例中的客房数是连续型的数据，而且从 30~60 均有，变化幅度较大。一般而言，30~60 基本可分为 30~40、40~50、50~60 这三组数据，即分别为小型、中型、大型三种类型酒店。

具体操作步骤如下：

（1）设置单元格区域。在 A17 单元格和 B17 单元格中分别输入“范围”和“频数”，在 A18 单元格、A19 单元格和 A20 单元格中分别输入“30-40”“40-50”和“50-60”，如图 3-16 所示。

	A	B
1	客房数量	
2	31	
3	52	
4	47	
16		
17	范围	频数
18	30-40	6
19	40-50	5
20	50-60	3

图 3-16 计算结果

（2）在 B18 单元格中输入公式" = COUNTIF（A2：A1，"≤40"）－COUNTIF（A2：B15，"≤30"）"，按下 Enter 键即可得到客房数在 30~40 的数据个数。

（3）在 B19 单元格中输入公式" = COUNTIF（A2：A15，"≤50%）－COUNTIF（A2：A15，"≤40"）"，按下 Enter 键即可得到客房数在 40~50 的数据个数。

（4）在 B20 单元格中输入公式" = COUNTIF（A2：A15，"≤60"）－COUNTIF（A2：A15，"≤50"）"，按下 Enter 键即可得到客房数在 50~60 的数据个数。

计算结果如图 3-13 所示。

二、频数统计

在统计分组中，落在不同小组中的数据个数为该组的频数，各组的频数之和等于这组数据的总数。通过对每组频数的统计，可以看出数据的大体分布情况。根据分组标志的特点，还可以利用频数统计进行比较分析等方式认识数据。根据变量性质和分组标志的不同，频数统计的分组方法一般分为单项式分组和组距式分组两种。

（一）单项式分组的频数统计

单项式分组的频数统计就是用一个变量值或分组标志值作为一个组的代表性质，每个变量或标志值对应一个分组。当总体数据是离散型变量且变量变动范围不大时，可以选择单项式分组的分组方法。同时，单项式分组的分组方法也是按属性标志分组的主要方法。图 3-17 即为单项式分组法。

	A	B
1	95	97
2	96	99
3	99	98
4	98	97
16	96	98
17	95	96
18	98	96
19	98	99

图 3-17　单项式分组法

下面通过示例 3 来介绍在 Excel2020 中进行单项式分组的频数统计的操作。

示例 3：

假定随机抽取某酒店部分卫生抽查成绩，并对这些成绩进行频数统计，原始数据如图 3-18 所示。

	A	B	C
1	95	97	
2	96	99	
3	99	98	
4	98	97	
5	96	98	
6	95	96	
7	98	96	
8	98	99	
9			
10	卫生抽查成绩	频数	频率
11	95		
12	96		
13	97		
14	98		
15	99		

图 3-18　设置单元格区域

分析：此例中的卫生抽查成绩都是分数在 95 分以上的优异成绩，属于离散型数据，而且变化幅度不大，所以应当采用单项式分组法分组和计算其频数。一般来说，可以分为“95 分”“96 分”“97 分”“98 分”“99 分”等组。

具体操作步骤如下：

（1）设置单元格区域。在 A10 单元格、B10 单元格和 C10 单元格中分别输入“卫生抽查成绩”“频数”和“频率”。在 A11 单元格、A12 单元格、A13 单元格、A14 单元格和 A15 单元格中分别输入“95”“96”“97”“98”“99”，如图 3-19 所示。

B11　fx　=COUNTIF(Sheet1!A1:B8,Sheet1!A11)

	A	B	C	D	E	F	G
1	95	97					
2	96	99					
3	99	98					
4	98	97					
5	96	98					
6	95	96					
7	98	96					
8	98	99					
9							
10	卫生抽查成绩	频数	频率				
11	95	2					
12	96						
13	97						
14	98						
15	99						

图 3-19　卫生抽查成绩为 95 分的数据个数

（2）在 B11 单元格中输入公式“=COUNTIF（Sheet1！A1：B8，Shcct1！A11）”，按下 Enter 键即可得到卫生抽查成绩为 95 分的数据个数，如图 3-19 所示。其中，Sheet1 为数据所在的工作表。

（3）在 B12 单元格中输入公式“=COUNTIF（Sheet1！A1：B8，Sheet1！A12）”，按下 Enter 键即可得到卫生抽查成绩为 96 分的数据个数。

（4）在 B13 单元格中输入公式“=COUNTIF（Sheet1！A1：B8，Sheet1！A13）”，按下 Enter 键即可得到卫生抽查成绩为 97 分的数据个数，如图 3-20 所示。

B13 　 =COUNTIF(Sheet1!A1:B8,Sheet1!A13)

	A	B	C	D	E	F	G
1	95	97					
2	96	99					
3	99	98					
4	98	97					
5	96	98					
6	95	96					
7	98	96					
8	98	99					
9							
10	卫生抽查成绩	频数	频率				
11	95	2					
12	96	4					
13	97	2					
14	98						
15	99						

图 3-20　卫生抽查成绩为 97 的数据个数

（5）频率等于频数/总数。在 D11 单元格中输入样本总数，在 C11 单元格中输入公式“=B11/D11”，按下 Enter 键即可得出频率结果，如图 3-21 所示。

（6）在 C12 单元格、C13 单元格、C14 单元格和 C15 单元格中分别输入“=B12/D11”“=B13/D11”“=B14/D11”和“=B15/D11”，按下 Enter 键即可求出所有频率。最终计算结果如图 3-22 所示。

	A	B	C	D
1	95	97		
2	96	99		
3	99	98		
4	98	97		
5	96	98		
6	95	96		
7	98	96		
8	98	99		
9				
10	卫生抽查成绩	频数	频率	样本总数
11	95	2	0.125	16
12	96	4		
13	97	2		
14	98	5		
15	99	3		

图 3-21　频数统计结果

	A	B	C	D
1	95	97		
2	96	99		
3	99	98		
4	98	97		
5	96	98		
6	95	96		
7	98	96		
8	98	99		
9				
10	卫生抽查成绩	频数	频率	样本总数
11	95	2	0.125	16
12	96	4	0.25	
13	97	2	0.125	
14	98	5	0.3125	
15	99	3	0.1875	

图 3-22　示例 3 计算结果

（二）组距式分组的频数统计

组距式分组是将变量按照一定的数量或质量关系划分为几个区间段，一个区间段就是某两个交量分组界限的距离，并把一个区间段的所有变量值归为一类，分到一组当中，形成组距式变量数列。这段区间的距离就是组距。对于连续型变量或者变动范围较大的离散型变量，适宜采用距式分组，它也是按变量标志分组的对应分组方法。

根据分组时所有组距的大小关系，组距式分组通常可以分为等距分组和不等距分组两种。等距分组是指分组标志在各组中都有相等组距；分组标志在各组中的组距不完全相等的，就称为不等距分组。在总体数据比较均匀的情况下，等距分组比较适用；而总体数据有急剧增长或下降的特点时，就应采用不等距分组，这种方法需要根据事物性质变化的数量界限来确定组距。

下面通过示例4来介绍在Excel2020中进行组距式分组的频数统计的操作。

示例4：

假定随机抽取某酒店的客房入住率，并对该入住率的总体水平进行频数统计，原始数据如图3-23所示。

▲	A	B	C	D
1	95%	87%	96%	79%
2	89%	88%	93%	90%
3	96%	90%	85%	87%
4	77%	89%	84%	93%
5	75%	94%	99%	86%
6	80%	96%	92%	79%

图3-23　示例4原始数据

具体操作步骤如下：

（1）计算全距。将各变量值由小到大排序，确定最大值和最小值，并计算全距，其中全距=最大值-最小值。计算结果如图3-24所示。

（2）确定组数和组距。在等距分组时，组距与组数的关系是组距=全距/组数。根据本例中的原始数据，可将客房入住率分为90%以上、80%以上和70%以上三组，分别定义为优秀、良好和一般三个评价级别，所以，可以确定组数为三。根据组距=全距/组数，如图3-24、图3-25所示。

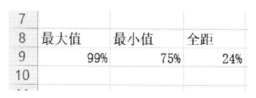

7			
8	最大值	最小值	全距
9	99%	75%	24%
10			

图3-24　确定组数和组距

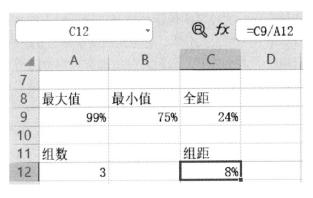

图 3-25　计算全距

（3）设置单元格区域，确定组限。在 E8 单元格、E9 单元格、E10 单元格、E11 单元格和 E12 单元格中分别输入"组限""70%""80%""90%"和"100%"。在 F8 单元格、F9 单元格、F10 单元格、F11 单元格和 F12 单元格中分别输入"区间""≤70%""70%-80%""80%-90%"和"90%-100%"，在 G8 单元格中输入"频数"，如图 3-26 所示。

	C	D	E	F	G
1	96%	79%			
2	93%	90%			
3	85%	87%			
4	84%	93%			
5	99%	86%			
6	92%	79%			
7					
8	全距		组限	区间	频数
9	24%		70%	≤70%	
10			80%	70%-80%	
11	组距		90%	80%-90%	
12	8%		100%	90%-100%	

图 3-26　单元格区域设置

（4）在工作簿 Sheet3 中选择 G9：G13 单元格区域，在编辑栏中输入公式"=FRE-QUENCY（Sheet1！C1：D6，Sheet3！E9：E12）"，按下 Enter 键即可得出各组频数，如图 3-27 所示。

	C	D	E	F	G	H
1	96%	79%				
2	93%	90%				
3	85%	87%				
4	84%	93%				
5	99%	86%				
6	92%	79%				
7						
8	全距		组限	区间	频数	
9	24%		70%	≤70%	0	
10			80%	70%-80%	2	
11	组距		90%	80%-90%	4	
12	8%		100%	90%-100%	6	
13					0	

图 3-27　计算各组频数

（5）计算频率。因为频率=频数/总数，所以在 F3 单元格中计算出样本总数，如图 3-28 所示。在 H9 单元格、H10 单元格、H11 单元格、H12 单元格和 H13 单元格中分别输入公式"＝G9/F3""＝G10/F3""＝G11/F3""＝G12/F3"和"＝G13/F3"。按下 Enter 键即可得到最终统计结果，如图 3-29 所示。

	C	D	E	F	G	H
1	96%	79%				
2	93%	90%		总数		
3	85%	87%		13		
4	84%	93%				
5	99%	86%				
6	92%	79%				
7						
8	全距		组限	区间	频数	频率
9	24%		70%	≤70%	0	
10			80%	70%-80%	2	
11	组距		90%	80%-90%	4	
12	8%		100%	90%-100%	6	
13					0	

图 3-28　计算样本总数

	C	D	E	F	G	H
1	96%	79%				
2	93%	90%		总数		
3	85%	87%		13		
4	84%	93%				
5	99%	86%				
6	92%	79%				
7						
8	全距		组限	区间	频数	频率
9	24%		70%	≤70%	0	0
10			80%	70%-80%	1	0.076923077
11	组距		90%	80%-90%	5	0.384615385
12	8%		100%	90%-100%	7	0.538461538
13					0	0

图 3-29　示例 4 频数统计结果

（三）频数统计直方图的绘制

利用函数进行的各种频数统计往往操作比较复杂，且统计的结果缺少直观的表达方式。以分组标志为横轴，以频数为纵轴的统计直方图的绘制，能够使频数统计以更加直观简易的形式表现出来。以示例 4 的频数统计结果为例，以分组标志"区间"为横轴，以"频数"为纵轴，得出频数统计直方图，如图 3-30 所示。

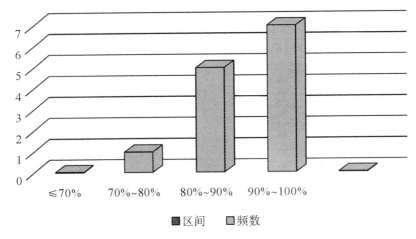

图 3-30　示例 4 频数统计直方图

中华人民共和国 2022 年国民经济和社会发展统计公报[1]

国家统计局

2023 年 2 月 28 日

　　2022 年是党和国家历史上极为重要的一年。党的二十大胜利召开，擘画了全面建设社会主义现代化国家、以中国式现代化全面推进中华民族伟大复兴的宏伟蓝图。面对风高浪急的国际环境和艰巨繁重的国内改革发展稳定任务，在以习近平同志为核心的党中央坚强领导下，各地区各部门坚持以习近平新时代中国特色社会主义思想为指导，按照党中央、国务院决策部署，统筹国内国际两个大局，统筹疫情防控和经济社会发展，统筹发展和安全，坚持稳中求进工作总基调，完整、准确、全面贯彻新发展理念，加快构建新发展格局，着力推动高质量发展，加大宏观调控力度，应对超预期因素冲击，经济保持增长，发展质量稳步提升，创新驱动深入推进，改革开放蹄疾步稳，就业物价总体平稳，粮食安全、能源安全和人民生活得到有效保障，经济社会大局保持稳定，全面建设社会主义现代化国家新征程迈出坚实步伐。

　　一、综合

　　初步核算，全年国内生产总值[2]1 210 207 亿元，比上年增长 3.0%。其中，第一产业增加值 88 345 亿元，比上年增长 4.1%；第二产业增加值 483 164 亿元，增长 3.8%；第三产业增加值 638 698 亿元，增长 2.3%。第一产业增加值占国内生产总值比重为 7.3%，第二产业增加值比重为 39.9%，第三产业增加值比重为 52.8%。全年最终消费支出拉动国内生产总值增长 1.0 个百分点，资本形成总额拉动国内生产总值增长 1.5 个百分点，货物和服务净出口拉动国内生产总值增长 0.5 个百分点。全年人均国内生产总值 85 698 元，比上年增长 3.0%。国民总收入[3]1 197 215 亿元，比上年增长 2.8%。全员劳动生产率[4]为 152 977 元/人，比上年提高 4.2%。

　　年末全国人口[6]141 175 万人，比上年末减少 85 万人，其中城镇常住人口 92 071 万人。全年出生人口 956 万人，出生率为 6.77‰；死亡人口 1 041 万人，死亡率为

7.37‰；自然增长率为-0.60‰。

年末全国就业人员 73 351 万人，其中城镇就业人员 45 931 万人，占全国就业人员比重为 62.6%。全年城镇新增就业 1 206 万人，比上年少增 63 万人。全年全国城镇调查失业率平均值为 5.6%。年末全国城镇调查失业率为 5.5%。全国农民工[8]总量 29 562 万人，比上年增长 1.1%。其中，外出农民工 17 190 万人，增长 0.1%；本地农民工 12 372 万人，增长 2.4%。

全年居民消费价格比上年上涨 2.0%。工业生产者出厂价格上涨 4.1%。工业生产者购进价格上涨 6.1%。农产品生产者价格[9]上涨 0.4%。12 月份，70 个大中城市中，新建商品住宅销售价格同比上涨的城市个数为 16 个，持平的为 1 个，下降的为 53 个；二手住宅销售价格同比上涨的城市个数为 6 个，下降的为 64 个。

年末国家外汇储备 31 277 亿美元，比上年末减少 1 225 亿美元。全年人民币平均汇率为 1 美元兑 6.726 1 元人民币，比上年贬值 4.1%。

新产业新业态新模式较快成长。全年规模以上工业中，高技术制造业[11]增加值比上年增长 7.4%，占规模以上工业增加值的比重为 15.5%；装备制造业[12]增加值增长 5.6%，占规模以上工业增加值的比重为 31.8%。全年规模以上服务业[13]中，战略性新兴服务业[14]企业营业收入比上年增长 4.8%。全年高技术产业投资[15]比上年增长 18.9%。全年新能源汽车产量 700.3 万辆，比上年增长 90.5%；太阳能电池（光伏电池）产量 3.4 亿千瓦，比上年增长 46.8%。全年电子商务交易额[16]438 299 亿元，按可比口径计算，比上年增长 3.5%。全年网上零售额[17]137 853 亿元，按可比口径计算，比上年增长 4.0%。全年新登记市场主体 2 908 万户，日均新登记企业 2.4 万户，年末市场主体总数近 1.7 亿户。

城乡区域协调发展稳步推进。年末全国常住人口城镇化率为 65.22%，比上年末提高 0.50 个百分点。分区域看[18]，全年东部地区生产总值 622 018 亿元，比上年增长 2.5%；中部地区生产总值 266 513 亿元，比上年增长 4.0%；西部地区生产总值 256 985 亿元，增长 3.2%；东北地区生产总值 57 946 亿元，比上年增长 1.3%。全年京津冀地区生产总值 100 293 亿元，比上年增长 2.0%；长江经济带地区生产总值 559 766 亿元，比上年增长 3.0%；长江三角洲地区生产总值 290 289 亿元，比上年增长 2.5%。粤港澳大湾区建设、黄河流域生态保护和高质量发展等区域重大战略扎实推进。

绿色转型发展迈出新步伐。全年全国万元国内生产总值能耗[19]比上年下降 0.1%。全年水电、核电、风电、太阳能发电等清洁能源发电量 29 599 亿千瓦时，比上年增长 8.5%。在监测的 339 个地级及以上城市中，全年空气质量达标的城市占 62.8%，未达标的城市占 37.2%；细颗粒物（$PM_{2.5}$）年平均浓度 29 微克/立方米，比上年下降 3.3%。3 641 个国家地表水考核断面中，全年水质优良（Ⅰ～Ⅲ类）断面比例为 87.9%，Ⅳ类断面比例为 9.7%，Ⅴ类断面比例为 1.7%，劣Ⅴ类断面比例为 0.7%。

二、农业

全年粮食种植面积 11 833 万公顷，比上年增加 70 万公顷。其中，稻谷种植面积 2 945 万公顷，减少 47 万公顷；小麦种植面积 2 352 万公顷，减少 5 万公顷；玉米种植面积 4 307 万公顷，减少 25 万公顷；大豆种植面积 1 024 万公顷，增加 183 万公顷。棉花种植面积 300 万公顷，减少 3 万公顷。油料种植面积 1 314 万公顷，增加 4 万公顷。糖料种植面积 147 万公顷，增加 1 万公顷。

全年粮食产量 68 653 万吨，比上年增加 368 万吨，增产 0.5%。其中，夏粮产量 14 740 万吨，增产 1.0%；早稻产量 2 812 万吨，增产 0.4%；秋粮产量 51 100 万吨，增产 0.4%。全年谷物产量 63 324 万吨，比上年增产 0.1%。其中，稻谷产量 20 849 万吨，减产 2.0%；小麦产量 13 772 万吨，增产 0.6%；玉米产量 27 720 万吨，增产 1.7%。大豆产量 2 028 万吨，增产 23.7%。

全年棉花产量 598 万吨，比上年增产 4.3%。油料产量 3 653 万吨，增产 1.1%。糖料产量 11 444 万吨，减产 0.1%。茶叶产量 335 万吨，增产 5.7%。

全年猪牛羊禽肉产量 9 227 万吨，比上年增长 3.8%。其中，猪肉产量 5 541 万吨，增长 4.6%；牛肉产量 718 万吨，增长 3.0%；羊肉产量 525 万吨，增长 2.0%；禽肉产量 2 443 万吨，增长 2.6%。禽蛋产量 3 456 万吨，增长 1.4%。牛奶产量 3 932 万吨，增长 6.8%。年末生猪存栏 45 256 万头，比上年末增长 0.7%；全年生猪出栏 69 995 万头，比上年增长 4.3%。

全年水产品产量 6 869 万吨，比上年增长 2.7%。其中，养殖水产品产量 5 568 万吨，增长 3.2%；捕捞水产品产量 1 301 万吨，增长 0.4%。

全年木材产量 10 693 万立方米，比上年下降 7.7%。

全年新增耕地灌溉面积 78 万公顷，新增高效节水灌溉面积 161 万公顷。

三、工业和建筑业

全年全部工业增加值 401 644 亿元，比上年增长 3.4%。规模以上工业增加值增长 3.6%。在规模以上工业中，分经济类型看，国有控股企业增加值增长 3.3%；股份制企业增长 4.8%，外商及港澳台商投资企业下降 1.0%；私营企业增长 2.9%。分门类看，采矿业增长 7.3%，制造业增长 3.0%，电力、热力、燃气及水生产和供应业增长 5.0%。

全年规模以上工业中，农副食品加工业增加值比上年增长 0.7%，纺织业下降 2.7%，化学原料和化学制品制造业增长 6.6%，非金属矿物制品业下降 1.5%，黑色金属冶炼和压延加工业增长 1.2%，通用设备制造业下降 1.2%，专用设备制造业增长 3.6%，汽车制造业增长 6.3%，电气机械和器材制造业增长 11.9%，计算机、通信和其他电子设备制造业增长 7.6%，电力、热力生产和供应业增长 5.1%。

年末全国发电装机容量 256 405 万千瓦，比上年末增长 7.8%。其中[23]，火电装机容量 133 239 万千瓦，增长 2.7%；水电装机容量 41 350 万千瓦，增长 5.8%；核电装机容量 5 553 万千瓦，增长 4.3%；并网风电装机容量 36 544 万千瓦，增长 11.2%；并网太阳能发电装机容量 39 261 万千瓦，增长 28.1%。

全年规模以上工业企业利润 84 039 亿元，比上年下降[24] 4.0%。分经济类型看，国有控股企业利润 23 792 亿元，比上年增长 3.0%；股份制企业 61 611 亿元，下降 2.7%，外商及港澳台商投资企业 20 040 亿元，下降 9.5%；私营企业 26 638 亿元，下降 7.2%。分门类看，采矿业利润 15 574 亿元，比上年增长 48.6%；制造业 64 150 亿元，下降 13.4%；电力、热力、燃气及水生产和供应业 4 315 亿元，增长 41.8%。全年规模以上工业企业每百元营业收入中的成本为 84.72 元，比上年增加 0.91 元；营业收入利润率为 6.09%，下降 0.64 个百分点。年末规模以上工业企业资产负债率为

56.6%，比上年末上升 0.3 个百分点。全年全国工业产能利用率[25]为 75.6%。

全年建筑业增加值 83 383 亿元，比上年增长 5.5%。全国具有资质等级的总承包和专业承包建筑业企业利润 8 369 亿元，比上年下降 1.2%，其中国有控股企业 3 922 亿元，增长 8.4%。

四、服务业

全年批发和零售业增加值 114 518 亿元，比上年增长 0.9%；交通运输、仓储和邮政业增加值 49 674 亿元，比上年下降 0.8%；住宿和餐饮业增加值 17 855 亿元，比上年下降 2.3%；金融业增加值 96 811 亿元，比上年增长 5.6%；房地产业增加值 73 821 亿元，比上年下降 5.1%；信息传输、软件和信息技术服务业增加值 47 934 亿元，比上年增长 9.1%；租赁和商务服务业增加值 39 153 亿元，比上年增长 3.4%。全年规模以上服务业企业营业收入比上年增长 2.7%，利润总额增长 8.5%。

全年货物运输总量[26] 506 亿吨，货物运输周转量 226 122 亿吨公里。全年港口完成货物吞吐量 157 亿吨，比上年增长 0.9%，其中外贸货物吞吐量 46 亿吨，下降 1.9%。港口集装箱吞吐量 29 587 万标准箱，增长 4.7%。

全年旅客运输总量 56 亿人次，比上年下降 32.7%。旅客运输周转量 12 921 亿人公里，下降 34.6%。

年末全国民用汽车保有量 31 903 万辆（包括三轮汽车和低速货车 719 万辆），比上年末增加 1 752 万辆，其中私人汽车保有量 27 873 万辆，增加 1 627 万辆。民用轿车保有量 17 740 万辆，增加 1 003 万辆，其中私人轿车保有量 16 685 万辆，增加 954 万辆。

全年完成邮政行业业务总量[27] 14 317 亿元，比上年增长 4.5%。邮政业全年完成邮政函件业务 9.4 亿件，包裹业务 0.2 亿件，快递业务量 1 105.8 亿件，快递业务收入 10 567 亿元。全年完成电信业务总量[28] 17 498 亿元，比上年增长 21.3%。年末移动电话基站[29] 1 083 万个，其中 4G 基站 603 万个，5G 基站 231 万个。全国电话用户总数 186 286 万户，其中移动电话用户 168 344 万户。移动电话普及率为 119.2 部/百人。固定互联网宽带接入用户[30] 58 965 万户，比上年末增加 5 386 万户，其中 100M 速率及以上的宽带接入用户[31] 55 380 万户，增加 5 513 万户。蜂窝物联网终端用户[32] 18.45 亿户，增加 4.47 亿户。互联网上网人数 10.67 亿人，其中手机上网人数[33] 10.65 亿人。互联网普及率为 75.6%，其中农村地区互联网普及率为 61.9%。全年移动互联网用户接入流量 2 618 亿 GB，比上年增长 18.1%。全年软件和信息技术服务业[34]完成软件业务收入 108 126 亿元，按可比口径计算，比上年增长 11.2%。

五、国内贸易

全年社会消费品零售总额 439 733 亿元，比上年下降 0.2%。按经营地统计，城镇消费品零售额 380 448 亿元，下降 0.3%；乡村消费品零售额 59 285 亿元，与上年基本持平。按消费类型统计，商品零售额 395 792 亿元，增长 0.5%；餐饮收入额 43 941 亿元，下降 6.3%。

全年限额以上单位商品零售额中，粮油、食品类零售额比上年增长 8.7%，饮料类增长 5.3%，烟酒类增长 2.3%，服装、鞋帽、针纺织品类下降 6.5%，化妆品类下降 4.5%，金银珠宝类下降 1.1%，日用品类下降 0.7%，家用电器和音像器材类下降 3.9%，中西药品类增长 12.4%，文化办公用品类增长 4.4%，家具类下降 7.5%，通讯器材类下降 3.4%，石油及制品类增长 9.7%，汽车类增长 0.7%，建筑及装潢材料类下降 6.2%。

全年实物商品网上零售额 119 642 亿元，按可比口径计算，比上年增长 6.2%，占社会消费品零售总额的比重为 27.2%。

六、固定资产投资

全年全社会固定资产投资 579 556 亿元，比上年增长 4.9%。固定资产投资（不含农户）572 138 亿元，增长 5.1%。在固定资产投资（不含农户）中，分区域看[35]，东部地区投资增长 3.6%，中部地区投资增长 8.9%，西部地区投资增长 4.7%，东北地区投资增长 1.2%。

在固定资产投资（不含农户）中，第一产业投资 14 293 亿元，比上年增长 0.2%；第二产业投资 184 004 亿元，比上年增长 10.3%；第三产业投资 373 842 亿元，比上年增长 3.0%。民间固定资产投资[36] 310 145 亿元，比上年增长 0.9%。基础设施投资[37] 增长 9.4%。社会领域投资[38] 增长 10.9%。

全年房地产开发投资 132 895 亿元，比上年下降 10.0%。其中住宅投资 100 646 亿元，下降 9.5%；办公楼投资 5 291 亿元，下降 11.4%；商业营业用房投资 10 647 亿元，下降 14.4%。年末商品房待售面积 56 366 万平方米，比上年末增加 5 343 万平方米，其中商品住宅待售面积 26 947 万平方米，增加 4 186 万平方米。

全年全国各类棚户区改造开工 134 万套，基本建成 181 万套；全国保障性租赁住房开工建设和筹集 265 万套（间）。全年全国新开工改造城镇老旧小区 5.25 万个，涉及居民 876 万户。

七、对外经济

全年货物进出口总额 420 678 亿元，比上年增长 7.7%。其中，出口 239 654 亿元，增长 10.5%；进口 181 024 亿元，增长 4.3%。货物进出口顺差 58 630 亿元，比上年增加 15 330 亿元。对"一带一路"[40]沿线国家进出口总额 138 339 亿元，比上年增长 19.4%。其中，出口 78 877 亿元，增长 20.0%；进口 59 461 亿元，增长 18.7%。对《区域全面经济伙伴关系协定》（RCEP）其他成员国[41]进出口额 129 499 亿元，比上年增长 7.5%。

全年服务进出口总额 59 802 亿元，比上年增长 12.9%。其中，服务出口 28 522 亿元，增长 12.1%；服务进口 31 279 亿元，增长 13.5%。服务进出口逆差 2 757 亿元。

全年外商直接投资[42]新设立企业 38 497 家，比上年下降 19.2%。实际使用外商直接投资金额 12 327 亿元，比上年增长 6.3%，折 1 891 亿美元，比上年增长 8.0%。其中"一带一路"沿线国家对华直接投资（含通过部分自由港对华投资）新设立企业 4 519 家，下降 15.3%；对华直接投资金额 891 亿元，增长 17.2%，折 137 亿美元，增长 18.6%。全年高技术产业实际使用外资 4 449 亿元，增长 28.3%，折 683 亿美元，增长 30.9%。

全年对外非金融类直接投资额 7 859 亿元，比上年增长 7.2%，折 1 169 亿美元，比上年增长 2.8%。其中，对"一带一路"沿线国家非金融类直接投资额 1 410 亿元，增长 7.7%，折 210 亿美元，增长 3.3%。

全年对外承包工程完成营业额 10 425 亿元，比上年增长 4.3%，折 1 550 亿美元，与上年基本持平。其中,对"一带一路"沿线国家完成营业额 849 亿美元,下降 5.3%,占对外承包工程完成营业额比重为 54.8%。对外劳务合作派出各类劳务人员 26 万人。

八、财政金融

全年全国一般公共预算收入 203 703 亿元,比上年增长 0.6%;其中税收收入 166 614 亿元,下降 3.5%。全国一般公共预算支出 260 609 亿元,比上年增长 6.1%。全年新增减税降费及退税缓税缓费超 4.2 万亿元,其中累计退到纳税人账户的增值税留抵退税款 2.46 万亿元,新增减税降费超 1 万亿元,办理缓税缓费超 7 500 亿元。

年末广义货币供应量（M_2）余额 266.4 万亿元,比上年末增长 11.8%;狭义货币供应量（M_1）余额 67.2 万亿元,增长 3.7%;流通中货币（M_0）余额 10.5 万亿元,增长 15.3%。

全年社会融资规模增量[43] 32.0 万亿元,按可比口径计算,比上年多 0.7 万亿元。年末社会融资规模存量[44] 344.2 万亿元,按可比口径计算,比上年末增长 9.6%,其中对实体经济发放的人民币贷款余额 212.4 万亿元,增长 10.9%。年末全部金融机构本外币各项存款余额 264.4 万亿元,比年初增加 25.9 万亿元,其中人民币各项存款余额 258.5 万亿元,增加 26.3 万亿元。全部金融机构本外币各项贷款余额 219.1 万亿元,增加 20.6 万亿元,其中人民币各项贷款余额 214.0 万亿元,增加 21.3 万亿元。人民币普惠金融贷款[45] 余额 32.1 万亿元,增加 5.6 万亿元。

年末主要农村金融机构（农村信用社、农村合作银行、农村商业银行）人民币贷款余额 267 195 亿元,比年初增加 24 702 亿元。全部金融机构人民币消费贷款余额 560 361 亿元,增加 11 522 亿元。其中,住户短期消费贷款余额 93 473 亿元,减少 90 亿元;住户中长期消费贷款余额 466 888 亿元,增加 11 613 亿元。

全年沪深交易所 A 股累计筹资[46] 15 109 亿元,比上年减少 1 634 亿元。沪深交易所首次公开发行上市 A 股 341 只,筹资 5 704 亿元,比上年增加 353 亿元,其中科创板股票 123 只,筹资 2 520 亿元;沪深交易所 A 股再融资（包括公开增发、定向增发、配股、优先股、可转债转股）9 405 亿元,减少 1 986 亿元。北京证券交易所公开发行股票 83 只,筹资[47] 164 亿元。全年各类主体通过沪深北交易所发行债券（包括公司债券、资产支持证券、国债、地方政府债券和政策性银行债券）筹资 64 494 亿元,其中沪深交易所共发行上市基础设施领域不动产投资信托基金（REITS）13 只,募集资金 419 亿元。全国中小企业股份转让系统[48] 挂牌公司 6 580 家,全年挂牌公司累计股票筹资 232 亿元。

全年发行公司信用类债券[49] 13.7 万亿元,比上年减少 1.0 万亿元。

全年保险公司原保险保费收入[50] 46 957 亿元,按可比口径计算,比上年增长 4.6%。其中,寿险业务原保险保费收入 24 519 亿元,健康险和意外伤害险业务原保险保费收入 9 726 亿元,财产险业务原保险保费收入 12 712 亿元。支付各类赔款及给付 15 485 亿元。其中,寿险业务给付 3 791 亿元,健康险和意外伤害险业务赔款及给付 3 937 亿元,财产险业务赔款 7 757 亿元。

九、居民收入消费和社会保障

全年全国居民人均可支配收入 36 883 元,比上年增长 5.0%,扣除价格因素,实际增长 2.9%。全国居民人均可支配收入中位数[51]31 370 元，比上年增长 4.7%。按常住地分，城镇居民人均可支配收入 49 283 元，比上年增长 3.9%，扣除价格因素，实际增长 1.9%。城镇居民人均可支配收入中位数 45 123 元，比上年增长 3.7%。农村居民人均可支配收入 20 133 元，比上年增长 6.3%，扣除价格因素，实际增长 4.2%。农村居民人均可支配收入中位数 17 734 元，比上年增长 4.9%。城乡居民人均可支配收入比值为 2.45，比上年减少 0.05。按全国居民五等份收入分组[52]，低收入组人均可支配收入 8 601 元，中间偏下收入组人均可支配收入 19 303 元，中间收入组人均可支配收入 30 598 元，中间偏上收入组人均可支配收入 47 397 元，高收入组人均可支配收入 90 116 元。全国农民工人均月收入 4 615 元，比上年增长 4.1%。全年脱贫县[53]农村居民人均可支配收入 15 111 元，比上年增长 7.5%，扣除价格因素，实际增长 5.4%。

全年全国居民人均消费支出 24 538 元，比上年增长 1.8%，扣除价格因素，实际下降 0.2%。其中，人均服务性消费支出[54]10 590 元，比上年下降 0.5%，占居民人均消费支出的比重为 43.2%。按常住地分，城镇居民人均消费支出 30 391 元，比上年增长 0.3%，扣除价格因素，实际下降 1.7%；农村居民人均消费支出 16 632 元，比上年增长 4.5%，扣除价格因素，实际增长 2.5%。全国居民恩格尔系数为 30.5%，其中城镇为 29.5%，农村为 33.0%。

年末全国参加城镇职工基本养老保险人数 50 349 万人，比上年末增加 2 275 万人。参加城乡居民基本养老保险人数 54 952 万人，比上年末增加 155 万人。参加基本医疗保险人数[55]134 570 万人，其中参加职工基本医疗保险人数 36 242 万人，参加城乡居民基本医疗保险人数 98 328 万人。参加失业保险人数 23 807 万人，增加 849 万人。年末全国领取失业保险金人数 297 万人。参加工伤保险人数 29 111 万人，增加 825 万人，其中参加工伤保险的农民工 9 127 万人，增加 41 万人。参加生育保险人数 24 608 万人，增加 856 万人。年末全国共有 683 万人享受城市最低生活保障，3 349 万人享受农村最低生活保障，435 万人享受农村特困人员[56]救助供养，全年临时救助[57]1 083 万人次。全年领取国家定期抚恤金、定期生活补助金的退役军人和其他优抚对象 827 万人。

年末全国共有各类提供住宿的民政服务机构 4.3 万个，其中养老机构 4.0 万个，儿童福利和救助保护机构 899 个。民政服务床位[58]849.1 万张，其中养老服务床位 822.3 万张，儿童福利和救助保护机构床位 10.0 万张。年末共有社区服务中心 2.9 万个，社区服务站 50.9 万个。

十、科学技术和教育

全年研究与试验发展（R&D）经费支出 30 870 亿元，比上年增长 10.4%，与国内生产总值之比为 2.55%，其中基础研究经费 1 951 亿元。国家自然科学基金共资助 5.19 万个项目。截至年末，正在运行的国家重点实验室 533 个，纳入新序列管理的国家工程研究中心 191 个，国家企业技术中心 1 601 家，大众创业万众创新示范基地 212 家。国家科技成果转化引导基金累计设立 36 只子基金，资金总规模 624 亿元。国家级科技企业孵化器[59]1 425 家，国家备案众创空间[60]2 441 家。全年授予专利权 432.3 万件，比上年下降 6.0%；PCT 专利申请受理量[61]7.4 万件。截至年末，有效专利 1 787.9 万件，其中境内有效发明专利 328.0 万件。每万人口高价值发明专利拥有量[62]9.4 件。全年商标注册 617.7 万件，比上年下降 20.2%。全年共签订技术合同 77 万项，技术合同成交金额 47 791 亿元，比上年增长 28.2%。我国公民具备科学素质[63]的比例达到 12.93%。

全年成功完成 62 次宇航发射。问天实验舱、梦天实验舱发射成功，神舟十四号、十五号等任务相继实施，中国空间站全面建成。嫦娥五号发现月球新矿物"嫦娥石"。句芒号陆地生态系统碳监测卫星、大气环境监测卫星成功发射运行。长征八号运载火箭实现一箭 22 星发射。第三艘航空母舰福建舰下水。国产 C919 大型客机获得型号合格证并交付首架。投入商业运行的华龙一号自主三代核电机组保持安全稳定运行。

年末全国共有国家质检中心 869 家。全国现有产品质量、体系和服务认证机构 1 128 个，累计完成对 94 万家企业的认证。全年制定、修订国家标准 2 266 项，其中新制定 1 382 项。全年制造业产品质量合格率[64]为 93.29%。

全年研究生教育招生 124.2 万人，在学研究生 365.4 万人，毕业生 86.2 万人。普通、职业本专科[65]招生 1 014.5 万人，在校生 3 659.4 万人，毕业生 967.3 万人。中等职业教育[66]招生 650.7 万人，在校生 1 784.7 万人，毕业生 519.2 万人。普通高中招生 947.5 万人，在校生 2 713.9 万人，毕业生 824.1 万人。初中招生 1 731.4 万人，在校生 5 120.6 万人，毕业生 1 623.9 万人。普通小学招生 1 701.4 万人，在校生 10 732.0 万人，毕业生 1 740.6 万人。特殊教育招生 14.6 万人，在校生 91.9 万人，毕业生 15.9 万人。学前教育在园幼儿 4 627.5 万人。九年义务教育巩固率为 95.5%，高中阶段毛入学率为 91.6%。

十一、文化旅游、卫生健康和体育

年末全国文化和旅游系统共有艺术表演团体 2 023 个。全国共有公共图书馆 3 303 个，总流通[67] 72 375 万人次；文化馆 3 503 个。有线电视实际用户 1.99 亿户，其中有线数字电视实际用户 1.90 亿户。年末广播节目综合人口覆盖率为 99.6%，电视节目综合人口覆盖率为 99.8%。全年生产电视剧 160 部 5 283 集，电视动画片 89 094 分钟。全年生产故事影片 380 部，科教、纪录、动画和特种影片[68] 105 部。出版各类报纸 266 亿份，各类期刊 20 亿册，图书 114 亿册（张），人均图书拥有量[69] 8.09 册（张）。年末全国共有档案馆 4 136 个，已开放各类档案 20 886 万卷（件）。全年全国规模以上文化及相关产业企业营业收入 121 805 亿元，按可比口径计算，比上年增长 0.9%。

全年国内游客 25.3 亿人次，比上年下降 22.1%。其中，城镇居民游客 19.3 亿人次，下降 17.7%；农村居民游客 6.0 亿人次，下降 33.5%。国内旅游收入 20 444 亿元，下降 30.0%。其中，城镇居民游客花费 16 881 亿元，下降 28.6%；农村居民游客花费 3 563 亿元，下降 35.8%。

年末全国共有医疗卫生机构 103.3 万个，其中医院 3.7 万个，在医院中有公立医院 1.2 万个，民营医院 2.5 万个；基层医疗卫生机构 98.0 万个，其中乡镇卫生院 3.4 万个，社区卫生服务中心（站）3.6 万个，门诊部（所）32.1 万个，村卫生室 58.8 万个；专业公共卫生机构 1.3 万个，其中疾病预防控制中心 3 385 个，卫生监督所（中心）2 796 个。年末卫生技术人员 1 155 万人，其中执业医师和执业助理医师 440 万人，注册护士 520 万人。医疗卫生机构床位 975 万张，其中医院 766 万张，乡镇卫生院 145 万张。全年总诊疗人次[70] 84.0 亿人次，出院人数[71] 2.5 亿人。

年末全国共有体育场地[72] 422.7 万个，体育场地面积[73] 37.0 亿平方米，人均体育场地面积 2.62 平方米。全年我国运动员在 15 个运动大项中获得 93 个世界冠军,共创 11 项世界纪录。在北京第 24 届冬奥会上,我国运动员共获得 9 枚金牌,奖牌总数 15 枚。全年我国残疾人运动员在 5 项国际赛事中获得 41 个世界冠军。在北京第 13 届冬残奥会上,我国运动员共获得 18 枚金牌,奖牌总数 61 枚,位列冬残奥会金牌榜和奖牌榜双第一。

十二、资源、环境和应急管理

全年全国国有建设用地供应总量[74]76.6 万公顷,比上年增长 10.9%。其中,工矿仓储用地 19.8 万公顷,增长 13.2%;房地产用地[75]11.0 万公顷,下降 19.4%;基础设施用地 45.8 万公顷,增长 20.7%。

全年水资源总量 26 634 亿立方米。全年总用水量 5 997 亿立方米,比上年增长 1.3%。其中,生活用水下降 0.5%,工业用水下降 7.7%,农业用水增长 3.7%,人工生态环境补水增长 8.3%。万元国内生产总值用水量[76]53 立方米,下降 1.6%。万元工业增加值用水量 27 立方米,下降 10.8%。人均用水量 425 立方米,增长 1.3%。

全年完成造林面积 383 万公顷,其中人工造林面积 120 万公顷,占全部造林面积的 31.4%。种草改良面积[77]321 万公顷。截至年末,国家公园 5 个。新增水土流失治理面积 6.3 万平方千米。

初步核算,全年能源消费总量 54.1 亿吨标准煤,比上年增长 2.9%。煤炭消费量增长 4.3%,原油消费量下降 3.1%,天然气消费量下降 1.2%,电力消费量增长 3.6%。煤炭消费量占能源消费总量的 56.2%,比上年上升 0.3 个百分点;天然气、水电、核电、风电、太阳能发电等清洁能源消费量占能源消费总量的 25.9%,上升 0.4 个百分点。重点耗能工业企业单位电石综合能耗下降 1.6%,单位合成氨综合能耗下降 0.8%,吨钢综合能耗上升 1.7%,单位电解铝综合能耗下降 0.4%,每千瓦时火力发电标准煤耗下降 0.2%。全国万元国内生产总值二氧化碳排放[78]下降 0.8%。

全年近岸海域海水水质[79]达到国家一、二类海水水质标准的面积占 81.9%,三类海水占 4.1%,四类、劣四类海水占 14.0%。

在开展城市区域声环境监测的 320 个城市中,全年昼间声环境质量好的城市占 5.0%,较好的占 66.3%,一般的占 27.2%,较差的占 1.2%,差的占 0.3%。

全年平均气温为 10.51℃,比上年下降 0.02℃。共有 4 个台风登陆。

全年农作物受灾面积 1 207 万公顷,其中绝收 135 万公顷。全年因洪涝和地质灾害造成直接经济损失 1 303 亿元,因干旱灾害造成直接经济损失 513 亿元,因低温冷冻和雪灾造成直接经济损失 125 亿元,因海洋灾害造成直接经济损失 24 亿元。全年大陆地区共发生 5.0 级以上地震 27 次,造成直接经济损失 224 亿元。全年共发生森林火灾 709 起,受害森林面积约 0.5 万公顷。

全年各类生产安全事故共死亡 20 963 人。工矿商贸企业就业人员 10 万人,生产安全事故死亡人数 1.097 人,比上年下降 20.2%;煤矿百万吨死亡人数 0.054 人,比上年上升 22.7%。道路交通事故万车死亡人数 1.46 人,比上年下降 7.0%。

注释:

[1] 本公报中数据均为初步统计数。各项统计数据均未包括香港特别行政区、澳门特别行政区和台湾省。部分数据因四舍五入的原因,存在总计与分项合计不等的情况。

〔2〕国内生产总值、三次产业及相关行业增加值、地区生产总值、人均国内生产总值和国民总收入绝对数按现价计算,增长速度按不变价格计算。

〔3〕国民总收入,原称国民生产总值,是指一个国家或地区所有常住单位在一定时期内所获得的初次分配收入总额,等于国内生产总值加上来自国外的初次分配收入净额。

〔4〕全员劳动生产率为国内生产总值(按 2020 年价格计算)与全部就业人员的比率。

〔5〕见注释〔4〕。

〔6〕全国人口是指我国大陆 31 个省、自治区、直辖市和现役军人的人口,不包括居住在 31 个省、自治区、直辖市的港澳台居民和外籍人员。

〔7〕2022 年年末,0~14 岁(含不满 15 周岁)人口为 23 908 万人,15~59 岁(含不满 60 周岁)人口为 89 263 万人。

〔8〕年度农民工数量包括年内在本乡镇以外从业 6 个月及以上的外出农民工和在本乡镇内从事非农产业 6 个月及以上的本地农民工。

〔9〕农产品生产者价格是指农产品生产者直接出售其产品时的价格。

〔10〕居住类价格包括租赁房房租、住房保养维修及管理、水电燃料、自有住房服务价格。

〔11〕高技术制造业包括医药制造业,航空、航天器及设备制造业,电子及通信设备制造业,计算机及办公设备制造业,医疗仪器设备及仪器仪表制造业,信息化学品制造业。

〔12〕装备制造业包括金属制品业,通用设备制造业,专用设备制造业,汽车制造业,铁路、船舶、航空航天和其他运输设备制造业,电气机械和器材制造业,计算机、通信和其他电子设备制造业,仪器仪表制造业。

〔13〕规模以上服务业统计范围包括:年营业收入 2 000 万元及以上的交通运输、仓储和邮政业,信息传输、软件和信息技术服务业,水利、环境和公共设施管理业,卫生行业法人单位;年营业收入 1 000 万元及以上的房地产业(不含房地产开发经营)、租赁和商务服务业,科学研究和技术服务业,教育行业法人单位;以及年营业收入 500 万元及以上的居民服务、修理和其他服务业,文化、体育和娱乐业,社会工作行业法人单位。

〔14〕战略性新兴服务业包括新一代信息技术产业、高端装备制造产业、新材料产业、生物产业、新能源汽车产业、新能源产业、节能环保产业和数字创意产业八大产业中的服务业相关行业,以及新技术与创新创业等相关服务业。2022 年战略性新兴服务业企业营业收入增速按可比口径计算。

〔15〕高技术产业投资包括医药制造、航空航天器及设备制造等六大类高技术制造业投资和信息服务、电子商务服务等九大类高技术服务业投资。

〔16〕电子商务交易额是指通过电子商务交易平台(包括企业自建平台和第三方平台)实现的商品和服务交易额,包括对单位和对个人交易额。

〔17〕网上零售额是指通过公共网络交易平台(主要从事实物商品交易的网上平台,包括自建网站和第三方平台)实现的商品和服务零售额。

〔18〕东部地区是指北京、天津、河北、上海、江苏、浙江、福建、山东、广东和海南 10 省(市);中部地区是指山西、安徽、江西、河南、湖北和湖南 6 省;西部地区是指内蒙古、广西、重庆、四川、贵州、云南、西藏、陕西、甘肃、青海、宁夏和新疆 12 省(区、市);东北地区是指辽宁、吉林和黑龙江 3 省。

〔19〕万元国内生产总值能耗按 2020 年价格计算。

〔20〕2021 年部分产品产量数据进行了核实调整,2022 年产量增速按可比口径计算。

〔21〕火电包括燃煤发电量,燃油发电量,燃气发电量,余热、余压、余气发电量,垃圾焚烧发电量,生物质发电量。

〔22〕钢材产量数据中含企业之间重复加工钢材。

〔23〕少量发电装机容量(如地热等)公报中未列出。

〔24〕由于统计调查制度规定的调查范围变动、统计执法、剔除重复数据等因素,2022 年规模以

上工业企业财务指标增速及变化按可比口径计算。

[25] 产能利用率是指实际产出与生产能力（均以价值量计量）的比率。企业的实际产出是指企业报告期内的工业总产值；企业的生产能力是指报告期内，在劳动力、原材料、燃料、运输等保证供给的情况下，生产设备（机械）保持正常运行，企业可实现并能长期维持的产品产出。

[26] 货物运输总量及周转量包括铁路、公路、水路、民航和管道五种运输方式完成量，2022 年增速按可比口径计算。

[27] 邮政行业业务总量按 2020 年价格计算。

[28] 电信业务总量按上年价格计算。

[29] 移动电话基站数是指报告期末为小区服务的无线收发设备，处理基站与移动台之间的无线通信，在移动交换机与移动台之间起中继作用，监视无线传输质量的全套设备数。

[30] 固定互联网宽带接入用户是指报告期末在电信企业登记注册，通过 XDSL、FTTX+LAN、FTTH/O 以及其他宽带接入方式和普通专线接入公众互联网的用户。

[31] 100M 速率及以上的宽带接入用户是指报告期末下行速率大于或等于 100MBIT/S 的宽带接入用户。

[32] 蜂窝物联网终端用户是指报告期末接入移动通信网络并开通物联网业务的用户。物联网终端即连接传感网络层和传输网络层，实现远程采集数据及向网络层发送数据的物联网设备。

[33] 手机上网人数是指过去半年通过手机接入并使用互联网的人数。

[34] 软件和信息技术服务业包括软件开发、集成电路设计、信息系统集成和物联网技术服务、运行维护服务、信息处理和存储支持服务、信息技术咨询服务、数字内容服务和其他信息技术服务等行业。

[35] 见注释 [18]。

[36] 民间固定资产投资是指具有集体、私营、个人性质的内资企事业单位以及由其控股（包括绝对控股和相对控股）的企业单位建造或购置固定资产的投资。

[37] 基础设施投资包括铁路运输业、道路运输业、水上运输业、航空运输业、管道运输业、多式联运和运输代理业、装卸搬运业、邮政业、电信广播电视和卫星传输服务业、互联网和相关服务业、水利管理业、生态保护和环境治理业、公共设施管理业投资。

[38] 社会领域投资包括教育、卫生和社会工作，文化、体育和娱乐业投资。

[39] 房地产业投资除房地产开发投资外，还包括建设单位自建房屋以及物业管理、中介服务和其他房地产投资。

[40] “一带一路”是指“丝绸之路经济带”和“21 世纪海上丝绸之路”。

[41] 《区域全面经济伙伴关系协定》（RCEP）其他成员国包括印度尼西亚、马来西亚、菲律宾、泰国、新加坡、文莱、柬埔寨、老挝、缅甸、越南、日本、韩国、澳大利亚、新西兰。

[42] 2022 年外商投资统计调查制度进行修订，外商直接投资新设立企业数量、实际使用外商直接投资金额为包含银行、证券、保险领域的全口径数据，增速按可比口径计算。

[43] 社会融资规模增量是指一定时期内实体经济从金融体系获得的资金总额。

[44] 社会融资规模存量是指一定时期末（月末、季末或年末）实体经济从金融体系获得的资金余额。

[45] 普惠金融贷款包括单户授信小于 1 000 万元的小微型企业贷款、个体工商户经营性贷款、小微企业主经营性贷款、农户生产经营贷款、建档立卡贫困人口消费贷款、创业担保贷款和助学贷款。

[46] 沪深交易所股票筹资额按上市日统计，筹资额包括了可转债实际转股金额，2021 年、2022 年可转债实际转股金额分别为 1 342 亿元、934 亿元。

[47] 北京证券交易所股票筹资额按上市日统计。

[48] 全国中小企业股份转让系统是 2012 年经国务院批准的全国性证券交易场所。全年全国中

小企业股份转让系统挂牌公司累计筹资不含优先股，股票筹资按新增股份挂牌日统计。

［49］公司信用类债券包括非金融企业债务融资工具、企业债券以及公司债、可转债等。

［50］原保险保费收入是指保险企业确认的原保险合同保费收入。

［51］人均可支配收入中位数是指将所有调查户按人均收入水平从低到高（或从高到低）顺序排列，处于最中间位置调查户的人均可支配收入。

［52］全国居民五等份收入分组是指将所有调查户按人均收入水平从低到高顺序排列，平均分为五个等份，处于最低 20%的收入家庭为低收入组，依此类推依次为中间偏下收入组、中间收入组、中间偏上收入组、高收入组。

［53］脱贫县包括原 832 个国家扶贫开发工作重点县和集中连片特困地区县，以及新疆阿克苏地区 7 个市县。

［54］服务性消费支出是指住户用于各种生活服务的消费支出，包括餐饮服务、衣着鞋类加工服务、居住服务、家庭服务、交通通信服务、教育文化娱乐服务、医疗服务和其他服务。

［55］2022 年，基本医疗保险参保人数统计口径发生变化，剔除部分重复参保人数。

［56］农村特困人员是指无劳动能力，无生活来源，无法定赡养、抚养、扶养义务人或者其法定义务人无履行义务能力的农村老年人、残疾人以及未满 16 周岁的未成年人。

［57］临时救助是指国家对遭遇突发事件、意外伤害、重大疾病或其他特殊原因导致基本生活陷入困境，其他社会救助制度暂时无法覆盖或救助之后基本生活暂时仍有严重困难的家庭或个人给予的应急性、过渡性的救助。

［58］民政服务床位除收养性机构外，还包括救助类机构、社区类机构的床位。

［59］国家级科技企业孵化器是指符合《科技企业孵化器管理办法》规定的，以促进科技成果转化、培育科技企业和企业家精神为宗旨，提供物理空间、共享设施和专业化服务的科技创业服务机构，且经过科学技术部批准确定的科技企业孵化器。

［60］国家备案众创空间是指符合《发展众创空间工作指引》规定的新型创新创业服务平台，且按照《国家众创空间备案暂行规定》经科学技术部审核备案的众创空间。

［61］PCT 专利申请受理量是指国家知识产权局作为 PCT 专利申请受理局受理的 PCT 专利申请数量。PCT（patent cooperation treaty）即专利合作条约，是专利领域的一项国际合作条约。

［62］每万人口高价值发明专利拥有量是指每万人口本国居民拥有的经国家知识产权局授权的符合下列任一条件的有效发明专利数量：战略性新兴产业的发明专利；在海外有同族专利权的发明专利；维持年限超过 10 年的发明专利；实现较高质押融资金额的发明专利；获得国家科学技术奖、中国专利奖的发明专利。

［63］公民具备科学素质是指崇尚科学精神，树立科学思想，掌握基本科学方法，了解必要科技知识，并具有应用其分析判断事物和解决实际问题的能力。公民具备科学素质比例数据是面向 18~69 岁公民开展抽样调查获得。

［64］制造业产品质量合格率是指以产品质量检验为手段，按照规定的方法、程序和标准实施质量抽样检测，判定为质量合格的样品数占全部抽样样品数的百分比，统计调查样本覆盖制造业的 29 个行业。

［65］普通、职业本专科包括普通本科、职业本科、高职（专科）。

［66］中等职业教育包括普通中专、成人中专、职业高中和技工学校。

［67］总流通人次是指本年度内到图书馆场馆接受图书馆服务的总人次，包括借阅书刊、咨询问题以及参加各类读者活动等。

［68］特种影片是指采用与常规影院放映在技术、设备、节目方面不同的电影展示方式，如巨幕电影、立体电影、立体特效（4D）电影、动感电影、球幕电影等。

［69］人均图书拥有量是指在一年内全国平均每人能拥有的当年出版图书册数。

［70］总诊疗人次是指所有诊疗工作的总人次数，包括门诊、急诊、出诊、预约诊疗、单项健康

检查、健康咨询指导（不含健康讲座、核酸检测）人次。

　　［71］出院人数是指报告期内所有住院后出院的人数，包括医嘱离院、医嘱转其他医疗机构、非医嘱离院、死亡及其他人数，不含家庭病床撤床人数。

　　［72］体育场地调查对象不包括军队、铁路系统所属体育场地。

　　［73］体育场地面积是指体育训练、比赛、健身场地的有效面积。

　　［74］国有建设用地供应总量是指报告期内市、县人民政府根据年度土地供应计划依法以出让、划拨、租赁等方式与用地单位或个人签订出让合同或签发划拨决定书、完成交易的国有建设用地总量。

　　［75］房地产用地是指商服用地和住宅用地的总和。

　　［76］万元国内生产总值用水量、万元工业增加值用水量按 2020 年价格计算。

　　［77］种草改良面积是指通过实施播种、栽种等措施增加牧草数量的面积以及通过压盐压碱压沙、土壤改良、围栏封育等措施使草原原生植被、生态得到改善的面积之和。

　　［78］万元国内生产总值二氧化碳排放按 2020 年价格计算。

　　［79］近岸海域海水水质采用面积法进行评价。

资料来源：

本公报中城镇新增就业、养老保险、失业保险、工伤保险、技工学校数据来自人力资源社会保障部；外汇储备、汇率数据来自国家外汇管理局；市场主体、质量检验、国家标准制定修订、制造业产品质量合格率数据来自国家市场监督管理总局；环境监测等数据来自生态环境部；水产品产量、新增高效节水灌溉面积数据来自农业农村部；木材产量、造林面积、种草改良面积、国家公园数据来自国家林业和草原局；新增耕地灌溉面积、水资源总量、用水量、新增水土流失治理面积数据来自水利部；发电装机容量、新增 220 千伏及以上变电设备、电力消费量数据来自中国电力企业联合会；港口货物吞吐量、港口集装箱吞吐量、公路运输、水路运输、新改建高速公路里程、港口万吨级以上码头泊位新增通过能力数据来自交通运输部；铁路运输、新建铁路投产里程、增新建铁路复线投产里程、电气化铁路投产里程数据来自中国国家铁路集团有限公司；民航运输、新增民用运输机场数据来自中国民用航空局；管道运输数据来自中国石油天然气集团有限公司、中国石油化工集团有限公司、中国海洋石油集团有限公司、国家石油天然气管网集团有限公司；民用汽车保有量、道路交通事故数据来自公安部；邮政业务数据来自国家邮政局；通信业、软件业务收入、新增光缆线路长度等数据来自工业和信息化部；互联网上网人数、互联网普及率数据来自中国互联网络信息中心；棚户区改造、保障性租赁住房、城镇老旧小区改造数据来自住房和城乡建设部；货物进出口数据来自海关总署；服务进出口、外商直接投资、对外直接投资、对外承包工程、对外劳务合作等数据来自商务部；财政数据来自财政部；新增减税降费及退税缓税缓费数据来自国家税务总局；货币金融、公司信用类债券数据来自中国人民银行；境内交易场所筹资数据来自中国证券监督管理委员会；保险业数据来自中国银行保险监督管理委员会；医疗保险、生育保险数据来自国家医疗保障局；城乡低保、农村特困人员救助供养、临时救助、民政服务数据来自民政部；优抚对象数据来自退役军人事务部；国家自然科学基金资助项目数据来自国家自然科学基金委员会；国家重点实验室、国家科技成果转化引导基金、国家级科技企业孵化器、国家备案众创空间、技术合同等数据来自科学技术部；国家工程研究中心、国家企业技术中心、大众创业万众创新示范基地等数据来自国家发展和改革委员会；专利、商标数据来自国家知识产权局；公民具备科学素质比例数据来自中国科协；宇航发射数据来自国家国防科技工业局；教育数据来自教育部；艺术表演团体、公共图书馆、文化馆、旅游数据来自文化和旅游部；电视、广播数据来自国家广播电视总局；电影数据来自国家电影局；报纸、期刊、图书数据来自国家新闻出版署；档案数据来自国家档案局；医疗卫生数据来自国家卫生健康委员会；体育数据来自国家体育总局；残疾人运动员数据来自中国残疾人联合会；国有建设用地供应、海洋灾害造成直接经济损失数据来自自然资源部；平均气温、台风登陆数据来自中国气象局；农作物受灾面积、洪涝和地质灾害造成直接经济损失，干旱灾害造成直接经济损失，低温冷冻和雪灾造成直接经济损失，地震次数、地震灾害造成直接经济损失，森林火灾，受害森林面积，生产安全事故数据来自应急管理部；其他数据均来自国家统计局。

素质教育小故事

绿意盎然中的数据成果

在繁忙的都市里，有一个叫作"绿源"的环保组织，他们致力于通过数据的力量来推动环保事业。而在这个组织中，有一个年轻的数据分析师，名叫小杨。

小杨对数字有着近乎痴迷的热爱，但他的心中始终怀揣着一个梦想：希望用自己的专业技能为环保事业贡献一份力量。当他加入"绿源"时，他看到了海量关于环保的数据，但这些数据却如同散落的珍珠，缺乏一个系统的整理与展示。

于是，小杨开始了他的数据之旅。他首先收集了近年来城市垃圾产生量、空气质量指数、水资源消耗等关键数据。面对这些海量的数据，小杨并没有感到畏惧，相反，他从中看到了无尽的可能性。

小杨运用他的专业知识，对这些数据进行了深入的分析和整理。他发现，垃圾产生量的增加与人们的消费习惯有着密切的关系；空气质量指数的波动则与工业排放和交通状况紧密相关；而水资源消耗的快速增长，则是因为人们对生活品质的追求越来越高。

有了这些数据作为支撑，小杨开始思考如何将它们以更直观、更生动的方式展现出来。他设计了一个名为"绿色足迹"的数据可视化平台，这个平台不仅展示了各项环保数据，还通过图表、动画等形式，让人们更直观地感受到环保的重要性。

"绿色足迹"平台一经推出，便受到了广大市民的欢迎。人们纷纷表示，通过这个平台，他们更加清楚地了解到了自己的消费行为对环境的影响，也更加坚定了参与环保行动的决心。

小杨并没有止步于此。他继续深入研究各项环保数据，不断完善和优化"绿色足迹"平台。同时，他还积极与其他环保组织合作，共同推动环保事业的发展。

随着时间的推移，"绿源"组织在小杨的带领下，逐渐成为一个具有影响力的环保组织。而"绿色足迹"平台也成为连接人们与环保事业的重要桥梁。在这个平台上，人们不仅能够看到环保的数据和成果，而且能够感受到环保的力量和希望。

小杨用自己的实际行动证明了：数据不仅可以为环保事业提供有力的支撑，而且可以成为推动社会进步的重要力量。

章节练习

一、单选题

1. 统计分组的关键在于（　　）。
   A. 选择统计指标
   B. 正确选择分组标志和划分各组界限
   C. 确定组数
   D. 选择不同特征的品质标志和数量标志

2. 按某一标志进行分组的结果表现为（　　）。
   A. 组内同质性，组间差异性
   B. 组内差异性，组间差异性
   C. 组内同质性，组间同质性
   D. 组内差异性，组间同质性

3. 下列分组中按品质标志分组的是（　　）。
   A. 职工按年龄分组　　　　　　　　B. 产品按质量优劣分组
   C. 企业按固定资产分组　　　　　　D. 地区按增加值分组

4. 某连续变量分组，第一组为 70~80，第二组为 80~90，第三组为 90~100，第四组为 100 以上，则习惯上规定（　　）。
   A. 80 在第二组　　　　　　　　　B. 90 在第二组
   C. 100 在第三组　　　　　　　　　D. 80 在第一组

5. 次数分配数列是（　　）。
   A. 按数量标志分组形成的数列
   B. 按统计指标分组形成的数列
   C. 按品质标志分组形成的数列
   D. 按数量标志和品质标志分组形成的数列

6. 在全距不变的情况下，组距和组数的关系是（　　）。
   A. 乘积关系　　　　　　　　　　　B. 正比例关系
   C. 反比例关系　　　　　　　　　　D. 毫无关系

7. 变量数列是（　　）。
   A. 组距式数列
   B. 按数量标志分组的数列
   C. 按品质标志分组的数列
   D. 按品质或数量标志分组的数列

8. 某组距数列的末组为开口组，下限为 600，又知相邻组的组中值为 540，则末组的组中值为（　　）。
   A. 540　　　　　　　　　　　　　　B. 580

C. 620   D. 660

9. 对企业先按经济类型分组，在此基础上再按企业规模分组，这样属于（　　　）。

    A. 简单分组   B. 平行分组

    C. 复合分组   D. 统计分组体系

10. 统计表中的宾词指的是（　　　）。

    A. 总标题   B. 行标题

    C. 列标题   D. 指标名称和数值

二、多项选择题

1. 统计分组的作用是（　　　）。

    A. 划分社会经济现象的类型

    B. 反映总体规模

    C. 揭示社会经济现象的内部结构

    D. 说明总体的特征

2. 下列按数量标志分组的是（　　　）。

    A. 按企业主管部门分组   B. 按工人工资水平分组

    C. 按文化程度分组   D. 按职工年龄分组

3. 次数分布的主要类型有（　　　）。

    A. 钟形分布   B. U 形分布

    C. S 形分布   D. L 形分布

4. 下列分组哪些是按品质标志分组（　　　）。

    A. 职工按工龄分组

    B. 科技人员按职称分组

    C. 人口按民族分组

    D. 企业按经济类型分组

5. 常见的几种统计图包括（　　　）。

    A. 线形图

    B. 直方图

    C. 条形图

    D. 饼状图

三、判断题

1. 划分各组界限的原因是保证组内同质性和组间差异性。

2. 离散变量均编制单项式数列。

3. 一个分布必须满足：各组的频率大于零，频数总和等于 1 或 100%。

4. 单项式频数分布的组数等于变量所包含的变量值的总数。

5. 统计分组的关键在于确定组距和组数。

四、简答题

1. 统计分组的作用有哪些?

2. 分别说明单项式分组、组距式分组、间断组距式分组、连续组距式分组、等距分组和异距分组的适用条件是什么。

3. 分组标志选择的原则是什么?

4. 什么是次数分配数列?它有哪两个构成要素?

五、计算题

1. 某班学生统计学成绩资料如表 3-16 所示。

表 3-16　某班学生统计学成绩资料

成绩/分	人数/人
60 以下	3
60~70	17
70~80	28
80~90	12
90 以上	5
合计	65

根据上表指出:

(1) 上表中的变量数列属于哪一种变量数列。

(2) 上表中的变量、变量值、上限、下限、频数。

(3) 计算组中值、频率,绘制直方图、折线图,并指出其分布形态。

2. 某酒店员工工资水平资料如表 3-17 所示。

表 3-17　某酒店员工工资水平资料

月工资/元	员工所占比重/%
800 以下	14
800~1 000	25
1 000~1 200	38
1 200~1 400	15
1 400 及以上	8
合计	100

要求:将上述资料整理为以下四组,即 1 000 以下,1 000~1 300 元,1 300~1 500元,1 500 元及以上。

请以表 3-18 为资料,绘制次数分布直方图。

表 3-18　某酒店员工工资水平分组

考试成绩/分	学生人数/人
60 以下	6
60~70	30
70~85	49
85~100	15
合计	100

第四章

旅游总量指标和相对指标

■**学习目标**

    通过本章学习，理解旅游总量指标和相对指标的概念和作用，掌握旅游总量指标和相对指标的种类及其应用；熟悉 Excel 在旅游总量指标和相对指标计算中的应用。

■**基本要求**

    理解旅游总量指标的概念及种类、熟悉旅游相对指标的概念及作用，并能准确区分及计算相对指标。

第一节　旅游总量指标

一、总量指标的概念和作用

（一）总量指标的概念

    总量指标是反映社会经济现象发展的总规模、总水平的综合指标。具体来说，它表明在一定时间、地点、条件下，某种社会经济现象的规模和发展水平的数量的总和，以绝对数表示，具有相应的计量单位。例如，我国某年入境旅游人数为 2 193.75 万人，其中亚洲入境旅游人数为 1 377.93 万人。

（二）总量指标的作用

    总量指标是社会经济统计中最基本的指标，是计算相对指标和平均指标的基础。总量指标的作用主要表现在以下几个方面：

1. 总量指标是认识社会经济现象的起点

由于社会基本情况的数量资料首先都表现为一定的总量，所以总量指标是反映国情国力的最重要指标。例如，我国的国土面积、全国人口数等。国民经济各部门取得的直接成果，也往往用总量指标的形式表现出来，如国民收入等。

2. 总量指标是进行经济管理的主要依据

每一种现象的总量都有其一定的现实经济意义。国民经济计划、各级企业计划，以及国家、各部门制定政策往往也是以总量指标的形式来规定的。因此，与计划指标、政策指标相对应的统计指标就成了检查计划完成情况，检查政策落实情况的依据。

3. 总量指标是计算相对指标和平均指标的基础

相对指标和平均指标都是以总量指标为依据计算出来的派生指标。关于这一点，在后面介绍相对指标和平均指标的计算方法中将有所体现。

二、总量指标的种类

总量指标从不同的角度来考察，有不同的种类。

（一）按其所反映的总体内容

1. 总体单位总量

总体单位总量简称单位总量，是指总体中总体单位的总数，说明总体本身规模的大小。

2. 总体标志总量

总体标志总量简称标志总量，是反映总体中各个单位某一标志值的总和，即说明总体单位特征的总数量。例如，调查某地区 7 676 家星级酒店的营业收入，其营业收入总额 1 379 亿元即为标志总量，7 676 家即为总体（单位）总量。再比如，某市 20 家医院，拥有医务人员 3 000 人，拥有病床数 10 000 张，则医务人员总数 3 000 人及病床总数 10 000 张即为标志总量。

一个总量指标究竟属于总体标志总量还是总体（单位）总量，要视统计研究的目的和研究对象的变化而定。

（二）按其反映的时间状况

1. 时期指标

（1）时期指标的概念。

时期指标是反映社会经济现象在一段时期内活动过程结果的总量指标。在这里，时期可以是一日、一月、一季、一年或更长时间。例如，我国 2021 年国内生产总值为 113.89 万亿元，即为一个时期指标，它反映的是在这一年内全国各行业国内生产的全部最终产品和劳务的价值总和。再如，2021 年我国贸易进出口总额为 390 921 亿美元，这也是一个时期指标，它反映的是我国在该年以货币表示的全部对外贸易总额，即出口贸易额加进口贸易额之和。

（2）时期指标的特点。

①时期指标反映的是社会经济现象在一段时期内的活动过程。

②时期指标的数值可以连续计量、直接相加。由于时期指标反映的社会经济现象是连续不断地发生的，所以指标数值可以连续计量。时间上连续的时期数可以累计相

加得到更长时期的总量指标，反映现象在该时期整个活动过程中的总成果。例如，一年的旅游外汇收入是一年中每天的旅游外汇收入的累计结果。

③同一总体时期指标数值大小与时期长短成正比，亦即同一总体内，时期越长，指标数值越大。一年的旅游外汇收入总是大于一天、一月乃至一季的旅游外汇收入的。

2. 时点指标

（1）时点指标的概念。

时点指标是反映社会经济现象在某一时刻上的状态的总量指标。如我国 2021 年年末人口数为 14.13 亿人，是指 2021 年 12 月 31 日 24 时，我国的实有人口数。再如，商品库存量也一定是指某地某一时刻商品库存的数量。

（2）时点指标的特点。

①时点指标反映的是社会经济现象在某一时刻上的状态，这一点和时期指标有着明显的不同。

②时点指标的数值不可以累计相加。由于时点指标数值表示的仅仅是社会经济现象在某一特定时刻（或时点）上的状态与水平，所以其数值只能按时点间断计数，不同时点上的时点指标累计相加是没有意义的。例如，到 2021 年年末，全国纳入统计范围的住宿和餐饮企业共有 65 666 家，而 2020 年有 58 182 家。这两个时点上的指标均指各年年末在调查时点上全国纳入统计范围的住宿和餐饮企业数量。若将二者相加，65 666+58 182 ＝123 848（家），并非意味着 2020—2021 年全国共拥有 123 848 家纳入统计范围的住宿和餐饮企业，其间有大量的重复计算，不能反映实际情况，所以，"123 848 家"这个指标是没有意义的。

③时点指标数值的大小与其时点的间隔长短无直接的关系，并非时点之间的间隔愈长，指标数值就愈大，反之亦然。例如，某市某年年末人口数并非就一定比其年初人口数大，也并非就一定比年中任何一天的人口数都要大。

3. 时期指标与时点指标的判别

一个指标是时期指标还是时点指标，主要还是从时期指标与时点指标的概念本身入手，看指标所反映的内容，看其是反映现象活动的过程，还是反映现象在某一时点上的状态。例如，同样是人口数资料，若说某年 12 月 31 日某市人口数，则其为时点指标，这个数字仅仅是该市某年 12 月 31 日 24：00 这一时点的人口规模；若说是某年新出生人口数，则其为时期指标。当然，我们还可以根据前文所述时期指标和时点指标的三个特点来帮助我们进行判断。

三、总量指标的计算和应用

总量指标是一个总和数，或是总体单位的总和，或是总体某一标志的总和。所以，计量是确定和计算总量指标的基础。在总量指标的计算和应用过程中，要明确以下问题：

（一）明确正确统计总量指标的基础

明确正确统计总量指标的基础，就是要明确地、科学地界定所要统计的总体现象的实质（理论范畴和统计范畴），这是正确统计总量指标所要考虑的首要问题。

总量指标的计算，并不是一个单纯技术性的加总问题，它需要正确地规定总量指标表示的各种社会经济现象的概念、构成内容和计算范围，确定计算方法，然后才能进行计算汇总，以取得正确反映社会经济现象的总量资料。例如，旅游者人数是一个总量资料。但是，在统计旅游者人数之前，首先要搞清楚什么是旅游者，即旅游者的概念；其次要明确旅游者的构成内容，即哪些人是旅游者，哪些人不能算是旅游者，旅游者与非旅游者二者的转变条件及旅游者人数的计算方法、统计方法；等等。上述问题都搞清了，尤其是旅游者的概念清楚了，才有可能进行旅游者人数的统计与汇总，才有可能正确地反映出旅游者人数这一总量资料。

（二）明确总量指标的统计方法

计算总量指标常用的方法有以下几种：

1. 直接计量法

直接计量法即通过对调查对象进行直接的点数、计数或测量等手段，计算出总量指标。这种方法最简单、最常见。统计报表、普查中的总量资料等，基本上都是依照此法得到的。

2. 推算与估算法

推算与估算法，这是间接计算总量的方法。在总体的总量指标不能或不必直接计算的条件下可采用此法。例如，旅游者人均花费，即可采用抽样推断的方法。另外，还有比例关系推算法、因素关系推算法、平衡推算法和插值估算法等。推算与估算法在统计实践中，常常用于补缺推算、历史资料和国际资料的调整推算、从局部资料推算整体、预计推算等方面。利用现象之间的联系进行推算与估算，发生一定的误差是在所难免的。

为了减少误差，在进行推算与估算的时候，必须遵循以下原则：

（1）全面性原则。根据科学原理，对拟推算的现象之间的相互联系关系进行全面研究，判明其是否存在真正的相互联系，是怎样一种性质的联系，是否具有同类性，有无可比性等。要注意联系关系存在的条件，以及这种条件是否稳定。

（2）准确性原则。要以科学的态度和实事求是的精神，对所依据的资料进行审查，看看是否准确可靠，与被推算现象之间的对应关系是否适宜进行推算。对推算的结论也要进行审查，看看是否合乎客观实际。

（3）科学性原则。根据研究目的和资料的特点，选用适当的、科学的推算方法。推算与估算的方法多种多样，每种方法各适用于不同的情况，有时一种方法不够用，就要结合使用几种不同的方法，情况有了变化，方法也应有所改变。

3. 评定法

评定法，主要是对难以进行计量而又必须计量的现象所采用的方法。例如，体育比赛中，对体操表演、跳水表演的评分，以及文艺表演、大奖赛的评分等，就是采用评定法。在旅游统计中，对员工业务技能、饭店服务质量的评定，也是采用此法。当然，要采用评定法，必须要有一个细致的、统一的评定标准，这是运用评定法的前提条件。

（三）要注意总量指标的计量单位

总量指标是说明总体现象的具体数值，是有一定计量单位的。因其所反映的社会经济现象的性质不同，总量指标的计量单位一般有以下三种形式。

1. 实物单位

实物单位是根据事物的属性（自然形态和物理属性）规定的计量单位。同类实物数量的计算都采用实物单位。以实物单位计量的总量指标称为实物指标。实物单位包括：

（1）自然计量单位。自然计量单位是指按现象的自然表现形态来计量其数量的一种计量单位。如人口按"人"，饭店按"家"，汽车按"辆"计量等。

（2）度量衡单位。度量衡单位，即按照统一的度量衡制度的规定来度量事物数量的一种计量单位。如丝绸以"米"，钢材以"吨"，房屋面积以"平方米"为计量单位等。

（3）标准实物单位。标准实物单位，即在同一性质或同一用途的对象中，以对象之一为标准，按照统一折算的标准来度量被研究现象的一种计量单位。例如，能源统计以标准燃料每千克发热量为 7 000 大卡为标准单位。

计量单位可以单独使用，有时为了充分表明实物的数量，也可以采用复合计量单位，即将两种计量单位结合使用。如货物周转量按吨/千米为单位计算等。

2. 货币单位

货币单位，是指以货币作为价值尺度来度量社会财富或劳动成果的一种计量单位，也称价值单位。以货币单位计量社会经济现象的各种总量指标称为价值指标。如工资总额、社会商品零售总额、旅游外汇收入等，都是以货币计量的，都是价值指标。

货币计量单位的重要作用之一就在于，它可以使不能直接相加的指标过渡到能够加总，以便综合地说明具有不同使用价值的产品总量或商品销售量等现象的总规模、总水平、总速度。但是，关于价格因素对总量指标的影响，也应该加以注意。

3. 劳动单位

劳动单位是以劳动时间表示的一种计量单位，如用工时、工日等表示工人的工作量，用课时表示教师的工作量，用学时表示学生的选课量，等等。劳动单位也是一种复合单位。用劳动单位表示的总量指标，统计上称为劳动量或工作量指标。

第二节 旅游相对指标

一、相对指标的概念与作用

（一）相对指标的概念

相对指标，就是根据现象之间的客观联系，将两个有关的数值进行对比，从而反映现象数量上的差异或变化。在实际工作中，无论我们要比较现象的数量多少、力量的强弱，还是要评价生产效率的高低、质量的好坏，或是要反映现象变化的程度、现象之间的关系，都离不开对比分析。在各种数量分析方法中，相对指标分析方法是最简单的，但也是应用最广泛的统计分析方法。

相对指标是两个有联系的指标数值对比的比率。大多数相对指标是由具有相同计量单位的两个同类数值相除求得的，用无名数表示。无名数是一种抽象化的、无量纲的数，有系数、倍数、成数、百分数、千分数。

系数和倍数是将对比的基数抽象为 1 而计算的相对指标，习惯上当分子和分母的值相差不大时，将其称之为系数；如果分子的数值与分母相差较大时，则称之为倍数。成数是将对比的基数抽象为 10。将对比的基数抽象为 100，称为百分数。千分数是将基数抽象为 1 000，当分子比分母小得多时用千分数表示。如人口出生率、死亡率就是用千分数表示的。

大多数相对指标用无名数表示，但有个别相对指标是用名数表示的，而且是复名数，即以分子、分母的计量单位共同构成的计量单位表示，如人口密度用"人/平方千米"表示，商业网的密度用"个/万人"表示。

在实际工作中经常用百分点、千分点等，它与百分数、千分数等的含义是不同的。在对比分析中将两个百分数或千分数之差称为百分点或千分点。也就是说，百分点（或千分点）说明的是以百分数（或千分数）形式表示的两个相对指标相差的幅度。例如，某年年末城镇登记失业率由上年的 4.1% 降为 4.05%，即可说下降了 0.05 个百分点；某年中国人民银行决定下调金融机构人民币贷款和存款基准利率，金融机构一年期贷款基准利率由 5.6% 下调至 5.1%，下调 0.5 个百分点，一年期存款基准利率下调 0.25 个百分点至 2.50%。

（二）相对指标的作用

（1）相对指标可以反映现象之间或现象内部的数量对比关系。例如，我国 2021 年的国内生产总值（按当年价计算）是 114.92 万亿元，如果将这一数值与 2020 年的 101.35 万亿元对比，就可以反映出 2021 年国民经济快速增长的情况。计算国内生产总值中各产业所占的比重，可以分析我国产业结构是否合理等。

（2）相对指标可以使一些不能直接对比的现象能够进行比较。例如，2020 年世界各国 GDP 排名，中国的统计数据显示中国 GDP 为 14.72 万亿美元，位居第二；而我们的人均国内生产总值只有 1.04 万美元，排在世界第 63 位，用人均国内生产总值这一相对指标更具有可比性。又如，用利润总额指标对两个不同行业、规模的企业的经济效益高低进行比较，就缺乏可比性，因为利润总额是个总量指标，要受企业规模大小等的影响，若将利润总额与投入的总成本对比、与资金占用额进行比较，则两个企业的总成本利润率、资金利润率就可以作为评价经济效益的依据了。

（3）相对指标是进行宏观调控和企业经营管理的重要工具。国民经济中有许多重要的比率关系，如速度、比例、效益等，都要通过相对指标来进行分析；一个企业生产质量的高低、经济效益的好坏也要用许多相对指标来反映。

二、相对指标的种类

在社会经济活动分析中，运用相对指标来进行对比分析的方法很多。根据分析目的和比较基准的不同来划分，对比分析主要有下述几种常用方法：

（一）结构相对指标

结构相对指标是在统计分组的基础上，利用总体的部分数值与总体的全部数值的对比，来反映社会经济现象的内部结构以及分布状况。结构相对指标通常也称为比重或占比，其计算公式为

$$结构相对指标 = \frac{总体中的部分数值}{总体的全部数值} \times 100\% \tag{4.1}$$

结构相对指标必须在分组的基础上计算，各组的结构相对指标之和为100%。

结构相对指标的主要作用是反映总体内部结构和分布状况。不同的总体结构决定了总体的性质和类型。在宏观经济分析中还可以根据一个国家、地区人口的年龄结构反映人口再生产的类型是增长型、稳定型还是减少型；计算企业各个文化程度的职工占全部职工的比重，可以分析企业职工的文化程度构成，反映员工素质。此外，结构相对指标能反映对人力、物力、财力的利用程度及生产经营效果的好坏。例如，旅游企业对成本构成进行分析，有利于发现成本项目中的薄弱环节，以便采取改进措施，降低成本。又如，旅游企业中的工时利用率、设备利用率等一些利用率指标以及客房入住率、职工流动率等，均是利用结构相对指标反映的。

【例4-1】某旅游纪念品总成本30元，其中，直接材料费15元，人工费用9元，制造费用6元，则：

直接材料占全部总成本的比重 = 15/30×100% = 50%

人工费用占全部总成本的比重 = 9/30×100% = 30%

制造费用占全部总成本的比重 = 6/30×100% = 20%

由上可见，此旅游纪念品的成本构成中直接材料费占极大的比重，其次为人工费用，制造费用所占比重最小。

（二）比例相对指标

比例相对指标是在总体分组的基础上，各组成部分之间的数量对比的比值，反映总体内部的比例关系（结构性的比例）。其计算公式是：

$$比例相对指标 = \frac{总体中某一部分的数值}{总体中另一部分的数值} \times 100\% \tag{4.2}$$

在社会经济活动分析中经常利用比例相对指标来分析一些重要的比例关系。如人口性别比例、农轻重的比例、投资和消费的比例、企业职工中生产工人与管理人员的比例等。比如2019年外国人入境游客共4 911.36万人次，其中男性外国人入境游客2 881.29万人次，女性外国人入境游客2 030.07万人次，外国人入境游客人次男、女性别比例为141.93∶100。

比例相对指标所反映的是一种结构性比例关系。因而比例相对指标与结构相对指标的作用基本相同，总体内部的结构合理，则各个部分的比例也就恰当。

（三）比较相对指标

比较相对指标是将同一时间同一现象在不同单位、地区或国家的指标数值进行对比的比值，可以反映同类现象在不同空间的差异程度和现象发展的不平衡程度。其计算公式是：

$$比较相对指标 = \frac{甲空间某类现象的数值}{乙空间某类现象的数值} \times 100\% \tag{4.3}$$

比较相对指标可用倍数表示，也可用百分数表示。该指标的分子和分母可以互换。例如，2018年我国入境游客中日本入境游客为269.14万人次，泰国入境游客为83.34万人次，日本入境游客人次为泰国入境游客人次的3.23倍。

进行比较分析时，对比的标准根据不同的研究目的和要求来确定。如将中国与美国、俄罗斯各年的 GDP 进行比较，说明三个国家经济实力的差距。又如，在微观分析中，常常与同类企业实际数、本行业国际（内）先进水平对比，以发现本企业与其他企业、与先进水平的差距比较分析可以找差距、挖潜力、定措施，为企业提高经营管理水平提供依据。

（四）强度相对指标

强度相对指标是两个不同性质而有联系的指标数值对比的比值，用以反映现象的强度、密度、普遍程度及经济效益，其计算公式是：

$$强度相对指标 = \frac{某一现象的数值}{另一有联系现象的数值} \tag{4.4}$$

强度相对指标主要用于以下方面：

（1）反映一个国家、地区、部门的经济实力的强弱。如将一些经济总量与人口数对比，计算的人均国内生产总值、人均钢产量、人均粮食产量等。

（2）反映现象的密度、普遍程度和社会服务程度，如人口密度（人口数/土地面积）、商业网的密度（零售商业机构数/地区人口数）、医院（或病床）的密度（医院数或病床数/地区人口数）等。

（3）反映经济效益的高低。例如，资金利税率（利税总额/平均资金占用额）、商品流转次数（商品销售额/同期商品平均库存额）、投资效果系数（一定时期的产出增加额/引起这一增加的投资额）等。

此外，强度相对指标还可以用于反映现象之间相互依存和关联的程度。如外贸依存度（对外贸易总额与 GDP 之比）、金融相关度、能源消耗的弹性系数（能源消耗的增长率与国内生产总值增长率之比）等。

由于强度相对指标是两个不同性质的现象的数值对比的比值，因此有些强度相对指标用复合单位表示，例如人口密度用"人/平方千米"表示，也有一些强度相对指标用百分数或千分数表示，如资金利税率、商品流通费用率用百分数表示，人口死亡率用千分数表示。

有的强度相对指标的分子和分母可以互换，由此有正指标和逆指标之分。如医院数与人口数（万人）之比是正指标，说明每万人拥有的医院数，数值越大表明医疗保健程度越高；人口数与医院数之比则是逆指标，说明每个医院服务的人数，数值越小表明医疗保健程度越高。

【例 4-2】某年我国入境旅游人数为 12 494.21 万人，则人口密度计算如下：

$$人口密度 = \frac{12\ 494.21\ 万人}{960\ 万平方千米} = 13(人 / 平方千米)$$

有些强度相对指标含有"平均"的字样，但究其性质，强度相对指标与统计平均数是有区别的。

（五）动态相对指标

动态相对指标是不同时间、同一空间的同一现象的数值对比，可以反映现象发展变化的相对程度（发展速度）。其计算公式为

$$动态相对指标 = \frac{报告期水平}{基期水平} \times 100\% \tag{4.5}$$

作为比较标准的时期称为基期，所研究的时期称为报告期。

【例4-3】2021年我国国内旅游总花费为29 190.7亿元，2021年国内旅游总花费为22 286.3亿元，2020年为上年的130.98%，即比上年增长30.98%。

进行动态分析时，根据统计研究任务和所要说明的问题不同，可以选择不同的基期，既可以选择报告期的前一期为基期，也可以选择上年同期或某一特定时期为基期。

（六）计划完成程度相对指标

（1）计划完成程度相对指标是实际完成数与计划任务数对比的比值，是检查计划完成情况的指标。其计算公式为

$$计划完成相对指标 = \frac{实际完成数}{计划任务数} \times 100\% \tag{4.6}$$

用这个公式计算出来的相对指标，表示计划的完成程度，而子项数值减母项数值的差额（正或负）则表明执行计划的绝对效果。

（2）计划完成程度相对指标的计算。计划指标是计划完成程度相对指标的基数，因为计划指标既有可能是总量指标，也有可能是相对指标或平均指标，所以在具体计算时，要根据情况采用不同的方法。

①根据总量指标计算计划完成程度相对指标。计划完成程度相对指标的计算公式如上式。

【例4-4】银杏标准酒店某年计划餐饮收入为1 000万元，实际完成1 100万元，则：

计划完成程度相对指标=1 100/1 000×100%=110%

超额的绝对值=1 100-1 000=100（万元）

计算结果酒店超额10%完成增加值计划，超值100万元。

②在实际工作中，计划任务有时是用计划提高或降低百分比的形式来表示的，其计算公式为

$$计划完成相对指标 = \frac{实际为基期的百分数}{计划为基期的百分数} \tag{4.7}$$

有些计划任务数是以年实际数提高或降低多少的相对指标表示的，如劳动生产率提高率、成本降低率、原材料利用率或降低率等。对于这种增长率或降低率计划，可用公式说明如下：

$$计划完成相对指标 = \frac{1 + 实际增长率}{1 + 计划增长率} \tag{4.8}$$

$$计划完成相对指标 = \frac{1 - 实际降低率}{1 - 计划降低率} \tag{4.9}$$

【例4-5】银杏标准酒店计划劳动生产率比上年提高5%，实际提高7%，则酒店劳动生产率的计划完成程度指标为

计划完成程度相对指标=（1+7%）/（1+5%）×100%=101.90%

计算结果表明，劳动生产率比计划超额完成1.90%

【例4-6】银杏标准酒店的某种菜品，本年度计划单位成本降低2%，实际降低3%，则酒店成本降低率计划完成程度相对指标为

计划完成程度相对指标 = （1-3%）/（1-2%）×100% = 98.98%

计算结果表明，成本降低率比计划多完成 1.02%

③根据平均指标计算计划完成相对指标。其计算公式为

$$计划完成相对指标 = \frac{实际平均数}{计划平均数} \times 100\% \qquad (4.10)$$

此公式可以用来检查单位成本计划完成情况、平均工资计划完成情况等。

【例 4-7】银杏标准酒店某月客房工作量，计划每人每日平均整理 20 间客房，实际每人每日平均工作量为 25 间，则：

劳动生产率计划完成相对指标 = 25/20×100% = 125%

计算结果表明，该酒店实际劳动生产率超额 25% 完成了计划任务。

三、计算和应用相对数的原则

为了正确反映现象之间的数量对比关系和差异程度，根据对比分析的结果作出正确的判断，在进行对比分析时应遵循以下原则：

（一）正确选择对比标准

对比标准也就是对比的基础。对比标准的选择，取决于具体的研究目的和所研究现象的性质特点。进行横向对比分析时，对比的基础可以是平均水平、先进水平或国家制定的有关标准；进行纵向对比分析时，所选择的基期可以是报告期的前一期，也可以是某一特定时间，例如，要反映我国改革开放的成就，通常以 1978 年为基期。对比标准如果选择不当，就会失去对比分析的作用，甚至歪曲事实真相。

（二）保证对比指标的可比性

进行对比分析时，两个对比的数值要具有可比性。可比性涉及多个方面，主要有：

1. 经济内容和计算口径要可比

统计数值是客观事物的数量反映，具有质的规定性。将不同空间或时间的同类数值进行对比分析时，要考虑经济内容和计算口径是否一致。如果经济内容不同，即使名称相同，也不能比较。计算口径不同，数值的大小就有差异。例如劳动生产率可按总产值或增加值计算，要将两个企业的劳动生产率进行对比，分析其差距，则两个企业的劳动生产率应该按相同的口径计算才能够比较。

2. 总体范围要可比

总量指标的大小和总体范围有关。将两个不同时间的数值进行对比分析时，如果现象的范围发生了变化，就应该将数值进行调整后再比较。例如，要分析某个地区的粮食产量的变化情况，如果该地区的总体范围发生了变化，就应该将数值进行调整后才进行对比分析。

3. 所属的时间要可比

总量指标有时期数值和时点数值之分。由于时期数值的大小与时间长短有直接的关系，因此经常要求对比的数值时间长短应该一致。对于时点数值，虽然其数值大小与时间间隔长短没有直接的关系，但各个数值间隔的时间长短最好一致。

由于社会经济现象复杂多样，对比分析的任务和目的不同，对比分析的可比性具有一定的相对性，不能机械化、绝对化。例如，进行动态对比分析时，报告期与基期

的时间长短应该相同，才是可比的。但根据研究目的的不同，有时也可将时间长度不同的数值进行对比。因而现象是否可比，应该根据研究目的而定。

（三）相对数与绝对数结合运用

相对数是个抽象的比率，不能反映现象绝对水平上的差异。有时相对数很小，但其代表的绝对量可能很大，如我国的人口自然增长率虽然较低，但增加的人口数量却很大；有时相对数很大，但其代表的绝对量可能很小；即便两个相对数相同，但所代表的绝对水平也可能大不相同。如果仅用相对数说明问题，就很难得出全面、准确的结论。因此，在进行对比分析时，要将相对数与绝对数结合运用，既表明现象之间的数量联系和差异程度，又反映其绝对量的变化，这样才能对现象进行全面、深入的分析。

（四）多种相对数结合运用原则

各种相对数有不同的特点和用途，各自从不同的角度说明现象之间的数量联系和对比关系。要全面、深入地分析和研究问题，就必须将有关相对数结合起来，从多方面对所研究的问题进行观察和对比分析。例如，在分析一个企业的生产经营状况时，将该企业某时期的利税额和上年比较，反映其利税增长的情况；与计划利税额对比，说明其利税计划完成程度；与同行业其他企业比较，揭示其在行业中的地位等。

第三节　Excel 在旅游总量指标和相对指标计算中的应用

一、利用 Excel 计算总量指标

总量指标是统计认识的起点，是统计分析中的基础指标。利用 Excel 计算总量指标一般有以下两种情况。

计数，常用函数 COUNT 或 COUNTIF 来实现。COUNT 函数用于计算指定单元格区域中包含数字以及包含参数列表中数字的单元格的个数。COUNTIF 函数用于计算指定单元格区域中满足给定条件的单元格的个数。

求和，常用函数 SUM 或 SUMIF 来实现。SUM 函数用于计算指定单元格区域中所有数字的总和。SUMIF 函数用于根据指定条件对若干单元格求和。其语法格式为

SUMIF（range，criteria，sum_ range）

其中，range 为用于条件判断的单元格区域；criteria 为确定哪些单元格将被相加求和的条件，其形式可以为数字、表达式或文本；sum_ range 是需要求和的实际单元格。

根据图 4-1 中数据所要计算的总量指标如表 4-1 中的第一列所示，中间一列为所用函数的语法。运用这些函数时要注意：选定输出单元格后，在公式编辑栏中必须先输入等号（＝），再输入相应的函数语法（或单击 f_x 按钮，选择所需函数名后再按函数对话框提示输入指定区域等参数），按 Enter 键后在事先选定的单元格中就会显示出相应的计算结果。读者可以自己验证这些计算结果，从而掌握在大量数据条件下利用上述函数功能计算总量指标的操作方法。

现以图 4-1 中简单的数据为例说明上述函数的实际运用。

	A	B	C
1	银杏标准酒店某月采购次数		
2	供应商	级别	采购次数
3	供应商1	A	5
4	供应商2	B	3
5	供应商3	C	1
6	供应商4	A	3
7	供应商5	A	4
8	供应商6	B	2
9	供应商7	A	7
10	供应商8		1
11	供应商9	A	5
12	供应商10		1

图 4-1 银杏标准酒店某月采购次数

表 4-1 运用计数与求和函数的示例

指标含义	函数语法	计算结果
一共有多少个供应商	COUNT（C3：C12）	10
级别为 A 的供应商个数	COUNTIF（B3：B12,"A"）	5
级别为 B 的供应商个数	COUNTIF（B3：B12,"B"）	2
级别为 C 的供应商个数	COUNTIF（B3：B12,"C"）	1
级别为空的供应商个数	COUNTBLANK（B3：B12）	2
本月一共采购了多少次	SUM（C3：C12）	32
采购了级别为 A 的供应商多少次	SUMIF（B3：B12,"A"，C3：C12）	24
采购了级别为 B 的供应商多少次	SUMIF（B3：B12,"B"，C3：C12）	5
采购了级别为 C 的供应商多少次	SUMIF（B3：B12,"C"，C3：C12）	1
采购了级别为空的供应商多少次	SUMIF（B3：B12,""，C3：C12）	2

二、利用 Excel 计算相对指标

计算相对指标是统计分析中最简单的计算，也是最常用的计算。使用 Excel 计算相对指标，最常用的功能就是 Excel 的公式及公式复制。

下面以图 4-2 中的所占比重（%）、增长率为例来介绍使用 Excel 计算相对指标的具体操作方法，其余各种相对指标的计算不再赘述。

先在工作表中输入数据、将要计算的指标名称（以便清楚计算结果的含义，并且可以方便和规范地输出计算结果，或复制到 Word 文档、PPT 等类型的分析报告中），如本例中，在单元格 B2 中输入“1 月”，再用鼠标选中单元格 B2 和 C2，右击，在弹出的快捷菜单中选择“设置单元格格式”→“对齐”命令，选中“合并单元格”复选框；用鼠标选中单元格 B2 和 C2，向右将其复制到单元格 D2 和 E2，将文字改为“2 月”；在单元格 B3 中输入“金额/万元”，在单元格 C3 中输入“比重/%”，再用鼠标选

中单元格 B3 和 C3，向右将其复制到单元格 D3 和 E3。在单元格 F2 中输入"增长率/%"，再将单元格 F2 和 F2 合并。在 B4~B7 及 D4~D7 中输入原始数据之后，在单元格 C4 中输入公式"=B4/＄B＄7*100"，按 Enter 键，选定单元格 C4，用鼠标将其公式向下拖动复制至 C7，即得 1 月比重序列；同样在单元格 E4 中输入公式"=D4/＄D＄7*100"，按 Enter 键；选定单元格 E4 向下拖动复制至 E6 即得 2 月比重序列；在单元格 F4 中输入公式"=（D4−B4）/B4*100"，按 Enter 键，再选定单元格 F4 向下拖动复制至 F7，即得增长率序列，如图 4-2 所示。

	A	B	C	D	E	F
1	银杏标准酒店1、2月收入对比					
2	收入	1月		2月		增长率/%
3		金额/万元	比重/%	金额/万元	比重/%	
4	客房收入	310.60	54	345.62	59	11
5	餐饮收入	263.54	45	231.65	40	−12
6	其他收入	5.20	1	6.10	1	17
7	总收入	579.34	100	583.37	100	1

图 4-2　在 Excel 中计算相对指标

素质教育小故事

李村长的振兴乡村之路

在一个远离城市喧嚣的小山村，李村长一直致力于乡村振兴的伟大事业。他深知，要让这个村庄焕发新的生机，就必须运用科学的统计方法，精准地把握村庄的发展状况，并据此制定合理的发展策略。

李村长首先关注的是统计总量指标。他组织村民们一起，对村庄的各个方面进行了详细的统计。他们统计了村里的耕地面积、农作物产量、家禽家畜数量、村民人均收入等总量指标。通过这些数据，李村长清晰地看到了村庄的优势和短板。

在统计数据中，李村长发现村里的耕地面积虽然广阔，但农作物产量并不高，这说明村里的农业生产效率还有待提高。同时，他还发现村里的家禽家畜数量虽然不少，但村民们的收入并不高，这可能是销售渠道不畅、产品附加值低等造成的。

针对这些问题，李村长开始制定相应的发展策略。他引入了先进的农业技术，提高了农作物的产量和质量；同时，他还联系了外面的商家，拓宽了家禽家畜的销售渠道，提高了产品的附加值。

在关注总量指标的同时，李村长也没有忽视相对指标的重要性。他对比了村庄过去几年的数据，发现虽然总量指标在增长，但增长速度并不快，甚至有些指标还出现了下滑的趋势。这让他意识到，单纯追求总量的增长是不够的，还需要关注增长的质量和可持续性。

于是，李村长开始注重生态环境的保护和改善。他组织村民们一起植树造林、治理水土流失；同时，他还倡导村民们使用清洁能源、减少污染排放。这些措施不仅改善了村庄的生态环境，还为村庄的可持续发展奠定了基础。

经过几年的努力，小山村焕发出了新的生机。农作物的产量和质量都有了显著提高；家禽家畜的销售渠道更加畅通；村民们的收入也逐年增长。更重要的是，村庄的生态环境得到了极大的改善，成为一个宜居宜业的美丽乡村。

李村长深知，这一切都离不开科学的统计方法和精准的数据支撑。他将继续运用这些方法和数据，为乡村振兴事业贡献自己的力量。

章节练习

一、单选题

1. 反映社会经济现象发展总规模、总水平的综合指标是（   ）。
   A. 质量指标
   B. 总量指标
   C. 相对指标
   D. 平均指标

2. 总量指标按反映时间状况的不同，分为（   ）。
   A. 数量指标和质量指标
   B. 时期指标和时点指标
   C. 总体单位总量和总体标志总量
   D. 实物指标和价值指标

3. 总量指标是用（   ）表示的。
   A. 绝对数形式
   B. 相对数形式
   C. 平均数形式
   D. 百分比形式

4. 反映不同总体中同类指标对比的相对指标是（   ）。
   A. 结构相对指标
   B. 比较相对指标
   C. 强度相对指标
   D. 计划完成程度相对指标

5. 不属于相对指标的是（   ）。
   A. 结构相对指标
   B. 比较相对指标
   C. 强度相对指标
   D. 静态相对指标

6. 计算结构相对指标时，总体各部分数值与总体数值对比求得的比重之和

（　　　）。

  A. 小于 100%

  B. 大于 100%

  C. 等于 100%

  D. 小于或大于 100%

7. 下列相对指标中，属于不同时期对比的指标有（　　　）。

  A. 结构相对指标

  B. 动态相对指标

  C. 比较相对指标

  D. 强度相对指标

8. 我国人口中，男女人口的性别比指标是（　　　）。

  A. 比例相对指标

  B. 比较相对指标

  C. 强度相对指标

  D. 平均指标

二、多选题

1. 下列统计指标属于总量指标的是（　　　）。

  A. 工资总额

  B. 商业网点密度

  C. 商品库存量

  D. 人均国内生产总值

2. 下列统计指标属于时点指标的有（　　　）。

  A. 某地区人口数

  B. 某地区人口死亡数

  C. 某城市在校学生数

  D. 某仓库存货数

3. 下列指标中的结构相对指标是（　　　）。

  A. 国有制企业职工占总数的比重

  B. 某工业产品产量比上年增长的百分比

  C. 大学生占全部学生的比重

  D. 人口男女比例

4. 下列指标属于相对指标的是（　　　）。

  A. 某地区平均每人生活费 2 450 元

  B. 某地区人口出生率 14.3 ‰

  C. 某地区粮食总产量 4 000 万吨

  D. 某产品产量计划完成程度为 113%

5. 下列指标属于相对指标的是（　　　）。

  A. 比重

B. 比例

C. 速度

D. 总量

6. 下列指标中属于强度相对指标的是（   ）。

A. 人口密度

B. 平均每人占有粮食产量

C. 班级平均成绩

D. 人均国内生产总值

三、判断题

1. 同一个总体，时期指标值的大小与时期长短成正比，时点指标值的大小与时点间隔成反比。（   ）

2. 全国粮食总产量与全国人口对比计算的人均粮食产量是平均指标。（   ）

3. 同一总体的一部分数值与另一部分数值对比得到的相对指标是比较相对指标。（   ）

4. 某年甲、乙两地社会商品零售额之比为 1 : 3，这是一个比例相对指标。（   ）

5. 某企业生产某种产品的单位成本，计划在上年的基础上降低 2%，实际降低了 3%，则该企业没有完成计划任务。（   ）

6. 除了总量指标外，只有相对指标。（   ）

四、问答题

1. 什么是总量指标和相对指标？

2. 总量指标的计量单位有哪些？

3. 比例相对指标和比较相对指标的区别是什么？

五、计算题

1. 某企业今年计划产值比去年增长 5%，计划完成程度 108%，问今年产值比去年增长多少？

2. 某公司 A 产品本年计划降低成本 5%，实际降低了 7%，则成本降低计划超额完成程度为多少？

3. ①某企业产值计划完成 103%，实际比上年增长 5%，确定产值计划完成程度相对指标。②又知该企业产品单位成本应在上期 699 元的水平上降低 12 元，本期单位成本为 672 元，确定降低成本计划完成程度指标。

4. 某年深圳海关出口总额为 2 492 亿美元，其中工业制品出口总额为 2 237.4 亿美元，则工业制成品出口总额占海关出口总额的比重是多少？

5. 某年甲地的粮食产量为 1 264 万吨，人口为 4.02 万人；乙地粮食产量为 1 689 万吨，人口为 6.14 万人。比较两地的粮食人均产量。

6. 某企业 2018 年上半年实现净利润 1 200 万元，2019 年上半年实现净利润 1 360 万元，两年的动态相对指标是多少？

7. 某企业 5 月份计划要求销售收入比上月增长 8%，实际增长 12%，其超计划完成程度为多少？

8. 某地区人口总数中，男性 244 100 人，女性 241 275 人，求人口男女比例。

9. 我国某年对外贸易进出口额为 772 亿元，其中出口总额为 414.3 亿元，进口额为 357.7 亿元，计算出口额与进口额的比例。

10. 2018 年年末某国城乡居民储蓄存款余额为 9 110.3 亿元，2019 年年末为 7 034.2 亿元。求该国城乡居民储蓄存款余额动态相对指标。

11. 某年甲地商品住宅投资为 55 亿元，同年乙地商品住宅投资为 50 亿元，将甲地商品住宅投资与乙地商品住宅投资进行比较，计算比较相对指标。

12. 某地区 2019 年年末人数为 60 万人，商业网点有 240 个，医生数为 840 人，用商业网点计算强度相对指标和用医生人数计算强度相对指标。

13. 某地区 2019 年社会劳动者总人数为 70.1 万人，其中第一产业劳动者 11 万人，第二产业劳动者 50.1 万人，第三产业劳动者 9 万人，求该地区社会劳动者结构相对指标。

14. 某企业本月生产情况如表 4-2 所示。

表 4-2　某企业本月生产情况　　　　　　　　　　单位：万元

车间名称	计划完成	计划总产值	实际总产值
甲车间	120%	90	
乙车间	100%	80	
丙车间	80%	150	
合计			

要求：填制表中空白数据。

第五章

旅游数据分布特征的描述

■ **学习目标**

通过本章学习，了解总量分布集中趋势指标的概念和作用，掌握各种平均数的分类及计算方法；了解测定离散程度的指标及其作用；掌握集中趋势与离散程度指标的含义及计算方法；熟悉 Excel 在旅游数据分布特征中的应用。

■ **基本要求**

理解和掌握各个平均指标的作用及计算方法，掌握集中趋势与离散程度各个指标的作用及计算方法，能结合实际资料进行运用。

第一节 旅游总体分布集中趋势的测定

统计数据经过整理和显示后，数据分布的形状和特征就大致显现出来了。一般地，为了进一步描述数据分布的特征和规律，进行更深入的分析，还需要了解数据分布的集中趋势和离散趋势等。集中趋势反映的是各数据向其中心值靠拢或聚集的程度；离散程度反映了各数据远离其中心值的趋势。取得集中趋势代表值的方法是计算平均指标。

一、平均指标的概念及作用

平均指标又叫平均数，是指在同质总体内将各单位某一数量标志的差异抽象化，用以反映总体在具体条件下的一般水平。简言之，平均指标是说明同质总体内某一数量标志在一定历史条件下一般水平的综合指标。如学生的平均身高、商品的平均价格、粮食的单位面积产量等。

平均指标在统计研究中应用很广，其作用主要有以下几个方面：

通过反映变量分布的一般水平，帮助人们对研究现象的一般数量特征有一个客观的认识。例如，要了解某市居民的消费支出水平，只需要计算平均指标就可以了解基本状况。

利用平均指标可以对某一现象总体在不同时间上的发展水平进行比较，以说明这种现象发展变化的趋势或规律性。利用平均指标可以对不同空间的发展水平进行比较，消除因总体规模不同而不能直接比较的因素，以反映它们之间总体水平上存在的差距，进而分析产生差距的原因。

平均指标可作为研究和评价事物的一种数量标准或参考。在比较、评价不同总体的水平时，不能以总体中某一个体的水平为依据，而要看总体的平均水平；在研究、评价个体事物在同类事物中的水平时，也必须以总体的平均水平为依据。在各项管理工作中，各种定额多是以实际平均数为基础来制定的。

平均指标还可以用于分析现象之间的依存关系或进行数量上的估算。例如，将某城市样本居民按收入分组，计算出各组居民的平均收入与平均消费支出，就可以观察居民消费支出与收入之间的依存关系，还可以以样本居民的平均收入和平均消费支出去推算该城市居民的平均收入和平均消费支出。

二、平均指标的分类

平均数通常有两大类型：一种类型是从总体各单位变量值中抽象出具有一般水平的量，这个量不是各个单位的具体变量值，但又要反映总体各单位的一般水平，这种平均数称为数值平均数。数值平均数有算术平均数、调和平均数、几何平均数等形式。另一种类型是先将总体各单位的变量值按一定顺序排列，然后取某一位置的变量值来反映总体各单位的一般水平，把这个特殊位置上的数值看作平均数，称作位置平均数，常用的位置平均数有众数、中位数等。下面就分别介绍这几种平均数。

（一）算术平均数

算术平均数，是集中趋势测度中最重要的一种，它是所有平均数中应用最广泛的平均数。算术平均数的基本公式是：

$$算术平均数 = \bar{x} = \frac{总体标志总量}{总体单位总量} \tag{5.1}$$

在以上公式中，分子和分母在经济内容上有着从属关系。例如，旅游企业员工的工资总额就是各个员工工资额的总和，员工的平均工资必等于员工的工资总额与员工总人数之比。也就是说，在公式中，分子是分母具有的标志值，分子数值是各分母单位特征的总和，分母是分子的承担者，两者在总体范围上是一致的，这也正是平均数和强度相对数的区别所在。

强度相对数虽然也是两个有联系的总量指标之比，但它并不存在各标志值与各单位的对应问题。以此标准来衡量全国粮食产量与全国种粮农民人数之比，计算得出的农民劳动生产率指标是个平均指标；而全国粮食产量与全国人口数之比，计算得到的全国平均每人拥有的粮食产量指标是个强度相对指标。因为全国的每一个种粮农民都具有粮食产量这个标志，而全国人口中，却有很多人不具有这个标志。

在实际工作中，就手工计算而言，由于所掌握的统计资料的不同，利用上述公式进行计算时，可分为简单算术平均数和加权算术平均数两种。

1. 简单算术平均数

简单算术平均数是根据未经分组整理的原始数据计算的均值。设一组数据为 x_1，x_2，…，x_n，则简单算术平均数的计算公式如下：

$$\bar{x} = \frac{x_1 + x_2 + \cdots + x_n}{n} = \frac{\sum x}{n} \tag{5.2}$$

【例5-1】银杏标准酒店5天的销售额分别为8.32万元、9.10万元、8.56万元、7.64万元、8.98万元，则平均每日销售额为

$$\bar{x} = \frac{\sum x}{n} = \frac{8.32 + 9.10 + 8.56 + 7.64 + 8.98}{5} = \frac{42.6}{5} = 8.52(元)$$

2. 加权算术平均数

如果掌握的资料经过分组整理编成了单项数列或组距数列，并且每组次数不同，就应采用加权算术平均数的方法计算算术平均数。具体方法是：

（1）各组标志值（或者组中值）分别乘以相应的频数求得各组的标志总量，并加总得到总体标志总量；

（2）将各组的频数加总，得到总体单位总数；

（3）用总体标志总量除以总体单位总数，即得加权算术平均数。

因此，根据分组整理的数据计算的加权算术平均数的计算公式为

$$\bar{x} = \frac{x_1 f_1 + x_2 f_2 + \cdots + x_n f_n}{f_1 + f_2 + \cdots + f_n} = \frac{\sum xf}{\sum f} \tag{5.3}$$

式中：x_i 为各组变量值（组中值）；f_i 为各组变量值出现的频数；n 为组数。

【例5-2】银杏标准酒店有40个客房服务员，将他们每人每天打扫房间数，编成单项式数列，如表5-1所示。

表5-1　银杏标准酒店服务员工作量统计

按日打扫房间分组（x）	服务人数（f）	总工作量（xf）
21	2	42
22	5	110
23	7	161
24	10	240
25	8	200
26	5	130
27	3	81
合计	40	964

$$服务员平均日工作量 = \frac{\sum xf}{\sum f} = \frac{964}{40} = 24.10(间)$$

这种根据已分组整理的数据计算出的算术平均数，称为加权算术平均数。由加权算术平均数的公式可以看出，算术平均数的大小，不仅取决于各组变量（x）的大小，而且取决于各组频数（f）的大小，并受各变量值重复出现的频数（f）或频率（$f/\sum f$）大小的影响。如果某一组的频数或频率较大，说明该组的数据较多，那么该组数据的大小对算术平均数的影响就大；反之则小。可见各组频数的多少（或频率的高低）对平均的结果起着一种权衡轻重的作用，因此这一衡量变量值相对重要性的数值称为权数。

值得注意的是，这里所谓权数的大小，并不是对权数本身值的大小而言的，而是指各组单位数占总体单位数的比重，即权数系数（$f/\sum f$）。权数系数亦称为频率，很明显，它是一种结构相对数。

有些情况下，我们掌握的资料是组距式变量数列，这时，要先计算各组的组中值，将其作为各组的代表标志值进行计算。

【例5-3】银杏标准酒店50位面包师的日产量如表5-2所示，试计算平均日产量。

表5-2　银杏标准酒店面包师日产量的统计

按日产量分组/千克	面包师人数/人 f	组中值 x	xf
60 以下	4	55	220
60~70	11	65	715
70~80	15	75	1 125
80~90	12	85	1 020
90 以上	8	95	760
合计	50		3 840

$$面包师平均日产量 = \frac{\sum xf}{\sum f} = \frac{3\ 840}{50} = 76.80（千克）$$

应该指出，利用组中值作为各组代表标志值计算算术平均数，具有一定的假定性，即假定各单位标志值在组内是均匀分布的，但实际上要分布得完全均匀是不可能的，因此用组中值计算出来的算术平均数也就带有近似值的性质，与未分组的原始数据的相应结果可能会有一些偏差，在使用时应注意。

3. 利用频率计算算术平均数

当分组资料以频率的形式出现时，也可以计算算术平均数，利用频率计算的公式和直接用频数计算的公式在内容上是等同的，这时，算术平均数的公式为

$$\bar{x} = \sum x \frac{f}{\sum x} \tag{5.4}$$

【例5-4】根据表5-3资料，利用频率算出加权平均数。

表 5-3　银杏标准酒店面包师日产量的统计

按日产量分组/千克	频率/%	组中值 x	$x\dfrac{f}{\sum f}$
60 以下	8	55	4.4
60~70	22	65	14.3
70~80	30	75	22.5
80~90	24	85	20.4
90 以上	16	95	15.2
合计	100		76.8

$$面包师平均日产量 = \sum x\frac{f}{\sum x} = 76.80(千克)$$

4. 算术平均数的性质

算术平均数在统计学中具有重要的地位，它是进行统计分析和统计推断的基础。首先，从统计思想上看，它是一组数据的重心所在，是数据误差相互抵消后的必然性结果。比如对同一事物进行多次测量，若所得结果不一致，可能是测量误差造成的，也可能是其他因素的偶然影响，利用算术平均数作为其代表值，则可以使误差相互抵消，反映出事物必然性的数量特征。其次，它具有下面一些重要的数学性质，这些数学性质在实际工作中有着广泛的应用（如在相关性分析和方差分析及建立回归方程中），同时也体现了算术平均数的统计思想。

（1）各变量值与其算术平均数的离差之和等于零，即 $\sum(x - \bar{x}) = 0$ 或 $\sum(x - \bar{x})f = 0$。

（2）各变量值与其算术平均数的离差平方和最小，即 $\sum(x - \bar{x})^2 = \min$ 或 $\sum(x - \bar{x})^2 f = \min$。

（3）算术平均数与总体单位数的乘积等于总体各单位标志值的总和。这一性质说明，平均数是总体各单位标志值的代表数值，并且根据平均数与次数可以推算出总体标志总量。

（4）如果每个变量值都乘以或除以一个任意数值 A，则平均数也乘以或除以这个数 A。

算术平均数适合用代数方法运算，因此，在实践中应用很广，但有两点不足：

（1）算术平均数易受极端变量值的影响，使其代表性变小，而且受极大值的影响大于受极小值的影响。

（2）当组距数列为开口组时，由于组中值不易确定，算数平均数的代表性也不是很可靠。

（二）调和平均数

调和平均数也可以看成是变量 x 的倒数的算术平均数的倒数，故有时也被称作"倒数平均数"。

$$\bar{x} = \frac{m_1 + m_2 + \cdots + m_n}{\dfrac{m_1}{x_1} + \dfrac{m_2}{x_2} + \cdots + \dfrac{m_n}{x_n}} = \frac{\sum m}{\sum \dfrac{m}{x}} \tag{5.5}$$

在我们的现实生活中，很少遇到直接用调和平均数的地方，而在社会经济统计学中经常用到的仅是一种特定权数的加权调和平均数，一般是把它作为算术平均数的变形来使用的，而且两者计算的结果是相同的，仅计算的过程不同而已。

【例5-5】银杏标准酒店某月4批旅行团住宿费如表5-4所示，试计算某月平均每人住宿费。

表5-4　银杏标准酒店某月旅行团住宿费统计

批次	每人住宿费/元 x	总价格 m	人数
第一批	1 000	30 000	30
第二批	1 050	42 000	40
第三批	1 150	69 000	60
第四批	1 100	55 000	50
合计	—	196 000	180

$$平均每人住宿费 = \frac{\sum m}{\sum \dfrac{m}{x}} = \frac{196\,000}{180} \approx 1\,088.89(元)$$

由此可见，对于同一问题的研究，算术平均数和调和平均数的实际意义是相同的，计算公式也可以相互推算，采用哪一种方法完全取决于所掌握的实际资料。一般的情形是，如果掌握的是基本公式中的分母资料，则采用算术平均数的计算公式；如果掌握的是基本公式中的分子资料，则采用调和平均数的计算公式。调和平均数的特点有：

（1）调和平均数易受极端值的影响，且受极小值的影响比受极大值的影响更大。

（2）只要有一个变量值为零，就不能计算调和平均数。

（3）当组距数列有开口组时，其组中值即使按相邻组距计算了，假定性也很大，这时，调和平均数的代表性就很不可靠。

（4）调和平均数应用的范围较小。

（三）几何平均数

几何平均数是若干项变量值连乘积开其项数次方的算术根。当各项变量值的连乘积等于总比率或总速度时，适宜用几何平均数计算平均比率或平均速度。根据统计资料的不同，几何平均数也有简单几何平均数和加权几何平均数之分。前者适用于未分组资料，后者适用于分组数据，但常用的是简单几何平均数。

直接将 n 项变量连乘，然后对其连乘积开 n 次方根所得的平均数即为简单几何平均数。它是几何平均数的常用形式，计算公式为

$$\bar{x} = \sqrt[n]{x_1 \cdot x_2 \cdot \cdots \cdot x_n} \tag{5.6}$$

【例5-6】银杏标准酒店某菜品有前后衔接的三道工序。某日各工序产品的合格率分别为98.94%、97.68%、96.98%，整个菜品的平均合格率为

$$\bar{x} = \sqrt[3]{98.94\% \times 97.68\% \times 96.98\%} \approx 97.86\%$$

几何平均数的特点为

（1）几何平均数受极端值的影响较算术平均数小。

（2）如果变量值有负值，计算出的几何平均数就会成为负数或虚数。

（3）它仅适用于具有等比或近似等比关系的数据。

（4）几何平均数的对数是各变量值对数的算术平均数。

（四）众数

1. 众数的含义

统计上把在一组数据中出现次数最多的变量值叫做众数，用 m_0 表示。众数能直观地说明客观现象次数分布中的集中趋势。

【例5-7】银杏标准酒店有5种自助餐，某日销售情况统计如表5-5所示。

表5-5　某日销售情况统计

自助餐价格/元	销售数量/份	比重/%
98	12	6
168	96	48
248	62	31
328	24	12
408	6	3
合计	200	100

从表5-5可以看出168元的自助餐销量是最多的，所以自助餐168元就是众数。由品质数列和单项式变量数列确定众数比较容易，哪个变量值出现的次数最多，它就是众数。

若所掌握的资料是组距式数列，则只能按一定的方法来推算众数的近似值。计算公式为

$$m_0 = L + \frac{f - f_{-1}}{(f - f_{-1}) + (f - f_{+1})} \times d \tag{5.7}$$

式中：L 为众数所在组下限；f 为众数组的次数；f_{-1} 为众数前一组的次数；f_{+1} 为众数后一组的次数；d 为众数组组距。

【例5-8】表5-6是银杏标准酒店某部门某月50名职工工资统计表，试计算部门工资众数。

表5-6　50名职工工资统计表

工资分组/元	人数/人	比重/%
4 000以下	5	10.00
4 000~6 000	15	36.00
6 000~8 000	14	30.00
8 000~10 000	12	18.00

表5-6(续)

工资分组/元	人数/人	比重/%
10 000 以上	4	6.00
合计	50	100.00

$$m_o = 4\,000 + \frac{15 - 5}{(15 - 5) + (15 - 14)} \times 2\,000 \approx 5\,818.18(元)$$

从分布的角度看,众数是具有明显集中趋势点的数值,一组数据分布的最高峰点所对应的数值即为众数。当然,如果数据的分布没有明显的集中趋势或最高峰点,众数也可能不存在;如果有两个最高峰点,也可以有两个众数。只有在总体单位比较多,而且又明显地集中于某个变量值时,计算众数才有意义。

2. 众数的特点

(1) 众数是以它在所有标志值中所处的位置确定的全体单位标志值的代表值,它不受分布数列的极大或极小值的影响,从而增强了众数对分布数列的代表性。

(2) 当分组数列没有任何一组的次数占多数,也即分布数列没有明显的集中趋势,而是近似于均匀分布时,则该次数分配数列无众数。若将无众数的分布数列重新分组或各组频数依序合并,可能又会使分配数列再现出明显的集中趋势。

(3) 如果与众数组相比邻的上下两组的次数相等,则众数组的组中值就是众数值;如果与众数组比邻的上一组的次数较多,而下一组的次数较少,则众数在众数组内会偏向该组下限;如果与众数组比邻的上一组的次数较少,而下一组的次数较多,则众数在众数组内会偏向该组上限。

(4) 缺乏敏感性。这是由于众数的计算只利用了众数组的数据信息,不像数值平均数那样利用了全部数据信息。

(五) 中位数

1. 中位数的含义

中位数是将数据按大小顺序排列起来,形成一个数列,居于数列中间位置的那个数据就是中位数。中位数用 m_e 表示。

从中位数的定义可知,所研究的数据中有一半小于中位数,一半大于中位数。中位数的作用与算术平均数相近,也是作为所研究数据的代表值。在一个等差数列或一个正态分布数列中,中位数就等于算术平均数。

在数列中出现了极端变量值的情况下,用中位数作为代表值要比用算术平均数更好,因为中位数不受极端变量值的影响;如果研究目的就是反映中间水平,当然也应该用中位数。在统计数据的处理和分析时,可结合使用中位数,中位数适用于定序数据和数值型数据的集中趋势测度,但是不适用于定类数据。

2. 中位数的计算

确定中位数,必须将总体各单位的标志值按大小顺序排列,最好是编制出变量数列。这里有两种情况:

(1) 对于未分组的原始资料,首先必须将标志值按大小排序。设一组数据为:x_1,x_2,x_3,…,x_n,排序的结果为

$$x_1 \leqslant x_2 \leqslant x_3 \leqslant \cdots \leqslant x_n \tag{5.8}$$

$$中位数位置 = \frac{n+1}{2} \tag{5.9}$$

式中：n 为总体单位数。

如果总体单位数是奇数，则居于中间位置的那个单位的标志值就是中位数；如果总体单位数是偶数，则居于中间位置的两项数值的算术平均数就是中位数。

$$m_e = \begin{cases} x_{\left(\frac{n+1}{2}\right)} & n \text{ 为奇数} \\ \dfrac{x_{\left(\frac{n}{2}\right)} + x_{\left(\frac{n+1}{2}\right)}}{2} & n \text{ 为偶数} \end{cases} \tag{5.10}$$

【例5-9】银杏标准酒店有9位主厨，年龄分别为38，32，43，35，40，42，33，45，36岁，计算主厨年龄的中位数。

首先，将9位主厨的年龄排序：32，33，35，36，38，40，42，43，45。

中位数的位置 =（9+1）/2=5，则中位数 m_e =38岁。

【例5-10】接5-9例，最近又新来了一位主厨，年龄为30岁，请计算10位主厨年龄的中位数。

首先，将10位主厨的年龄排序：30，32，33，35，36，38，40，42，43，45。

中位数的位置 =（10+1）/2=5.5，则中位数 m_e =（36+38）/=37岁。

（2）由分组资料确定中位数。

由组距数列确定中位数，应先按 $\dfrac{\sum f}{2}$ 的公式求出中位数所在组的位置，然后再按上限公式确定中位数。

$$m_e = L + \frac{\dfrac{\sum f}{2} - S_{m-1}}{f_m} d \tag{5.11}$$

式中：L 为中位数所在组的下限；$\sum f$ 为总次数；S_{m-1} 为中位数组前一组的向上累计次数；f_m 为中位数组的次数；d 为中位数组的组距。

【例5-11】表5-7是银杏标准酒店某部门某月50名职工工资统计表，试计算部门工资中位数。

表5-7　50名职工工资统计

工资分组/元	人数/人	向上累计次数
4 000 以下	5	5
4 000~6 000	15	20
6 000~8 000	14	34
8 000~10 000	12	46
10 000 以上	4	50
合计	50	—

由表5-7可知，中位数的位置=50/2=25，即中位数在6 000~8 000这一组，根据公式计算：

$$m_e = 6\,000 + \frac{\dfrac{50}{2} - 20}{14} \times 2\,000 \approx 6\,714.29(元)$$

3. 中位数的特点

（1）中位数是以它在所有标志值中所处的位置确定的全体单位标志值的代表值，不受分布数列的极大或极小值影响，从而在一定程度上提高了中位数对分布数列的代表性。

（2）有些离散型变量的单项式数列，当次数分布偏态时，中位数的代表性会受到影响。

（3）缺乏敏感性。中位数不受极端值的影响，只取决于数据的中间位置。

三、众数、中位数和算术平均数的比较

众数、中位数和算术平均数三者结合还可以描述数据分布的偏斜（非对称）程度。对于呈现单峰分布特征的数据，如果数据的分布是对称的，则三者相等，即 $\bar{x} = m_e = m_o$；如果数据呈左偏（负偏）分布，数据中的极小值会使算术平均数偏向较小的一方，极小值的大小虽然不影响中位数，但其所占项数会影响数据的中间位置从而略使中位数偏小，众数则完全不受极小值大小和位置的影响，因此一般情况下，三者的关系表现为 $\bar{x} < m_e < m_o$；反之亦然，如果数据呈右偏（正偏）分布，则一般有 $m_o < m_e < \bar{x}$ 的关系。三者的关系如图5-1所示。

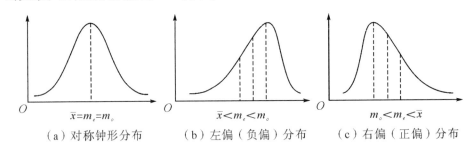

| （a）对称钟形分布 | （b）左偏（负偏）分布 | （c）右偏（正偏）分布 |

图5-1 众数、中位数与算术平均数的关系示意图

众数、中位数和算术平均数各自具有不同的特点，掌握它们之间的关系和各自的特点，有助于我们在实际应用中选择合理的测度值来描述数据的集中趋势。

众数是一种位置代表值，易理解，不受极端值的影响。任何类型的数据资料都可以计算，但主要适合于作为定类数据的集中趋势测度值；即使资料有开口组仍然能够使用众数。众数不适于进一步代数运算；有的资料根本不存在众数；当资料中包括多个众数时，很难对它进行比较和说明。

中位数也是一种位置代表值，不受极端值的影响；除了数值型数据，定序数据也可以计算，而且主要适合于作为定序数据的集中趋势测度值，而且开口组资料也不影响计算。

算术平均数的含义通俗易懂，直观清晰；全部数据都要参加运算，因此它是一个

可靠的具有代表性的量；任何一组数据都有一个平均数，而且只有一个平均数，具有优良的数学性质，是实际应用中最广泛的集中趋势测度值；最容易受极端值的影响；对于偏态分布的数据，算术平均数的代表性较差；资料有开口组时，按相邻组组距计算假定性很大，代表性降低。

第二节　旅游总体分布离散程度的测定

一、变异指标的意义和作用

（一）变异指标概念

在统计研究中，统计总体各单位标志值各不相同，我们可以运用平均指标反映变量的集中位置，但是变量值之间的差异程度不能得到反映。例如，两组变量值，在其平均数相等的条件下，其标志值的离散程度可能大不一样。同样，各种不同分组后形成的变量数列，变量值之间的集中程度也可能不大一样。描述变量值变动的大小和程度（描述变量值离散状况）的统计综合指标，称为标志变异指标。经常用到的标志变异指标有全距、四分位数、平均差、标准差和标准差系数等。

（二）标志变异指标意义

在同质总体中，总体各单位之间的标志值各不相同，统计上称之为变异。变异是形成统计研究的一个必要条件，统计研究首先将变异指标的差异抽象化，对标志值的一般水平加以抽象和概括，这就是平均指标。但是平均指标仅能综合反映总体各单位某一数量标志的共性，而不能反映其差异性，为了能反映总体各单位标志值的集中程度或离散状况，需要测定标志值分布的另一个数量特征，这就是标志变异指标。它与统计平均数是一对相互联系的对应指标，用于测量总体变量值的离中趋势，从不同侧面揭示总体各单位标志值的分布特征。

（三）标志变异指标的作用

标志变异指标在统计分析中具有重要意义，通过变量值的离散程度可以揭示统计分配数列的分配状况，进而分析变量的偏离程度对这些问题的认识，这对于正确认识社会经济现象总体特征，揭示其规律，进行科学预测和决策，有重要意义。具体来讲，其主要作用有：

1. 标志变异指标是平均数代表性好坏的评价尺度

标志的平均指标为标志的一般水平的代表值，其代表性受标志值的变异程度的影响。一般来说，总体的标志变异指标值越小，平均数的代表性就越好。

【例5-12】银杏标准酒店有甲乙两个厨房冷盘组各有8名厨师，日配制冷盘数分别如表5-8所示。

表5-8 甲、乙两厨房冷盘组厨师日配制量资料　　　　单位：盘

员工序号	1	2	3	4	5	6	7	8	合计
甲厨房	22	23	24	25	25	26	27	28	200

表5-8(续)

员工序号	1	2	3	4	5	6	7	8	合计
乙厨房	15	17	20	24	27	30	32	35	200

由表5-8计算出：

$$\overline{x}_甲 = \overline{x}_乙 = \frac{\sum x}{n} = \frac{200}{8} = 25（盘）$$

甲、乙两饭店的冷盘组厨师平均每人日配制冷盘数均是25盘，但两饭店冷盘组厨师日配制量的离散程度不同：甲饭店离散程度较小，乙饭店则要大一些。不难看出：乙厨房冷盘组厨师人均日配制量25盘的代表性不如甲厨房。因此，标志变异指标是评价平均指标代表性大小的依据。

2. 标志变异指标可用于测量经济活动变动的均衡性和稳定性

在经济活动中，一些经济变量在动态中呈现出非稳定性特征，如经济发展中出现高低起伏、前紧后松等非均衡现象，我们可以借助标志变异指标加以测定。在动态指标的离散程度分析中，如果标志变异值较小，则说明现象发展较平衡；反之，如果标志变异值较大，则说明现象发展中稳定性较差。同样，我们还可以运用离散指标测量统计总体内部构成部分的均匀性。

3. 标志变异指标可用于揭示总体变量分布的离中趋势

社会经济现象受多种因素的影响，各种因素在平均数附近正负作用而相互抵消，因此，总体的平均数揭示了总体各单位标志值的一般水平，而标志变异指标则从另一侧面揭示各变量值偏离平均数的程度。一般来讲，变异指标值越大，表明总体各标志值偏离中心点越远。标志值的离中分析，可以进一步研究标志变量的分布是否接近或偏离中心的状况，从而可以帮助我们更好地认识数列分配的规律性。

二、标志变异绝对指标

这一类标志变异指标主要用以反映标志变动的绝对程度，一般不能用于两组变量值之间离散程度大小的直接比较。

(一) 全距

全距是总体各单位标志值中的最大值与最小值之差，又称为极差，记为R，用以说明总体标志变动的总范围。一般情况下，全距值越大，说明变量值分布越分散，平均值的代表性越差。其计算公式为

$$R = X_{max} - X_{min} \tag{5.12}$$

【例5-13】银杏标准酒店本月接了8个旅行团，每个团人数分别为：25，27，30，34，35，37，39，45人，则全距为

$$R = X_{max} - X_{min} = 45 - 25 = 20（人）$$

若是开口组，则参照临近组距确定所缺的组限。

【例5-14】银杏标准酒店新员工考核成绩如表5-9所示，试算出成绩全距。

表 5-9　银杏标准酒店新员工考核成绩

按考核成绩分组/分	人数/人
60 以下	2
60~70	4
70~80	18
80~90	19
90~100	7
合计	50

先补充 60 分以下这组的下限，参考邻组组距 10 分，本组下限为 50 分，因此银杏标准酒店新员工考核成绩全距为：$R_乙 = X_{max} - X_{min} = 100 - 50 = 50$（分）

全距指标的显著特点是计算简单方便，但由于它仅考虑到两个极端变量值，不能准确反映总体各单位标志值的变异程度。

（二）平均差

平均差是总体各单位标志值与其算术平均数的离差绝对值的算术平均数，用 AD 表示。根据掌握的资料不同，平均差有两种计算方法。

简单平均差：

$$AD = \frac{\sum |x - \bar{x}|}{n} \qquad (5.13)$$

【例 5-15】接前例 5-13，平均差计算表如表 5-10 所示。

表 5-10　旅行团人数平均差计算

团人数 x	离差 $x - \bar{x}$	离差绝对值 $|x - \bar{x}|$
25	-9	9
27	-7	7
30	-4	4
34	0	0
35	1	1
37	3	3
39	5	5
45	11	11
合计	0	40

$$AD = \frac{\sum |x - \bar{x}|}{n} = \frac{40}{8} = 5（人）$$

加权平均差：

$$AD = \frac{\sum |x - \bar{x}| f}{\sum f} \qquad (5.14)$$

【例 5-16】接前例 5-14，试计算成绩平均差。其计算如表 5-11 所示。

表 5-11　成绩平均差计算表

按成绩分组/分	人数/人	x	$x-\bar{x}$	$|x-\bar{x}|$	$|x-\bar{x}|f$
60 以下	2	55	−25	25	50
60~70	4	65	−15	15	60
70~80	18	75	−5	5	90
80~90	19	85	5	5	95
90~100	7	95	15	15	105
合计	50	—	—	—	400

$$AD = \frac{\sum |x-\bar{x}|f}{\sum f} = \frac{400}{50} = 8(\text{分})$$

平均差计算简便，意义明确，且由于平均差是根据数列中所有数值计算出来的，受极端值的影响较小，所以它能够准确、全面地反映一组数值的变异程度。但计算平均差时，需对离差取绝对值，这给平均差的代数运算带来了许多不便，因而在实际运用中受到很大的限制。

（三）标准差

标准差又称为均方差，是测定标志变异程度中最主要、最常用的统计指标，是指各单位标志值与其平均数离差的平方和的算术平均数的平方根，记为 σ。它的本质是先求标志的方差，但综合指标必须是有名数，故将标志方差开方，还原为与平均数相同的有名数。根据掌握的资料不同，标准差有两种计算方法。

简单标准差：

$$\sigma = \sqrt{\frac{\sum (x-\bar{x})^2}{n}} \qquad (5.15)$$

【例 5-17】接前例 5-13，标准差计算表如表 5-12 所示。

表 5-12　旅行团人数标准差计算表

团人数 x	$x-\bar{x}$	$(x-\bar{x})^2$
25	−9	81
27	−7	49
30	−4	16
34	0	0
35	1	1
37	3	9
39	5	25
45	11	121
合计	0	302

$$\sigma = \sqrt{\frac{\sum (x - \bar{x})^2}{n}} = \sqrt{\frac{302}{8}} \approx 6.14 (人)$$

加权标准差:

$$\sigma = \sqrt{\frac{\sum (x - \bar{x})^2 f}{\sum f}} \tag{5.16}$$

【例5-18】接前例5-14,试计算成绩标准差。其计算如表5-13所示。

表5-13　成绩标准差计算表

按成绩分组/分	人数/人	x	$x - \bar{x}$	$|x - \bar{x}|$	$(x - \bar{x})^2 f$
60以下	2	55	−25	25	1 250
60~70	4	65	−15	15	900
70~80	18	75	−5	5	450
80~90	19	85	5	5	475
90~100	7	95	15	15	1 575
合计	50	—	—	—	4 650

$$\sigma = \sqrt{\frac{\sum (x - \bar{x})^2 f}{\sum f}} = \sqrt{\frac{4\ 650}{50}} \approx 9.64 (分)$$

标准差是根据全部数据计算的,反映了每个数据与其均值相比平均相差的数值,能准确地反映出数据的离散程度。因此标准差是实际应用中最广泛的离散程度测度值。

三、离散系数

上述讲到的各项标志变动的绝对指标,如平均差和标准差,其数值的大小,除了受标志值离散程度的影响,还与变量数列的平均水平的高低有关。只有在平均数相等,单位数相同的条件下,才可以直接比较不同变量值的离散程度。而在实际统计分析中,这种情况较少出现,在大多数情况下,为了对比不同平均水平的变量数列的分散程度,必须要消除平均数不等和计量单位不同的影响,这就要计算标志变异系数,通常又称为离散系数,它是以标志变异绝对指标除以其算术平均数而得到的。具体的有全距系数、平均差系数、标准差系数等,这里主要介绍标准差系数。

标准差系数是标准差与其相应的算术平均数对比而得到的比值,常以百分数表示,是统计分析中最常用的标志变异系数。其计算公式为

$$V_\sigma = \frac{\sigma}{\bar{x}} \times 100\% \tag{5.17}$$

【例5-19】接前例5-12,甲、乙两个冷盘组厨师日配制量标准差系数计算如表5-14所示。

表 5-14　甲、乙两个冷盘组厨师日配制量标准差系数计算

序号	$x_甲$	$x_甲 - \overline{x_甲}$	$(x_甲 - \overline{x_甲})^2$	$x_乙$	$x_乙 - \overline{x_乙}$	$(x_乙 - \overline{x_乙})^2$
1	22	−3	9	15	−10	100
2	23	−2	4	17	−8	64
3	24	−1	1	20	−5	25
4	25	0	0	24	−1	1
5	25	0	0	27	2	4
6	26	1	1	30	5	25
7	27	2	4	32	7	49
8	28	3	9	35	10	100
合计	200	0	28	200	0	368

$$V_{\sigma甲} = \frac{\sigma_甲}{\overline{x_甲}} \times 100\% = \frac{\sqrt{\dfrac{28}{8}}}{8} \times 100\% \approx 23.39\%$$

$$V_{\sigma乙} = \frac{\sigma_乙}{\overline{x_乙}} \times 100\% = \frac{\sqrt{\dfrac{368}{8}}}{8} \times 100\% \approx 84.78\%$$

因为 23.39%<84.78%，所以甲厨房冷盘组 8 位厨师的日配置量变动程度小，其评价指标（25 盘）的代表性强。

离散系数一般用百分数表示，适用于对比分析平均水平不同或计量单位不同的两组数据的离散程度。离散系数大的，说明数据的离散程度大，其平均数的代表性就越小；离散系数小的，说明数据的离散程度小，其平均数的代表性就越大。

第三节　Excel 在旅游数据分布特征中的应用

一、由未分组数据计算分布特征的有关指标

由未分组数据计算分布特征的有关指标的方法有两种：一种是使用 Excel 中的有关函数或输入计算公式分别去计算各个指标；另一种是利用 Excel 的"描述统计"分析工具将一系列指标一起计算出来并用一个表格显示全部计算结果。

（一）使用函数功能计算各个指标

使用 Excel 中的有关函数可分别计算出描述数据分布特征的各个指标，如用 AVERAGE 函数计算算术平均数，用 MEDIAN 函数计算中位数，用 MODE 函数计算众数，用 AVEDEV 函数计算平均差，用 STDEV 函数计算样本标准差，用 STDEVP 函数计算总体标准差，用 VAR 函数计算样本方差，用 VARP 函数计算总体方差。

这里仅以例 5-1 的数据来说明总体平均数和标准差的计算步骤：在单元格 A1 中输

入数据标志"数据"，在单元格 A2~A21 中输入各个数值；选定一个空白单元格，输入"=AVERAGE（A2：A21）"，按 Enter 键后即可在所选定的单元格中显示出总体平均数的计算结果为"32.6"；再选定一个空白单元格为总体方差的输出单元格，输入"=STDEVP（A2：A21）"，按 Enter 键后即可在所选定的单元格中显示出总体标准差的计算结果为"8.02"。

（二）使用"描述统计"分析工具

下面以随机一组数据来说明其具体操作步骤。

（1）在单元格 A1 中输入数据标志"数据"，在单元格 A2~A21 中输入各个数值。

（2）选择菜单栏中的"数据"→"数据分析"命令，在弹出的"数据分析"对话框的"分析工具"列表框中选择"描述统计"选项，单击"确定"按钮，弹出"描述统计"对话框，如图 5-2 所示。

（3）在"输入区域"数值框中输入待分析数据所在的单元格区域，本例中输入"A1：A21"（这里的单元格引用也可以使用相对引用"A1：A21"），如图 5-3 所示。

图 5-2　"描述统计"对话框

在"分组方式"下指定输入区域中的数据是按行还是按列排列，本例中选中"逐列"单选按钮。

如果输入区域的第一行（或列）中包含标志项（变量名），则选中"标志位于第一行"复选框，Excel 将在输出表第一行显示标志。如果输入区域没有标志项，则取消选中它，Excel 将自动在输出表第一行显示"行 1"。

在对话框下半部分的"输出选项"栏中指定显示和存放计算结果的位置和输出内容。通常可选中"输出区域"单选按钮并在其右侧数值框中指定显示输出结果表的起点单元格地址，本例选择的是"B2"。若要将计算结果用一个新工作表来显示，则选中"新工作表组"单选按钮，如果需要给该新工作表命名，则在右侧编辑框中输入名称。若要将计算结果用一个新工作簿来显示，则选中"新工作簿"按钮。

选中"汇总统计"复选框，输出表则会包括样本的平均值、标准误差、中位数、众数、标准差、方差、峰度值、偏度值、极差、最小值、最大值和观测数等统计指标。

选中"平均数置信度"复选框并在右侧的编辑框中指定置信度，则输出由样本均值推断出的总体均值的抽样极限误差。本例未选中此项。

选中"第 K 大（小）值"复选框，并在编辑框中指定 K 的数值，则输出表中会包含数据的第 K 大（小）值。K 的默认值为 1，等于要求输出最大值和最小值，这一要求实际上已包括在汇总统计中，所以最好选择 2 以上的数，这样得到的信息量显然更大。本例都填写 2。

（4）设置完"描述统计"对话框后，单击"确定"按钮，输出结果如图 5-3 中双细线矩形框所示。

	A	B	C
1	数据		
2	20	数据	
3	22		
4	23	平均	32.6
5	25	标准误差	1.792382
6	26	中位数	33.5
7	26	众数	26
8	27	标准差	8.015774
9	28	方差	64.25263
10	30	峰度	-0.87449
11	33	偏度	0.261635
12	34	区域	27
13	34	最小值	20
14	35	最大值	47
15	36	求和	652
16	37	观测数	20
17	39	最大(2)	46
18	40	最小(2)	22
19	44		
20	46		
21	47		

图 5-3　描述统计输出

Excel 的描述统计的输出结果分为两列，左边一列是计算的各个统计指标名称，右边一列是对应的指标数值。需要注意的是，Excel 的描述统计工具自动把数据作为样本进行处理，输出表中的标准差和方差分别指样本标准差和方差。若是总体数据，需要计算总体标准差和方差，则可分别用函数 STDEVP 和 VARP 来实现。

显然，若要计算分布特征的系列指标，使用"描述统计"分析工具比使用函数功能更为简便、快捷，而且还可以同时对多个变量（多列或多行的数据）进行计算。

二、由分组数据计算分布特征的有关指标

对于分组数据的有关指标，只能用 Excel 的公式与复制功能来实现。下面就以例 5-18 的数据来说明有关指标的具体计算操作。

（1）输入数据，如图 5-4 的 A、B、C 列的 1~7 行所示。

（2）算术平均数的计算。在单元格 D1 中输入符号"xf"（用以提示 D 列的数值是各组组中值 x 与权数 f 的乘积），在单元格 D2 中输入公式"=C2*B2"，按 Enter 键后将单元格 D2 的公式向下复制到 D6，在单元格 D7 中输入公式"=SUM（D2：D6）"（或单击自动求和图标），按 Enter 键后计算算术平均数所需的分子的数值（本例中为 4 000）就显示在单元格 D7 中。在单元格 A9 中输入"算术平均数"，在单元格 B9 中输入公式"=D7/B7"，按 Enter 键后单元格 B9 中显示的数值（80）就是所求的算术平均数。

（3）平均差的计算。在单元格 E1 中输入"加权的离差绝对值"（用以提示 E 列所计算的是 $|x-\bar{x}|f$），在单元格 E2 中输入公式"=ABS（C2-\$ B \$ 9）*B2"，按 Enter 键后将单元格 E2 的公式向下复制到单元格 E6，在单元格 E7 中输入公式"=SUM（E2：E6）"，按 Enter 键后计算平均差所需的分子的数值（400）就显示在单元格 E7 中。在单元格 A10 中输入"平均差"，在单元格 B10 中输入公式"=E7/B7"，按 Enter 键后单元格 B10 中显示的数值（8）就是所求的平均差。

（4）方差的计算。在单元格 F1 中输入"加权的离差平方"［用以提示 F 列所计算的是 $(x-\bar{x})^2 f$］，在单元格 F2 中输入公式"=（C2-\$ B \$ 9）^2*B2"，按 Enter 键后将单元格 F2 的公式向下复制到单元格 F6，在单元格 F7 中输入公式"=SUM（F2：F6）"，按 Enter 键后在单元格 F7 中显示计算方差所需的分子的数值（4 650）。在单元格 A11 中输入"方差"，在单元格 B11 中输入公式"=F7/B7"，按 Enter 键即可在单元格 B11 中得到所求方差的数值（本例中为 93）。

（5）标准差的计算。由于标准差等于方差的平方根，所以在单元格 A12 中输入"标准差"，在单元格 B12 中输入公式"=B11^0.5"或"=SQRT（B11）"，按 Enter 键即可在单元格 B12 中得到所求标准差的数值（本例中为 9.64）。

计算上述指标的中间数据和最终计算结果，如图 5-4 所示。

	A	B	C	D	E	F
1	按成绩分组（分）	人数（人）	组中值 x	xf	$\lvert x-\bar{x}\rvert f$	$(x-\bar{x})^2 f$
2	60以下	2	55	110	50	1250
3	60—70	4	65	260	60	900
4	70—80	18	75	1350	90	450
5	80—90	19	85	1615	95	475
6	90—100	7	95	665	105	1575
7	合计	50	-	4000	400	4650
8						
9	算术平均数	80				
10	平均差	8				
11	方差	93				
12	标准差	9.64				

图 5-4　由分组数据计算的分布特征有关指标

素质教育小故事

数据之光，照亮民族复兴之路

在当今这个数据爆炸的时代，数据分布特征不仅是科学研究的重要工具，而且是推动社会进步、实现中华民族伟大复兴的关键因素。今天，我想通过一个思政故事，来探讨这两者之间的紧密联系。

一位名叫陈贤的年轻数据分析师，他毕业于国内顶尖的理工大学，怀揣着对数据的热爱和对国家的责任，选择了留在国内，为国家的发展贡献自己的力量。

陈贤所在的公司是一家专注于智慧城市建设的科技企业。他们通过收集和分析城市各个领域的数据，为政府提供决策支持，帮助城市实现更高效、更智能的管理。然而，数据的复杂性和多样性使得分析工作充满了挑战。

陈贤深知，要准确把握数据的分布特征，就需要深入了解数据的来源、背景和意义。于是，他深入基层，与各行各业的人交流，了解他们的需求和问题。他发现，许多看似杂乱无章的数据背后，都隐藏着城市发展的规律和问题。

在一次重要的城市规划项目中，陈贤和他的团队通过分析人口分布、交通流量、能源消耗等数据，发现了城市发展的不平衡问题。他们发现，一些地区虽然人口密集、交通繁忙，但公共设施和资源配置却相对滞后。这不仅影响了市民的生活质量，也制约了城市的整体发展。

陈贤和他的团队迅速将这一发现报告给了政府。政府高度重视，迅速启动了相关规划和改进措施。他们加大了对这些地区的投入，优化了公共设施和资源配置，提高了市民的生活质量。同时，政府还利用数据分析的结果，优化了城市的发展规划，推动了城市的全面进步。

陈贤和他的故事只是众多数据分析师们为实现中华民族伟大复兴而努力的一个缩影。他们用自己的专业知识和智慧，为国家的发展贡献着力量。他们深知，只有深入了解数据的分布特征，才能准确把握社会发展的脉搏，为国家的未来提供有力的支持。

在未来的日子里，让我们携手共进，用数据的力量照亮民族复兴之路！

章节练习

一、单选题

1. 计算平均指标最常用的方法和最基本的形式是（　　）。

   A. 中位数

   B. 众数

   C. 算术平均数

   D. 调和平均数

2. 在什么条件下，简单算术平均数和加权算术平均数计算结果相同（　　　）。

    A. 权数不等

    B. 权数相等

    C. 变量值相同

    D. 变量值不同

3. 算术平均数的基本形式是（　　　）。

    A. 同一总体不同部分对比

    B. 总体的部分数值与总体数值对比

    C. 总体单位数量标志值之和与总体单位总数对比

    D. 不同总体两个有联系的指标数值对比

4. 用标准差比较分析两个同类总体平均指标的代表性的前提条件是（　　　）。

    A. 两个总体的标准差应相等

    B. 两个总体的平均数应相等

    C. 两个总体的单位数应相等

    D. 两个总体的离差之和应相等

5. 甲、乙两数列的平均数分别为 100 和 10，它们的标准差为 12 和 2，则（　　　）。

    A. 甲数列平均数的代表性高于乙数列

    B. 乙数列平均数的代表性高于甲数列

    C. 两数列平均数的代表性相同

    D. 两数列平均数的代表性无法比较

6. 对于右偏分布，平均数、中位数和众数之间的关系为（　　　）。

    A. 众数<平均数<中位数

    B. 平均数<中位数<众数

    C. 中位数<众数<平均数

    D. 众数<中位数<平均数

二、多选题

1. 位置平均数包括（　　　）。

    A. 算术平均数

    B. 调和平均数

    C. 众数

    D. 中位数

2. 下列属于对均值描述的有（　　　）。

    A. 可用来度量定性数据和定量数据的集中趋势

    B. 一组数据的均衡点所在

    C. 易受极端值的影响

    D. 可能出现几个均值

3. 下列属于对数据极差描述的有（　　　）。

    A. 一组数据的最大值与最小值之差

B. 离散程度的最简单测量值

C. 易受极端值的影响

D. 未考虑数据的分布

4. 离散系数包括（　　　）。

A. 极差系数

B. 平均差系数

C. 标准差系数

D. 方差系数

5. 标准差（　　　）。

A. 表明总体单位标志值的一般水平

B. 反映总体单位的一般水平

C. 反映总体单位标志值的离散程度

D. 反映总体分布的离中趋势

三、判断题

1. 非对称左偏分布情形下：$m_o < m_e < \bar{x}$。

2. 中位数与众数都是位置平均数，因此用这两个指标反映现象的一般水平缺乏代表性。

3. 算术平均数、中位数、众数均受极端值影响。

4. 利用变异指标比较两总体平均数的代表性时，标准差系数越小，则说明平均数的代表性越小。

5. 标志变异指标数值越大，说明总体中各单位标志值的变异程度越高，则平均指标的代表性越小。

四、简答题

1. 强度相对指标与平均指标有什么区别？

2. 算术平均数、中位数、众数三者有什么关系？

五、计算题

1. 设某笔为期15年的投资按复利计算收益，前6年的年利率为8%，中间4年的年利率为7%，最后5年的年利率为6%，则整个投资期的年平均利率为多少？

2. 计算表5-15的中位数和众数。

表5-15　学生成绩

学生成绩表	
分数段	人数
60以下	3
60~70	15

表5-15(续)

70~80	18
80~90	14
90~100	5
合计	55

3. 工人日产量资料如表5-16所示。计算平均每个工人的日产量和标准差。

表5-16　工人日产量资料

日产量/件	工人数/人
15	15
25	38
35	34
45	13

4. 计算表5-17中成本的平均数、平均差、标准差。

表5-17　成本资料

按成本分组/分	数量/个
600~700	20
700~800	30
800~900	22
900~1 000	18
1 000 以上	10
合计	100

5. 某种品种水稻在大田栽培，其平均穗粒数为44.6，标准差为17.9；在丰产田栽培，平均穗粒数为65，标准差为18.3，请问哪种田栽植水稻变异系数大？

第六章

抽样估计

■ **学习目标**

通过本章学习，理解抽样估计的概念，了解抽样误差的含义及影响因素；掌握抽样误差的测试方法；掌握点估计和区间估计的方法以及样本容量的确定方法；熟悉 Excel 在抽样估计中的运用并正确理解输出结果。

■ **基本要求**

理解和掌握抽样估计的概念、特点，抽样误差的含义、计算方法，抽样估计的置信度，推断总体参数的方法，能结合实际资料进行抽样估计。

第一节　抽样估计概述

统计学是一门搜集、整理和分析统计数据的方法科学，其目的是探索数据的内在规律性，以达到对客观事物的科学认识。统计分析数据所用的方法大体上可分为描述统计和推断统计两大类。描述统计（descriptive statistics）研究如何取得客观现象的数据，如何用图表形式对数据进行处理和展示，如何通过对数据的汇总、概括与分析得出所关心的数据的特征，其内容包括统计数据的搜集方法、数据的加工处理方法、数据的显示方法、数据分布特征的概括与分析方法等。本书前几章内容即描述统计方法。推断统计（inferential statistics）则是研究如何根据样本数据来推断总体数量特征的统计学方法。这是统计工作中经常遇到的问题。比如，某省政府部门欲了解全省农民收入的平均水平。该省辖区面积辽阔，人口众多，若采用普查，工作量及调查费用将十分庞大。一个可行的办法是：在全省抽取部分农户（可能只是所有农户中很少的一部分）进行调查，根据对这部分农户调查所得的收入资料去推断全省农民收入的平均水平。

再如，某地为加强水质监测，需要考察河水中某种污染物是否超标。显然对河水进行全部检验是不可能的，只能从河水中的某一个（或某几个）地点定时取样进行检验，根据检验结果推断河水中的污染物是否超标。再比如，某水泥厂加强产品质量控制和管理，需考察水泥标号是否达到规定标准，其方法是将水泥做成试块进行耐压试验。由于这是一种破坏性试验，显然不能把全部水泥都做成试块，只能从中抽取部分进行试验，来推断全部水泥的质量。

从上面的例子可以看出，在很多统计问题中，或者因为人力、物力、财力或时间所限，或者因为总体为无限总体，或者因为数据收集本身带有破坏性，无法（或不必要）收集全面数据，所以只能抽取一部分单位收集相应的数据信息，依据这部分数据对所研究对象的总体数量特征进行推断，这就是推断统计学要研究的内容，也被称为统计推断或抽样估计。

一、抽样估计的概念和特点

抽样估计是在抽样调查的基础上，用样本的实际资料计算样本指标，并据此估计或推算总体相应数量特征的一种统计推断方法。抽样估计的应用在日常生活中很常见。例如，在决定购买食品之前取一点尝尝味道；又如，医生通过化验从病人手指上取得的一滴血液，为诊断病情提供依据；再如，为了解某节目的收视率情况，从全体居民中抽取一部分出来进行调查，并据此推断全体居民的收视率等。

抽样估计的特点主要表现在以下几个方面：

第一，抽样估计的前提是按照随机原则从总体中抽取样本单位。抽样估计在选取调查单位时完全不受人的主观意识的影响，保证了样本变量是随机变量，使抽出的样本对总体具有足够的代表性。

第二，抽样估计的目的是由部分单位的数据推断总体的数量特征。抽样调查是一种非全面调查，通过调查可以得到总体中一部分（通常是很小一部分）单位的情况，但这并不是目的，抽样估计是利用这部分信息来估计总体的有关信息，即用样本指标来推断相应的总体指标。

第三，抽样误差可以事先计算并加以控制。在抽样估计中，用样本指标去估计相应的总体指标是有误差的，这一点与其他非全面调查并没有什么区别，但不同的是，抽样误差的范围可以事先通过有关资料加以计算，并采取一定的措施加以控制，从而保证抽样估计的结果达到一定的可靠程度，这是任何其他估算办法都办不到的。

第四，抽样估计方法是基于概率的一种统计推断方法。由于抽样估计依据的是一次随机抽样所得的样本，因此抽样估计结果必然具有不确定性，估计结果总是与一定的概率相联系。抽样估计不仅要推断出总体指标的数值，还要说明这种推断的可靠性。

二、抽样估计的理论基础

在自然界和社会生活中，人们观察到的现象大致可以分为两类：一类是确定性现象，如在一个大气压下，水在100℃时会沸腾；某种商品的销售额，必然等于该商品的销售量乘以平均的销售价格。另一类是偶然性现象或随机现象，如向上抛掷一枚硬币，其结果可能是正面向上，也可能是反面向上；商场里的顾客数，在每天的同一时间一般不会相同。确定性现象是容易理解的，而偶然性现象或随机现象似乎不易把握。但人们通过长期的实践活动发现：偶然性现象或随机现象并不是杂乱无章的，在随机事件的大量重复出现中，往往呈现出一种几乎必然的规律，在试验不变的条件下，重复试验多次，随机事件的频率近似于它的概率。偶然中包含着某种必然。概率论和数理统计学就是专门研究偶然现象或随机现象及其统计规律性的学科。抽样估计主要依据的是其中的大数定律和中心极限定理。

大数定律（law of large numbers）是关于大量的随机现象具有稳定性质的定律，是一种描述当试验次数很多时所呈现的概率性质的定律。但是应注意到，大数定律并不是经验规律，而是在一些附加条件上经严格证明了的定理，它是一种自然规律，因而通常不叫"定理"而叫大数"定律"。它说明如果被研究的总体是由大量的相互独立的随机因素构成的，而且每个因素对总体的影响都相对地小，那么对这些大量因素加以综合平均的结果是因素的个别影响将相互抵消，而呈现出它们共同作用的倾向，使总体具有稳定的性质。联系到抽样估计来看，大数法则证明，如果随机变量总体存在着有限的平均数和方差，则对于充分大的抽样单位数，可以有几乎趋近于 1 的概率来期望其平均数与总体平均数的绝对离差为任意小，即对于任意的正数 ε 均有

$$\lim_{n \to \infty} P(|\bar{x} - \bar{X}| < \varepsilon) = 1 \tag{6.1}$$

式中：$\bar{x}$ 为抽样平均数；$\bar{X}$ 为总体平均数；n 为抽样单位数。

这就从理论上揭示了样本与总体之间的内在联系，即随着抽样单位数的增加，抽样平均数有接近于总体平均数的趋势，或者说抽样平均数在概率上收敛于总体平均数。

大数定律论证了抽样平均数趋近于总体平均数的趋势，这为抽样估计提供了重要的依据。但是，抽样平均数和总体平均数的离差究竟有多大？离差不超过一定范围的概率有多少？这个离差的分布怎样？这些问题则要利用中心极限定理来研究。

中心极限定理，是指概率论中讨论随机变量序列部分和分布渐近于正态分布的一类定理。在自然界与生产中，一些现象受到许多相互独立的随机因素的影响，如果每个因素所产生的影响都很微小时，那么总的影响可以看作是服从正态分布的。中心极限定理是数理统计学和误差分析的理论基础，指出了大量随机变量近似服从正态分布的条件，它表明，如果总体变量存在有限的平均数和方差，那么不论这个总体变量的分布如何，随着抽样单位数 n 的增加，抽样平均数的分布都将趋近于正态分布。

三、抽样估计中的基本概念

（一）总体和样本

总体（population）是统计推断所要研究对象的全部单位组成的整体，也称母体。一般用 N 表示一个总体中包含的全部单位数。在一个总体中，各单位具有某种（或某些）相同的性质，同时，在各单位的某个（或某些）变量值之间又往往存在着差异，这些差异往往是研究的要点。

样本（sample）是总体的一部分，它是由从总体中抽取出来的部分单位所组成的整体，也称子样。一般用 n 表示一个样本中包含的总体单位数，称为样本容量。样本代表总体，是总体的一个缩影，因此，可以用样本的数量特征对总体的数量特征进行估计和推断。

在社会经济研究中，总体往往比较大，即 N 一般很大，有时可以是无限多。而样本容量 n 相对于 N 一般都比较小。通常，$n<30$ 的样本被称为小样本，$n \geqslant 30$ 的样本被称为大样本。根据数理统计理论，在用样本数量特征去推断总体数量特征时，大样本与小样本在两种不同条件下，使用的推断方法有所不同。社会经济现象的抽样推断中，绝大多数采用的是大样本。

（二）总体指标和样本指标

1. 总体指标

如果想了解某地区的人均收入状况，由于不可能对每个人都进行调查，因此也就无法知道该地区真实的人均收入。这里"该地区的人均收入"就是研究的总体指标（parameter），它是对总体某特征的概括性度量。其理论公式可以根据总体中各单位的变量值或属性特征来计算，用以反映总体的数量特征。由于总体是唯一确定的，因此其总体指标也是唯一确定的。

总体指标通常是未知的，是研究需要获取的总体的某种特征值，所以总体指标是统计推断的目标量。如果只研究一个总体，所关心的总体指标通常有总体平均数、总体标准差、总体成数等。在统计中，总体指标通常用希腊字母表示，比如，总体平均数用 μ 表示，总体标准差用 σ 表示，总体成数用 P 表示。

2. 样本指标

总体指标虽然是未知的，但可以利用样本信息来推断。比如，从某地区随机抽取 500 人组成一个样本，根据这 500 人的平均收入推断该地区所有人口的平均收入。这里，"500 人的平均收入"就是一个样本指标（statistic），它是根据样本数据计算的用于推断总体特征的变量，是对样本某特征的概括性度量。

显然，样本指标是样本的函数，样本指标的取值会因样本不同而变化，因此样本指标是一个随机变量。但在抽取出一个具体的样本后，样本数据就是可以调查获知的，所以样本指标的值总是可以计算出来。

样本指标形式一般与要推断的总体指标形式相对应，通常用小写英文字母表示，比如，用于推断一个总体指标时，计算的样本指标通常有样本均值、样本方差、样本成数等，分别用 $\bar{x}$、s^2 和 p 示。

（三）抽样框与抽样单位

样本是从总体中抽取的。在从总体中抽选样本时，往往需要一个代表总体的框架。比如，要调查某地区的商业零售额，总体为该地区全部商业零售企业，通常需要一份包含该地区全部商业零售企业的名单，以便于从中抽取样本企业。这个代表总体并从中抽取样本的框架称为抽样框（sampling frame）。

很显然，抽样框代表总体，就要求其与总体要尽可能一致，否则就会产生偏差。但是，不一致往往存在。比如上例中，可选的企业名单有：工商部门登记的商业零售企业，经济普查中得到的商业零售企业等。但是，由于商业零售企业的变动频繁且往往变动幅度也较大，有的企业可能因为经营不善而倒闭或合并，又有一些新企业出现，这样就有必要对遗漏、多记或重复的单位进行调整。但这种调整仍然无法完全避免抽样框与总体的不一致。

一个好的抽样框不但应该包括全部单位的名单，在可能的条件下，还应该包括与所研究的变量相关的辅助资料，以便利用这些资料做好抽样设计，提高抽样效率。比如，上例中，除了企业名单外，可同时取得各企业的诸如净利润、投资报酬率、销售额、固定资产拥有量等指标。

抽样框的表现形式有：①一览表（名单或目录），就是将总体全部单位的名称罗列出来；②地图，调查对象与地理分布有关的时候，往往借助地图，根据地图上的自然或人工变量，比如河流、公路、自然村落、城市街区等将调查区域划分成可以进行抽样的单位；③时间抽样框，有些抽样单位是随时间推移而变化的，比如，生产流水线上的产品、街道路口的汽车流量等。往往要将这类总体按时间过程划分为若干小的时间单位进行抽样。

抽样单位是构成抽样框的基本要素，在 N 不大并且比较集中的情况下，一般是从总体单位中直接抽取若干单位形成样本，这时抽样单位与总体单位一致；抽样单位也可以是总体单位的集合，在 N 很大，抽样比较复杂时，一般不直接从总体中抽取总体单位，而是首先抽取若干总体单位的集合（比如整群抽样），或者通过几个阶段来抽取总体单位（比如多阶段抽样），这时，抽样单位即总体若干基本单位的集合。此时，抽样框就是抽样单位（而不是总体单位）的名单。

（四）抽样方法与样本可能数目

按照随机原则从总体中抽取样本单位时，按抽样的方法来分，有重置抽样和不重置抽样两种。重置抽样（sampling with replacement）又称回置抽样，其具体做法是：从总体 N 个单位中随机抽取一个容量为 n 的样本，每次从总体中抽取一个单位，观察登记后，将该单位放回总体，保持总体单位数不变，再进行下一个单位的抽取，如此反复 n 次，抽足 n 个单位。重置抽样具有这样的特点：n 次抽取可以看作 n 次独立试验，每次抽取是在完全相同的条件下进行的，因此每个单位中选或不中选的机会在各次都完全一样。但是，采用重置抽样的方法，同一单位有可能被重复抽到，从而会影响样本的代表性，抽样误差较大。尤其是整群抽样和多阶段抽样方式不宜采用这种方法。不重置抽样（sampling without replacement）又称不回置抽样，其具体做法是：从总体 N 个单位中抽取一个容量为 n 的样本，每次从总体中随机抽取一个单位，观察登记后不再放回总体，在此基础上抽取第二个单位，以此类推。因此，不重置抽样每次抽样以后，总体都会少一个单位，其 n 次抽取不是相互独立的，且每个单位中选或不中选的机会在各次是不同的。不重置抽样的每次抽一个，连续抽 n 次，相当于一次从总体中抽出 n 个单位组成样本。在不重置抽样中，每个单位只有一次被抽中的机会。因此，在 n 相同的情况下，采用不重置抽样抽选出来的样本的代表性要高于重置抽样。实际工作中，多采用不重置抽样的方法。

根据对样本的要求不同，在采用重置抽样和不重置抽样方法的基础上，又考虑顺序抽样和不考虑顺序抽样两种。考虑顺序的抽样，若各单位中选顺序不同，也作为不同的样本。比如，从1、2、3三个数中取两个数组成一个两位数，先抽到1后抽到2形成的12，与先抽到2后抽到1形成的21相比，具有完全不同的意义，应视为不同的样本。不考虑顺序的抽样，只要样本的组成单位相同，都作为同一个样本，而不管各单位的中选顺序。比如，从三件产品中抽取两件进行质量检验，先选1号后选2号，与先选2号后选1号，没有差别，视为同一个样本。

样本可能数目是指按一定抽样方法和一定样本容量从总体中抽取样本时，所有可能样本组合的个数。不同抽样方法下的样本可能数目 M 的公式如下：

（1）考虑顺序的重置抽样。从总体 N 个单位中考虑顺序重置抽取一个容量为 n 的样本，必须逐次抽取 n 次，每次抽取都有 N 种不同的抽法，所以

$$M = N^n \tag{6.2}$$

（2）考虑顺序的不重置抽样。从总体 N 个单位中考虑顺序不重置抽取一个容量为 n 的样本，可以看作从 N 个单位中抽取 n 个单位进行排列，所以

$$M = P_N^n = \frac{N!}{(N-n)!} \tag{6.3}$$

（3）不考虑顺序的重置抽样。从总体 N 个单位中不考虑顺序重置抽取一个容量为 n 的样本，可以看作从 $(N+n-1)$ 个单位中抽取 n 个单位进行组合，所以

$$M = C_{N+n-1}^n = \frac{(N+n-1)!}{n!\ (N-1)!} \tag{6.4}$$

（4）不考虑顺序的不重置抽样。从总体 N 个单位中不考虑顺序不重置抽取一个容量为 n 的样本，可以看作从 N 个单位中抽取 n 个单位进行组合，所以

$$M = C_N^n = \frac{N!}{n!\ (N-n)!} \tag{6.5}$$

四、抽样技术

抽样技术即样本的抽取方法，最基本的抽样技术有以下六种，实践中所用的抽样方法通常是这六种技术的各种组合形式。

（一）简单随机抽样

简单随机抽样（simple random sampling）也称纯随机抽样，是从含有 N 个元素（单位或单位的集合）的总体中抽取 n 个组成一个样本，使得总体中的每一个元素都有相同的机会（概率）被抽中。简单随机抽样可以是从总体中逐个不重置地抽取 n 次，每次都是在尚未入样的元素中等概率抽取，也可以是从总体中一次取得 n 个元素，只要保证全部可能的样本每个被抽到的概率都相等即可。由简单随机抽样得到的样本称为简单随机样本（simple random sample）。本教材中的抽样估计都是以简单随机样本为基础的。简单随机抽样在理论上最容易处理，并且当 N 不太大时容易实施，因此简单随机抽样成为其他抽样方法的基础。但是当 N 很大时，编制一个包含全部 N 个元素的抽样框通常不易，所抽到的样本元素往往也很分散，使调查极为不便，因此在大规模的统计推断中很少单独采用简单随机抽样。

（二）分层抽样

分层抽样（stratified sampling）也称分类抽样，是在抽样之前先将总体元素划分为若干层（类），然后从每层中独立地抽取一定数量的元素构成样本。比如，要研究学生的生活费支出，可先将学生按地区进行分类，然后从各类中抽取一定数量的学生构成样本，就是分层抽样。如果在每层内均采用简单随机抽样，就称为分层随机抽样（stratified random sampling）

分层抽样的优点是可以使样本分布在各个层内，从而使样本在总体中的分布比较

均匀，在相同样本量的条件下，样本对总体的代表性比较高。当层内各元素变量值差异较小而层间各元素变量值差异较大时，采用分层抽样可以大大提高估计的精度。比如在居民收入调查中，按收入分布情况将居民分为最高收入层、高收入层、中等偏上层、中等收入层、中等偏下层、低收入层、最低收入层实施分层抽样，其估计精度就会比简单随机抽样有显著提高。

在分层抽样中，先根据层样本对层的总体指标进行估计，然后再将这些层估计加权平均或求和作为总体均值或总值的估计。因此，分层抽样特别适用于既要对总体指标进行估计也要对子总体（层）总体指标进行估计的情形。分层抽样实施和组织也比较方便。

（三）系统抽样

等距抽样是最常见的系统抽样（systematic sampling），它是先将总体各元素按一定顺序排列，并按某种规则确定一个随机起点，然后，每隔一定的间隔抽取一个元素，直至抽出 n 个元素构成样本。比如，要从全校学生中抽取一个样本，可以按全校学生名单中的学生顺序，用随机数找到一个随机起点，确定一个抽样间隔。然后依次抽取，就得到一个样本。

与其他几种抽样方法不同的是，只有初始元素是随机抽取的，其他样本元素都随着初始元素的确定而确定。系统抽样的优点是实施简单，整个样本中只是初始元素需随机抽取。另外，系统抽样有时甚至不需要编制抽样框，只需给出总体或总体各元素的一个排列即可。如果对总体各元素的排列规则有所了解并加以正确利用，那么系统抽样就能达到相当高的精度。系统抽样的主要缺点是估计量精度的估计比较困难。

（四）整群抽样

整群抽样（cluster sampling）是先将总体划分为若干群，然后以群作为抽样单位从中抽取部分群组成一个样本，再对抽中群中包含的所有元素进行观察。比如，可以把每一个学生宿舍看作一个群，在全校学生宿舍中抽取一定数量的宿舍，然后对抽中宿舍中的每一个学生都进行调查。

整群抽样的优点是只需具备群的抽样框即可，但是整群抽样的误差通常相对要大一些。整群抽样的效率与群的划分密切相关，群的划分应尽量扩大群内差异，使每个群都有较好的代表性，从而提高估计的精度。

（五）多阶段抽样

在某市企业职工的收入调查中，先对本市所有企业进行抽样，再在抽中的企业内对职工进行抽样，然后对被抽中的职工进行调查，这样的抽样过程分两个阶段，因此称为两阶段抽样（two-stage sampling）。这里，企业被称为初级抽样单位，职工为二级抽样单位。在两阶段抽样中，二级抽样单位即总体的基本单位。两阶段抽样需要编制两个抽样框，即包括本市所有企业的名单（一级抽样框）和被抽中企业的职工名单（二级抽样框）。

如果总体可以划分成两个以上级别的抽样单位，每一级别的抽样单位由若干下一级别的抽样单位组成，那么相应地存在多个级别的抽样框，抽样时先在一级抽样框中对一级单位抽样，再在中选的一级单位中对二级单位抽样，依此类推，这种抽样方法称为多阶段抽样（multi-stage sampling）。多阶段抽样实施方便，而且不需对每个高级别的抽样单位建立关于低级别抽样单位的抽样框，调查费用也比较低。比如，在省抽县、县抽乡、乡抽村、村抽户的农产量四阶段抽样中，凡未被抽中的县、乡、村就不必编制关于乡、村、户的抽样框。多阶段抽样的主要缺点是估计量的结构比较复杂，估计量方差的估计也很复杂。

（六）不等概率抽样

对于简单随机抽样而言，总体中的每一个元素的入样概率都是相同的，因此属于等概率抽样。等概率抽样的基本出发点是将总体中的每一个元素看成是平等的。如果研究的变量在总体元素之间差异不大，简单随机抽样是简便有效的；如果研究的变量在总体元素之间差异较大，简单随机抽样的效果就会受到影响。这种情况在现实中也比较常见，比如，以城市为抽样单位的消费水平调查，以商场为抽样单位的商品销售额调查，以农场为抽样单位的农产量调查，以船舶为抽样单位的运输量调查等，如果将数量较少但其变量值在总体总值中占较大份额的大（特大）城市、大商场、大型农场或万吨巨轮等，与数量众多但变量值在总体总值中占微小份额的中小城市、中小商场、中小农场、小船舶等相同对待，采用等概率抽样，这显然不合理。调查变量值占较大份额的大单位理应在调查中具有更重要的地位，应给予更多的关注，即应当赋予它一个较大的入样概率，而那些调查变量值占较小份额的中小单位则处于次要的地位，应给予较小的关注，因此应赋予它一个较小的入样概率。这种总体中的不同单位可能有不同的入样概率的抽样方法，即不等概率抽样（unequal probability sampling）。

第二节　抽样误差

一、抽样误差的概念

在统计调查过程中，产生误差的原因主要有两大类：一类是登记性误差；另一类是代表性误差。登记性误差是指在统计调查中进行登记、过录、汇总、计算时出现的重复、遗漏、瞒报、虚报、口径不一致等主客观原因导致的误差。全面调查与非全面调查均会产生这样的误差。这类误差只有通过提高技术人员的素质和严格执行统计法规来将其降到最低限度。代表性误差是指样本单位的结构分布与总体单位的结构分布不一致而产生的误差。代表性误差又可细分为系统性误差和随机性误差。系统性误差是指违反随机原则抽选样本单位而导致的偏差。例如，将随机抽选的单位进行随意调换而产生的人为偏差，或由于测度和计算方法不正确而产生的偏差。随机性误差则是在严格遵循随机原则的情况下，偶然因素所导致的样本不足以代表总体的误差。登记性误差和代表性误差中的系统性误差均属于统计调查的组织问题，可以采取措施避免或将其降到最低限度。

抽样误差是指按随机原则抽样时，在没有登记性误差和系统性误差的条件下，单纯由随机抽样的偶然因素使样本结构不足以代表总体结构而引起的样本指标与总体指标之间的离差。这种误差是抽样调查所固有的、无法避免的，但可以运用大数定理的数学公式加以精确计算，并通过抽样程序加以控制，所以这种误差也称为可控制误差。

因此，从理论上讲，抽样误差专指代表性误差中的随机误差。

二、抽样误差的测度

（一）抽样实际误差

抽样实际误差是指在一次具体的抽样调查中，由随机因素引起的样本指标与总体指标之间的离差。如样本平均数与总体平均数之间的绝对离差，样本成数与总体成数之间的绝对离差。但是，在抽样中，由于总体指标数值是未知的，因此，抽样实际误差是无法计算的。同时，抽样实际误差仅仅是一系列可能出现的误差数值之一，因此，抽样实际误差没有概括所有可能产生的抽样误差。

（二）抽样平均误差

如前所述，从一个总体中可能抽取很多个样本，因此样本指标（如样本平均数或样本成数）将随着不同的样本而有不同的取值，它们与总体指标（如总体平均数或总体成数）的离差有大有小，即抽样误差是一个随机变量。而抽样平均误差则是反映抽样误差一般水平的一个指标。但由于样本平均数的平均数等于总体平均数，样本成数的平均数等于总体成数，就所有可能样本而言，抽样误差的总和等于0，因此不能用简单算术平均的方法来求抽样平均误差，而应用标准差的方法来计算抽样平均误差。抽样平均误差是指抽样平均数的标准差或抽样成数的标准差，它说明了样本指标与总体指标之间的平均误差程度。

以 $\mu_{\bar{x}}$ 表示样本平均数的抽样平均误差，以 μ_p 表示样本成数的抽样平均误差，以 M 表示全部可能的样本数目，则有

$$\mu_{\bar{x}} = \sqrt{\frac{\sum (\bar{x} - \bar{X})^2}{M}} \qquad (6.6)$$

$$\mu_p = \sqrt{\frac{\sum (p - P)^2}{M}} \qquad (6.7)$$

【例6-1】设银杏标准酒店有 A、B、C、D 四位业务推销员，其某月推销额分别为 5 万元、6 万元、8 万元、9 万元，则这四位推销员的平均推销额为

$$\bar{X} = \frac{\sum X}{N} = \frac{5 + 6 + 8 + 9}{4} = 7(万元)$$

标准差为

$$\sigma = \sqrt{\frac{\sum (X - \bar{X})^2}{N}} = \sqrt{\frac{4 + 1 + 1 + 4}{4}} = \sqrt{\frac{10}{4}} \approx 1.58(万元)$$

假设从这四位推销员中抽出两位作样本，按照上述公式，其重置抽样和不重置抽样的抽样平均误差计算如表6-1、表6-2所示。

表6-1　重置抽样的抽样平均误差计算

样本序号	样本变量 x	样本平均 $\bar{x}$	离差 $(\bar{x} - \bar{X})$	离差平方 $(\bar{x} - \bar{X})^2$
1	5, 5	5.0	-2.0	4.00
2	5, 6	5.5	-1.5	2.25

表6-1(续)

样本序号	样本变量 x	样本平均 $\bar{x}$	离差 $(-\bar{X})$	离差平方 $(\bar{x}-\bar{X})^2$
3	5, 8	6.5	-0.5	0.25
4	5, 9	7.0	0.0	0.00
5	6, 5	5.5	-1.5	2.25
6	6, 6	6.0	-1.0	1.00
7	6, 8	7.0	0.0	0.00
8	6, 9	7.5	0.5	0.25
9	8, 5	6.5	-0.5	0.25
10	8, 6	7.0	0.0	0.00
11	8, 8	8.0	1.0	1.00
12	8, 9	8.5	1.5	2.25
13	9, 5	7.0	0.0	0.00
14	9, 6	7.5	0.5	0.25
15	9, 8	8.5	1.5	2.25
16	9, 9	9.0	2.0	4.00
合 计	—	112.0	0.0	20.00

则重置抽样的抽样平均误差为

$$\mu_x = \sqrt{\frac{\sum (\bar{x}-\bar{X})^2}{M}} = \sqrt{\frac{20}{16}} = \sqrt{1.25} \approx 1.12(万元)$$

以上计算表明,对于上列16个样本来说,其样本平均数与总体平均数之间的平均差异程度是1.12万元。

表6-2 不重置抽样的抽样平均误差计算

样本序号	样本变量 x	样本平均 $\bar{x}$	离差 $(-\bar{X})$	离差平方 $(\bar{x}-\bar{X})^2$
1	5, 6	5.5	-1.5	2.25
2	5, 8	6.5	-0.5	0.25
3	5, 9	7.0	0.0	0.00
4	6, 5	5.5	-1.5	2.25
5	6, 8	7.0	0.0	0.00
6	6, 9	7.5	0.5	0.25
7	8, 5	6.5	-0.5	0.25
8	8, 6	7.0	0.0	0.00
9	8, 9	8.5	1.5	2.25
10	9, 5	7.0	0.0	0.00

表6-2(续)

样本序号	样本变量 x	样本平均 $\bar{x}$	离差 $(-\bar{X})$	离差平方 $(\bar{x}-\bar{X})^2$
11	9, 6	7.5	0.5	0.25
12	9, 8	8.5	1.5	2.25
合计	—	84.0	0.0	10.00

则不重置抽样的抽样平均误差为

$$\mu_{\bar{x}} = \sqrt{\frac{\sum (\bar{x}-\bar{X})^2}{M}} = \sqrt{\frac{10}{12}} = 0.91(万元)$$

以上计算表明,对于上列 12 个样本来说,其样本平均数与总体平均数之间的平均差异程度是 0.91 万元。

抽样平均误差的大小可以用来衡量样本指标对总体指标的代表性。抽样平均误差越小,样本指标对总体指标的代表性越高;抽样平均误差越大,样本指标对总体指标的代表性越低。此外,由上面的计算还可看出,不重置抽样的抽样平均误差小于重置抽样的抽样平均误差。

当然,直接由上述定义式来计算抽样平均误差是不现实的,在实际抽样调查中,总体单位数 N 常常很大,样本单位数 n 一般也不小于 30,由此而产生的所有样本数目是极大的,不可能抽完所有可能的样本;同时,在开展抽样调查之前,总体指标是未知的(它是抽样推断的目的)。实际工作中,定义式缺乏可操作性。经数理统计学家证明,可用下列公式计算抽样平均误差。

1. 平均数的抽样平均误差

(1)在简单随机重置抽样条件下,其计算公式为

$$\mu_{\bar{x}} = \sqrt{\frac{\sigma^2}{n}} = \frac{\sigma}{\sqrt{n}} \tag{6.8}$$

式中:σ 代表总体标准差;n 代表样本单位数。

(2)在简单随机不重置抽样条件下,其计算公式为

$$\mu_{\bar{x}} = \sqrt{\frac{\sigma^2}{n}\left(\frac{N-n}{N-1}\right)} \tag{6.9}$$

与重置抽样的公式相比,不重置抽样的平方根中多了一个修正因子 $\left(\frac{N-n}{N-1}\right)$,由于这个因子总是小于 1,因此不重置抽样的抽样平均误差总是小于重置抽样的抽样平均误差。在总体单位数 N 很大的情况下,不重置抽样的抽样平均误差可以采用其近似公式计算。

$$\mu_{\bar{x}} = \sqrt{\frac{\sigma^2}{n}\left(1-\frac{n}{N}\right)} \tag{6.10}$$

【例6-2】仍用例 6-1 中的资料来说明抽样平均误差的计算方法,$N=4$,$n=2$,$\sigma=1.58$ 万元。在重置抽样条件下,代入式(6.8)可得

$$\mu_{\bar{x}} = \frac{\sigma}{\sqrt{n}} = \frac{1.58}{\sqrt{2}} = 1.12(万元)$$

在不重置抽样条件下，代入式（6.9）可得

$$\mu_{\bar{x}} = \sqrt{\frac{\sigma^2}{n}(\frac{N-n}{N-1})} = \sqrt{\frac{1.58^2}{2}(\frac{4-2}{4-1})} = \sqrt{\frac{2.50}{3}} = 0.91(万元)$$

可见，按定义式与按实际运用的公式计算的结果完全相同。

2. 成数的抽样平均误差

（1）在简单随机重置抽样条件下，其计算公式为

$$\mu_p = \sqrt{\frac{P(1-P)}{n}} \tag{6.11}$$

（2）在简单随机不重置抽样条件下，其计算公式为

$$\mu_p = \sqrt{\frac{P(1-P)}{n}(1-\frac{n}{N})} \tag{6.12}$$

在应用上述公式进行计算时应注意：公式中 σ 代表的是总体标准差，P 代表总体成数。但这两个数据往往是未知的。所以在实际应用时，通常的做法如下：

第一，在大样本条件下，可用样本标准差 S 代替总体标准差 σ，用样本成数 p 代替总体成数 P；在小样本条件下，总体标准差 σ 需要用修正的样本标准差 S^* 代替，其计算公式为

$$S^* = \sqrt{\frac{\sum_{i=1}^{n}(x_i - \bar{x})^2}{n-1}} = S\sqrt{\frac{n}{n-1}} \tag{6.13}$$

第二，若过去进行过同样的调查，可用过去的总体标准差 σ 代替现在的总体标准差 σ，用过去的总体成数 P 代替现在的总体成数 P。

【例6-3】银杏标准酒店餐饮部购入一批食品罐头共 60 000 桶，随机抽查 300 桶，发现有 6 桶不合格，求合格率的抽样平均误差。

解：由题目知，$p = \frac{294}{300} = 0.98$，在重置抽样条件下：

$$\mu_p = \sqrt{\frac{P(1-P)}{n}} = \sqrt{\frac{0.98 \times 0.02}{300}} \times 100\% \approx 0.808\%$$

在不重置抽样条件下：

$$\mu_p = \sqrt{\frac{P(1-P)}{n}(1-\frac{n}{N})} = \sqrt{\frac{0.98 \times 0.02}{300} \times (1-\frac{300}{60\,000})} \times 100\% \approx 0.806\%$$

从上述抽样平均误差的实际公式可以看出，抽样平均误差的大小主要受以下几个因素的影响。

第一，受总体各单位标志值之间差异程度的影响，即受总体标准差大小的影响。总体标准差越大，抽样平均误差越大；总体标准差越小，抽样平均误差越小。抽样平均误差与总体的标准差成正比。

第二，受样本容量多少的影响。样本容量越大，抽样平均误差越小；样本容量越小，抽样平均误差则越大。抽样平均误差与样本容量成反比。

第三，受抽样方法的影响。不重置抽样的抽样平均误差小于重置抽样的抽样平均误差。

第四，受抽样组织方式不同的影响。不同的抽样组织方式其抽样平均误差的计算方法不同，而且计算结果也不同。

（三）抽样极限误差

抽样平均误差只是从所有可能样本的角度来度量抽样误差的一般水平，而任一次抽样的实际抽样误差可能大于其抽样平均误差，也可能小于其抽样平均误差。因此，在抽样估计中，不仅需要计算抽样平均误差，而且需要了解在一定可能性下抽样误差的可能范围。这就需要计算抽样极限误差。

抽样极限误差就是指样本指标与总体指标之间的误差范围。用 $\Delta_{\bar{x}}$ 和 Δ_p 分别表示样本平均数和样本成数的抽样极限误差，则有

$$\bar{x} - \bar{X} \leqslant \Delta_{\bar{x}} \tag{6.14}$$

$$p - P \leqslant \Delta_p \tag{6.15}$$

实际上，抽样极限误差是一个可能而非完全肯定的范围。因此这个可能范围的大小是与可能性大小相对应的。在抽样估计中，将这个可能性大小称为置信度，也称为可靠程度、把握程度或概率保证程度等，用 $(1 - \alpha)$ 表示。

1. 在大样本条件下，平均数和成数的抽样极限误差的计算

抽样理论证明：在大样本条件下，样本平均数 $\bar{x}$ 多服从或近似服从以总体平均数 $\bar{X}$ 为中心的正态分布，该正态分布的标准差就是抽样平均误差 $\mu_{\bar{x}}$。因此，由正态分布中变量取值区间与概率的关系可知：样本平均数落在 $(\bar{X} \pm \mu_{\bar{x}})$ 的范围内的可能性为 68.27%；落在 $(\bar{X} \pm 2\mu_{\bar{x}})$ 范围内的可能性为 95.45%；落在 $(\bar{X} \pm 3\mu_{\bar{x}})$ 范围内的可能性为 99.73%，如图 6-1 所示。

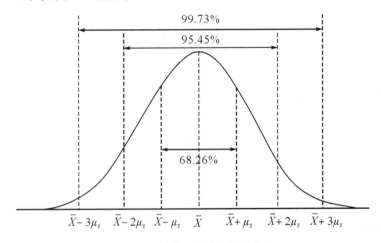

图 6-1　样本平均数的抽样分布

上述结论也就等价于：在 68.27% 的置信度下，平均数的抽样极限误差就等于其抽样平均误差；在 95.45% 的置信度下，抽样极限误差等于抽样平均误差的两倍；在 99.73% 的置信度下，抽样极限误差等于抽样平均误差的三倍。可见，平均数的抽样极限误差可以用抽样平均误差的倍数来度量，其计算公式为

$$\Delta_{\bar{x}} = Z_{\alpha/2}\,\mu_{\bar{x}} \tag{6.16}$$

同理，也可以得到在大样本条件下成数的抽样极限误差的计算公式为

$$\Delta_p = Z_{\alpha/2}\,\mu_p \tag{6.17}$$

式（6.16）和式（6.17）中，$Z_{\alpha/2}$值是由抽样估计时给定的置信度（$1-\alpha$）决定的，其对应关系可查标准正态分布概率表。在实际中，最常用的几种情况是

（$1-\alpha$）= 68.27% 时，$Z_{\alpha/2} = 1$

（$1-\alpha$）= 95.45% 时，$Z_{\alpha/2} = 2$

（$1-\alpha$）= 99.73% 时，$Z_{\alpha/2} = 3$

可见，置信度（$1-\alpha$）越大，$Z_{\alpha/2}$值就越大，抽样极限误差越大，抽样估计的精确度也就越低，所以在抽样估计中，要求达到100%的置信度是不太可能的，但是，置信度小了，估计结论的可靠性太低，又会影响估计本身的价值。在做估计时，应该将置信度要求与估计的精确度要求结合起来考虑，估计的精确度很高而置信度很低，或估计的精确度很低而置信度很高都是不合适的。

2. 在小样本条件下，平均数的抽样极限误差的计算

在抽样估计中，总体方差通常是未知的。在小样本条件下，要用修正的样本方差来估计总体方差。抽样理论证明：在上述情况下，有关的抽样分布不再是标准正态分布而是一个 t 分布。t 分布是与标准正态分布类似的一种对称钟形分布，它通常比标准正态分布平坦。t 分布依赖于自由度，随着自由度的增大，t 分布逐渐趋于标准正态分布，如图6-2所示。

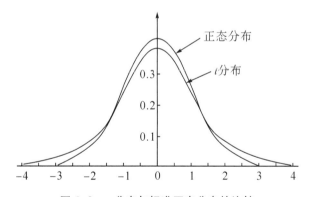

图6-2　t分布与标准正态分布的比较

因此，在小样本条件下，平均数的抽样极限误差的计算公式为

$$\Delta_{\bar{x}} = t_{\alpha/2}\,\mu_{\bar{x}} = t_{\alpha/2}\frac{S^*}{\sqrt{n}} \tag{6.18}$$

式中 $t_{\alpha/2}$ 是置信度为（$1-\alpha$）时自由度为（$n-1$）的 t 分布变量的值。对于给定的置信度（$1-\alpha$），$t_{\alpha/2}$ 可查 t 分布表得到（查右尾面积为 $\alpha/2$ 所对应的值）。

第三节　抽样估计的方法

抽样估计是指运用实际调查所计算的样本指标值来估计相应的总体指标的数值。由于总体指标是表明总体数量特征的统计参数，因此抽样估计也称为参数估计。总体参数的抽样估计有点估计和区间估计两种。

一、点估计

点估计就是以实际抽样调查资料中得到的样本指标值直接作为总体指标的估计值。例如，用样本平均数的实际值直接作为相应总体均值的估计值，用样本成数的实际值直接作为相应总体成数的估计值，这些都属于点估计。比如要估计一个班学生考试成绩的平均分数，根据抽出的一个随机样本计算的平均分数为80分，则用80分作为全班平均分数的一个估计值，这就是点估计。再比如，要估计一批产品的合格率，抽样合格率为96%，则将96%直接作为这批产品合格率的估计值，这也是一个点估计。

点估计方法的优点是简便、直观、易行，能够提供总体参数的具体估计值，可以作为行动决策的数量依据。但它也有明显的不足，即这种估计没有表明误差的大小，更没有指出误差在一定范围内的可靠性有多大。

在参数估计中，要有合适的样本指标作为估计量。这里的样本指标是样本数据的函数，根据样本数据可以构造多种样本指标，但不是所有的样本指标都能够很好地充当估计量。例如，从一个样本可以计算样本平均数、中位数、众数等。哪一种指标作为总体参数估计量才是最优的，这便是评价样本指标的优良标准问题。作为优良的估计量，应该符合以下标准。

（一）无偏性

无偏性即以样本指标估计总体指标，要求抽样指标值的平均数等于被估计的总体指标值本身。用来估计总体指标的样本指标，其分布是以总体指标真值为中心的，在一次具体的抽样估计中，估计值或大于总体指标，或小于总体指标，但在进行多次重复抽计的过程中，所有估计值的平均数应该等于待估计的总体指标。这表明估计量没有系统偏差。

抽样平均数的平均数等于总体平均数，抽样成数的平均数等于总体成数，即

$$E(\bar{x}) = \bar{X} \tag{6.19}$$

$$E(p) = P \tag{6.20}$$

这说明以样本平均数作为总体平均数的估计量，以样本成数作为总体成数的估计量，是符合无偏性原则的。

（二）有效性

有效性是指以样本指标估计总体指标要求作为优良估计量的方差应该比其他估计量的方差小。如用抽样平均数或总体某一变量值来估计总体平均数，虽然两者都是无偏的，而且在每一次估计中，两种估计量与总体平均数都有可能有离差，但样本平均数更接近于总体平均数的周围，平均来说其离差比较小。因此，对比起来，样本平均

数是更为有效的估计量。即

$$\sigma^2(\bar{x}) < \sigma^2(x) \tag{6.21}$$

（三）一致性

一致性是指当样本的单位数充分大时，样本指标也充分靠近总体指标。也就是说，随着样本容量 n 的不断增大，样本指标接近总体指标的可能性就越来越大。可以证明，以样本平均数估计总体平均数，以样本成数估计总体成数，也符合一致性的要求，即

$$\lim_{n\to\infty}P(\mid \bar{x} - \bar{X}\mid < \varepsilon) = 1 \tag{6.22}$$

$$\lim_{n\to\infty}P(\mid p - P\mid < \varepsilon) = 1 \tag{6.23}$$

在式（6.22）和式（6.23）中，ε 为任意小数。

二、区间估计

区间估计（interval estimate）是在点估计的基础上，给出总体参数估计的一个区间范围，该区间通常由样本指标加减估计误差得到。与点估计不同，进行区间估计时，根据样本指标的抽样分布可以对样本指标与总体指标的接近程度给出一个概率度量。下面以总体均值的区间估计为例来说明区间估计的基本原理。

由样本均值的抽样分布可知，在重置抽样或无限总体抽样的情况下，样本均值的数学期望等于总体均值 $\bar{X}$，即 $E(\bar{x}) = \bar{X}$，样本均值的标准误差（抽样标准差）为 $\mu_{\bar{x}} = \dfrac{\sigma}{\sqrt{n}}$；根据中心极限定理，样本均值 $\bar{x}$ 落在总体均值 $\bar{X}$ 的两侧各为一个标准误差范围内的概率为 68.27%；落在两个标准误差范围内的概率为 95.45%；落在三个标准误差范围内的概率为 99.73%；等等。

事实上，可以求出 $\bar{x}$ 落在 $\bar{X}$ 两侧任何倍数的标准误差范围内的概率。但在实际估计时，情况恰好相反。$\bar{x}$ 是已知的，而 $\bar{X}$ 未知，是要估计的目标量。由于 $\bar{x}$ 与 $\bar{X}$ 的距离是对称的，如果某个样本均值 $\bar{x}$ 落在 $\bar{X}$ 的两个标准误差范围之内，反过来，$\bar{X}$ 也就被包括在以此 $\bar{x}$ 为中心左右两个抽样标准差范围之内。

在区间估计中，由样本指标构造的总体指标的估计区间称为置信区间（confidence interval），区间的最小值称为置信下限，最大值称为置信上限。由于统计学家在某种程度上确信这个区间会包含真正的总体指标，所以给它取名为置信区间。原因是，如果抽取了许多不同的样本，比如说抽取 100 个样本，根据每一个样本构造一个置信区间，这样，由 100 个样本构造的总体指标的 100 个置信区间中，有 95% 的区间包含了总体指标的真值，而 5% 则没包含，则 95% 这个值被称为置信水平。一般地，如果将构造置信区间的步骤重复多次，那么置信区间中包含总体指标真值的次数所占的比例称为置信水平（confidence level）或置信度，一般用 $(1 - \alpha)$ 表示。

在构造置信区间时，可以用所希望的任意值作为置信水平。比较常用的置信水平及正态分布曲线下右侧面积为 $\alpha/2$ 时的 Z 值 $Z_{\alpha/2}$ 如表 6-3 所示。其他置信水平下的 $Z_{\alpha/2}$ 值可用 Excel 中的 "NORMSINV" 函数计算（或查标准正态分布表）得到。

表 6-3　常用置信水平 α 及 $Z_{\alpha/2}$ 值

置信水平 $1-\alpha$	α	$\alpha/2$	$Z_{\alpha/2}$
90%	0.10	0.05	1.645
95%	0.05	0.025	1.96
99%	0.01	0.005	2.58

当样本量给定时，置信区间的宽度随着置信水平的增大而增大。从直觉上说，区间比较宽时，才会使这一区间有更大的可能性包含参数的真值；当置信水平固定时，置信区间的宽度随样本量的增大而减小，换言之，较大的样本所提供的有关总体的信息要比较小的样本多。

对置信区间的理解，有以下几点需要注意：

（1）如果用某种方法构造的所有区间中有 95% 的区间包含总体指标的真值，5% 的区间不包含总体指标的真值，那么用该方法构造的区间称为置信水平为 95% 的置信区间。同样，其他置信水平的区间也可以用类似的方式进行表述。

（2）总体指标的真值是固定的，未知的，而用样本构造的区间则是不固定的，抽取的样本不同，则得到不同的区间。也就是说，置信区间是随机的，会因样本的不同而不同，而且不是所有的区间都包含总体指标的真值。一个置信区间就像是为捕获未知参数而撒出去的网，不是所有撒网的地点都能捕获到参数。

（3）在实际问题中，进行估计时往往只抽取一个样本，此时所构造的是与该样本相联系的一定置信水平（比如 95%）下的置信区间。由于用该样本所构造的区间是一个特定的区间，因此无法判断这个区间是否包含总体指标真值。

比如，用 95% 的置信水平得到某班学生考试成绩的置信区间为 60~80，不能说 60~80 这个区间以 95% 的概率包含全班学生平均考试成绩的真值，或者表述为全班学生的平均考试成绩以 95% 的概率落在 60~80 这个区间。这类表述是错误的，因为总体均值 μ 是一个常数，它要么被包含在这个区间范围内，要么不在这个范围内。假定全班考试成绩平均数的真值为 70，60~80 这个区间一定包含真值。如果全班考试成绩平均数的真值为 50，那么区间 60~80 就绝对不包含真值。所以，只能判断在多次抽样中有 95% 的样本得到的区间包含全班学生平均成绩的真值。它的真正意义是如果做了 100 次抽样，大概有 95 次确定的区间包含真值，有 5 次确定的区间不包含真值。因此，这个概率不是用来描述某个特定的区间包含总体指标真值的可能性，而是针对随机区间而言的。一个特定的区间"总是包含"或"绝对不包含"参数的真值，不存在"以多大的概率包含总体指标"的问题。但是，用概率可以知道在多次抽样得到的区间中大概有多少个区间包含了参数真值。

（一）总体均值的区间估计

在对总体均值进行区间估计时，需要考虑总体是否为正态分布，总体方差是否已知，用于构造估计量的样本是大样本（$n \geq 30$）还是小样本（$n < 30$）等几种情况。但不管哪种情况，总体均值的置信区间都是由样本均值加减抽样误差得到的。而抽样误差的计算由两部分组成：一是样本指标的标准误差，它取决于样本指标的抽样分布；二是估计所要求的置信水平为（$1-\alpha$）时，统计量分布两侧面积各为 $\alpha/2$ 时的分位数

值，它取决于事先所要求的置信水平（可靠程度）。因此，总体均值在 $(1-\alpha)$ 置信水平下的置信区间可一般性地表达为

$$\bar{x} - \Delta_{\bar{x}} \leqslant \bar{X} \leqslant \bar{x} + \Delta_{\bar{x}} \tag{6.24}$$

1. 大样本情形下的估计

在大样本（$n \geqslant 30$）的情况下，由中心极限定理可知，样本均值 $\bar{x}$ 近似服从期望值为 $\bar{X}$，方差为 σ^2/n 的正态分布。而 $\bar{x}$ 经标准化后则服从标准正态分布，即 $Z = \dfrac{\bar{x} - \bar{X}}{\sigma/\sqrt{n}} \sim N(0,1)$。当总体标准差 σ 已知时，标准化时使用 σ；当 σ 总体标准差未知时，则用样本标准差 s 代替。因此，可以由正态分布构建总体均值 $\bar{X}$ 在 $(1-\alpha)$ 置信水平下的置信区间。

若 σ^2 已知，$\bar{X}$ 在 $(1-\alpha)$ 置信水平下的置信区间为

$$\bar{x} \pm Z_{\alpha/2} \frac{\sigma}{\sqrt{n}} \tag{6.25}$$

式中，$\bar{x} - Z_{\alpha/2} \dfrac{\sigma}{\sqrt{n}}$ 为置信下限，$\bar{x} + Z_{\alpha/2} \dfrac{\sigma}{\sqrt{n}}$ 为置信上限；α 是事先确定的一个概率值，它是总体均值不包括在置信区间内的概率，$(1-\alpha)$ 为置信水平，$Z_{\alpha/2}$ 是标准正态分布两侧面积各为 $\alpha/2$ 时的 z 值；$Z_{\alpha/2} \dfrac{\sigma}{\sqrt{n}}$ 是抽样极限误差。

若 σ^2 未知，或总体不服从正态分布，则只要是在大样本条件下，式（6.25）中的 σ 就可以用样本标准差 s 代替，这时 $\bar{X}$ 在 $(1-\alpha)$ 置信水平下的置信区间为

$$\bar{x} \pm Z_{\alpha/2} \frac{s}{\sqrt{n}} \tag{6.26}$$

【例 6-4】银杏标准酒店抽出一个由 36 位房客组成的随机样本，并收集到每位房客的年龄数据如表 6-4 所示。试建立房客年龄的 90% 的置信区间。

表 6-4　36 个房客年龄的数据　　　　　　单位：周岁

23	35	39	27	36	44
36	42	46	43	31	33
42	53	45	54	47	24
34	28	39	36	44	40
39	49	38	34	48	50
34	39	45	48	45	32

解：总体方差未知，但 $n = 36$ 为大样本，可用样本方差来代替总体方差，由正态分布来构建置信区间。已知 $1-\alpha = 90\%$，则临界值 $Z_{\alpha/2} = 1.645$。

根据样本数据计算的样本均值和标准差如下：

$$\bar{x} = \frac{\sum_{i=1}^{n} x_i}{n} = 39.5$$

$$s = \sqrt{\frac{\sum_{i=1}^{n}(x_i - \bar{x})^2}{n-1}} = 7.77$$

由式（6.26）得到房客平均年龄90%的置信区间：

$$\bar{x} \pm Z_{\alpha/2}\frac{s}{\sqrt{n}} = 39.5 \pm 1.645 \times \frac{7.77}{\sqrt{36}}$$

即 39.5 ± 2.13 =（37.37，41.63），房客平均年龄 90% 的置信区间为 37.37 ~ 41.63 岁。

2. 小样本情形下的估计

在小样本（$n < 30$）的情况下，对总体均值 $\bar{X}$ 的估计都是建立在总体服从正态分布的假定前提下。如果总体方差 σ^2 已知，即使是在小样本的情况下，样本均值 $\bar{x}$ 的抽样分布服从正态分布，仍然可以按式（6.25）建立总体均值的置信区间。但是，如果小样本情况下 σ^2 未知，则需要用样本方差 s^2 代替 σ^2，这时，$\bar{x}$ 经过标准化服从自由度为 $(n-1)$ 的 t 分布，即 $t = \dfrac{\bar{x} - \bar{X}}{s/\sqrt{n}} \sim t(n-1)$，这时需要使用 t 分布来建立总体均值 $\bar{X}$ 的置信区间。

根据 t 分布建立的 $\bar{X}$ 在 $(1-\alpha)$ 置信水平下的置信区间为

$$\bar{x} \pm t_{\alpha/2}\frac{s}{\sqrt{n}} \tag{6.27}$$

式中，$t_{\alpha/2}$ 是自由度为 $(n-1)$ 时，t 分布右侧面积为 $\alpha/2$ 时的 t 值，该值可利用 Excel 中的 "TINV（α，df）" 函数计算获得（也可查 t 分布表）。

【例6-5】银杏标准酒店餐饮部为扩大业务范围，向外提供的外带袋装食品，每天的产量大约为800袋左右，按规定每袋的重量应为100克。酒店质检部门经常通过抽检来分析每袋重量是否符合要求。现从某天生产的一批食品中随机抽取25袋，测得每袋重量如表6-5所示。

表6-5　25袋样本食品的重量　　　　　　　　　　单位：克

112.5	101.0	103.0	102.0	100.5
102.6	107.5	95.0	108.8	115.6
100.0	123.5	102.0	101.6	102.2
116.6	95.4	97.8	108.6	105.0
136.8	102.8	101.5	98.4	93.3

已知产品重量的分布服从正态分布，且总体标准差为10克，试估计该天产品平均重量的置信区间，置信水平为95%。

解：已知 $n = 25$，为小样本，$\sigma = 10$，置信水平 $1-\alpha = 95\%$，临界值 $Z_{\alpha/2} = 1.96$。根据样本数据计算的样本均值为

$$\bar{x} = \frac{\sum_{i=1}^{n}x_i}{n} = \frac{2\,634}{25} = 105.36$$

由式（6.25）得

$$\bar{x} \pm Z_{\alpha/2}\frac{\sigma}{\sqrt{n}} = 105.36 \pm 1.96 \times \frac{10}{\sqrt{25}}$$

即 $105.36 \pm 3.92 = （101.44，109.28）$，该批食品平均重量 95% 的置信区间为 $101.44 \sim 109.28$ 克。

【例6-6】已知某种灯泡的寿命服从正态分布，现银杏标准酒店工程部从采购的一批灯泡中随机抽取 16 个，测得其使用寿命如表 6-6 所示。

表6-6　16个样本灯泡的使用寿命　　　　　　　　单位：小时

1 510	1 450	1 480	1 460	1 520	1 480	1 490	1 460
1 480	1 510	1 530	1 470	1 500	1 520	1 510	1 470

试建立该批灯泡平均使用寿命 95% 的置信区间。

解：由于 $n = 16$ 为小样本，且总体方差未知，所以需用式（6.27）构造 $\bar{X}$ 在 $(1-\alpha)$ 置信水平下的置信区间。根据抽样结果计算得

$$\bar{x} = \frac{\sum_{i=1}^{n} x_i}{n} = \frac{23\,840}{16} = 1\,490$$

$$s = \sqrt{\frac{\sum_{i=1}^{n}(x_i - \bar{x})^2}{n-1}} = \sqrt{\frac{9\,200}{16-1}} = 24.77$$

由 $a = 0.05$，在 Excel 任一单元格输入 "＝TINV（0.05，15）" 得到临界值 $t_{\alpha/2}(n-1) = t_{0.025}(15) = 2.131$

由式（6.27）得平均使用寿命的 95% 的置信区间为

$$\bar{x} \pm t_{\alpha/2}\frac{s}{\sqrt{n}} = 1\,490 \pm 2.131\frac{24.77}{\sqrt{36}}$$

即 $1\,490 \pm 8.80 = （1\,481.20，1\,498.80）$，该种灯泡平均使用寿命 95% 的置信区间为 $1\,481.20 \sim 1\,498.80$ 小时。

表 6-7 总结了不同情况下的总体均值的区间估计。

表6-7　不同情况下总体均值的区间估计

总体分布	样本量	σ 已知	σ 未知
正态分布	大样本（$n \geq 30$）	$\bar{x} \pm Z_{\alpha/2}\dfrac{\sigma}{\sqrt{n}}$	$\bar{x} \pm Z_{\alpha/2}\dfrac{s}{\sqrt{n}}$
	小样本（$n < 30$）	$\bar{x} \pm Z_{\alpha/2}\dfrac{\sigma}{\sqrt{n}}$	$\bar{x} \pm t_{\alpha/2}\dfrac{s}{\sqrt{n}}$
非正态分布	大样本（$n \geq 30$）	$\bar{x} \pm Z_{\alpha/2}\dfrac{\sigma}{\sqrt{n}}$	$\bar{x} \pm Z_{\alpha/2}\dfrac{s}{\sqrt{n}}$

（二）总体成数的区间估计

这里只讨论大样本情形下总体成数的估计问题。由样本成数 p 的抽样分布可知，当

样本量足够大时，p 近似服从期望值为 $E(p) = P$ ，方差为 $\sigma^2_p = \dfrac{P(1-P)}{n}$ 的正态分布。p

经标准化后服从标准正态分布，即 $z = (p - P) / \sqrt{\dfrac{P(1-P)}{n}} \sim N(0, 1)$ 。因此，可由
正态分布建立总体成数的置信区间。与总体均值的区间估计类似，在样本成数 p 的基础
上加减抽样极限误差即可得到总体成数 P 在 $(1 - \alpha)$ 置信水平下的置信区间，可一般地
表达为

$$p - \Delta_p \leqslant P \leqslant p + \Delta_p \tag{6.28}$$

由于总体成数 P 是估计的目标量，是未知的，一般用 p 来代替其标准误差公式中
的 P 。因此，P 在 $(1 - \alpha)$ 置信水平下的置信区间为

$$p \pm Z_{\alpha/2} \sqrt{\dfrac{p(1-p)}{n}} \tag{6.29}$$

式中，$Z_{\alpha/2} \sqrt{\dfrac{p(1-p)}{n}}$ 是抽样极限误差。

【例 6-7】银杏标准酒店想要估计房客中女性所占的比例，随机抽取了 100 个房
客，其中 65 人为女性房客，试在 95% 的置信水平下估计酒店房客中女性比例的置信
区间。

解：$n = 100$ 为大样本，根据抽样结果计算的样本成数为 $p = \dfrac{65}{100} = 65\%$ ，置信水平 $1
- \alpha = 0.95$ ，则临界值 $Z_{\alpha/2} = 1.96$ 。根据式（6.29）得

$$p \pm Z_{\alpha/2} \sqrt{\dfrac{p(1-p)}{n}} = 65\% \pm 1.96 \sqrt{\dfrac{65\%(1 - 65\%)}{100}} = 65\% \pm 9.35\%$$

即（55.65%，74.35%），银杏标准酒店的房客中女性比例的 95% 的置信区间为
55.65% ~ 74.35%。

第四节　样本容量的确定

在进行抽样估计之前，首先应该确定一个适当的样本量，也就是应该抽取一个多
大的样本来估计总体指标。在进行估计时，总是希望提高估计的可靠程度。但在一定
的样本量下，要提高估计的可靠程度（置信水平），就应扩大置信区间，而过宽的置信
区间在实际估计中往往是没有意义的。如果想要缩小置信区间，又不降低置信程度，
就需要增加样本量。但样本量的增加也会受到许多限制，比如会增加调查的费用和工
作量。

一、确定样本量应考虑的因素

样本量的确定在抽样调查中是一个十分重要又比较复杂的问题，它首先要受到调
查精度和调查费用的限制。抽样方案的设计者应该权衡精度与费用之间的关系，使调
查既满足精度的要求，又节省费用。在实际工作中，通常是在总费用一定的条件下使

精度最高，或在有一定精度要求的条件下，使总费用达到最小。

实践中，确定样本量除了要考虑费用限制和精度要求以外，还要考虑其他一些因素：①问题重要性。对于决策比较重要的问题，所需要的信息应该比较准确，因此样本量要大一些。②所研究问题目标量的个数。如果所研究的问题目标量较多，样本量应适当放大。③参照同类调查。参照以往同类型调查项目确定样本量。④调查表的回收率。在调查过程中，可能有些调查对象拒访或因种种原因调查不到，这时样本量应适当放大。一种做法是，根据估计的回收率反算出应接触的样本量，例如回收率估计为80%，则应接触的样本量为计算出所需样本量的1.25倍。⑤有效样本。调查过程中，可能有些接触的对象不是"合格"对象，我们称"合格"对象为有效样本。为了获得足够的有效样本，以保证推算能够满足精度的要求，样本量也应适当放大。⑥资源限制。调查项目的经费、时间要求及调查人员都是有限的，因此样本量的确定也要考虑这些因素的限制。

二、估计总体均值时样本量的确定

确定样本量通常是根据研究问题的性质确定允许误差和相应的置信度，然后根据历史资料或其他试点资料确定总体的标准差，再通过抽样误差的计算公式来推算必要的样本单位数。一般只采用大样本条件下的抽样误差公式来计算。

在重置抽样条件下，样本平均数的抽样极限误差的公式为

$$\Delta_{\bar{x}} = Z_{\alpha/2}\, \mu_{\bar{x}} = Z_{\alpha/2}\, \frac{\sigma}{\sqrt{n}}$$

故可反推出必要样本容量的计算公式为

$$n = \frac{Z_{\alpha/2}^2 \sigma^2}{\Delta_{\bar{x}}^2} \tag{6.30}$$

同理，在不重置抽样条件下，样本平均数的抽样极限误差的公式为

$$\Delta_{\bar{x}} = Z_{\alpha/2}\, \mu_{\bar{x}} = Z_{\alpha/2}\, \sqrt{\frac{\sigma^2}{n}\left(1 - \frac{n}{N}\right)}$$

则必要样本容量的计算公式为

$$n = \frac{N Z_{\alpha/2}^2 \sigma^2}{N \Delta_{\bar{x}}^2 + Z_{\alpha/2}^2 \sigma^2} \tag{6.31}$$

同样，在重置抽样和不重置抽样条件下成数的必要样本容量分别为

$$n = \frac{Z_{\alpha/2}^2 P(1-P)}{\Delta_P^2} \tag{6.32}$$

$$n = \frac{N Z_{\alpha/2}^2 P(1-P)}{N \Delta_P^2 + Z_{\alpha/2}^2 P(1-P)} \tag{6.33}$$

从上述公式中可以看出，样本的必要单位数 n 受抽样极限误差 Δ 的制约，Δ 越小则样本单位数 n 就需要越多。以重置抽样为例，在其他条件不变的情况下，误差范围 Δ 缩小一半，则样本单位数必须增至四倍；而误差范围 Δ 扩大一倍，则样本单位数只需原来的四分之一。所以在抽样组织中对抽样误差允许的范围应十分慎重地考虑。

【例 6-8】某地区居民户为 10 000 户，其年消费水平标准差为 200 元，若采取抽样调查了解其年平均消费水平，并要求以 95% 的置信度推断总体，其样本指标与总体指标之间的容许误差范围是 15 元，试问采用重置抽样和不重置抽样分别应抽取多少样本单位？

解：在重置抽样情况下，必要样本单位数为

$$n = \frac{Z_{\alpha/2}^2 \sigma^2}{\Delta_{\bar{x}}^2} = \frac{1.96^2 \times 200^2}{15^2} \approx 683(户)$$

在不重置抽样情况下，必要样本单位数为

$$n = \frac{N Z_{\alpha/2}^2 \sigma^2}{N \Delta_{\bar{x}}^2 + Z_{\alpha/2}^2 \sigma^2} = \frac{10\,000 \times 1.96^2 \times 200^2}{10\,000 \times 15^2 + 1.96^2 \times 200^2} = 640(户)$$

计算结果表明，在重置抽样情况下，应抽取 683 个样本进行调查，在不重置抽样情况下，应抽取 640 个样本进行调查，这样才能满足研究问题的需要。

【例 6-9】某地区有 5 000 户农户，根据历史资料得知其拥有彩色电视机的农户占 75%。采用简单随机抽样方法，要求在 95.45% 的概率保证下，抽样允许误差不超过 0.02，问应抽多少户作为样本？

解：在重置抽样情况下，必要样本单位数为

$$n = \frac{Z_{\alpha/2}^2 P(l-P)}{\Delta_P^2} = \frac{2^2 \times 0.75 \times 0.25}{0.02^2} = 1\,875(户)$$

在不重置抽样情况下，必要样本单位数为

$$n = \frac{N Z_{\alpha/2}^2 P(l-P)}{N \Delta_P^2 + Z_{\alpha/2}^2 P(l-P)} = \frac{5\,000 \times 2^2 \times 0.75 \times 0.25}{5\,000 \times 0.02^2 + 2^2 \times 0.75 \times 0.25} \approx 1\,364(户)$$

计算结果表明，在重置抽样情况下，应抽取 1 875 户进行调查，在不重置抽样情况下，应抽取 1 364 户进行调查才能满足研究问题的需要。

应用上面公式确定样本量时应注意以下问题：

第一，上式给出的 n 是最低的，即必要样本单位数，通常确定最终的样本量还需要考虑费用以及问题的重要性、调查表的回收率等其他因素。

第二，如果进行一次抽样调查，要同时估计多个总体指标，则利用上述公式的计算结果往往是不同的，为了在一次估计中同时满足多个参数的估计要求，应选择较大的样本量。

第三，上述公式计算的 n 一般非整数，此时多采用比这个数大的邻近整数代替（一般不用四舍五入）。如计算结果是 534.01，则样本容量应取 535 而非 534。

第四，确定样本量是在抽样推断之前进行的，往往总体方差未知，也没有可替代它的样本方差资料，这就需要进行总体指标的预先估计。

另外，在实际确定样本容量时，还应该考虑调查所具备的条件，如人力、物力和时间等，它们对样本容量起着某种限制性作用。在人力、物力和时间都比较宽松的情况下，应以样本容量能够满足研究问题的需要为基本出发点。但在人力、物力和时间都比较紧张的情况下，不能只考虑缩小样本会达到节省费用和时间的一面，而忽视调查的目的与要求的置信度和置信区间。

三、总体指标的预先估计

（一）利用历史资料

如果有历史资料，可利用历史资料代替；如果有若干个可供选择的历史资料，应采用数值最大的一个，从而给出一个最谨慎的估计。

（二）利用预调查（或试调查）

如果没有可供替代的历史资料，可通过组织预调查（或试调查）获取替代资料。

对于大型调查，通常都要进行预调查，预调查的样本量 n 一般比较小。组织预调查或试调查的目的通常有三个：一是发现调查组织工作中可能存在的问题；二是判断问卷设计是否合理，有没有逻辑错误或询问的歧义等；三是实现总体指标的预先估计。

（三）两步调查法

如果时间允许，并且总体现象相对稳定（总体范围和目标量的数量特征不会随时间的变化有大的变化），就可以通过组织两步调查的方法进行总体指标的预估。调查先确定一个可以承受的样本量 n_0，调查后对估计精度进行计算，如果精度达到要求，则调查结束；否则，根据 n_0 个样本单位获取的信息计算为达到精度要求所需的样本量 n；再补抽 $(n-n_0)$ 个单位进行调查即可。

相比而言，如果估计的是总体成数，只要根据分析确认 P 不是稀有事件的比例，也就是说 P 只要在 $0.2 \sim 0.8$，问题就变得比较简单，可以取使 $P(1-P)$ 达到最大的 P 值，即 $P=0.5$，此时估计的样本量是最谨慎的。如果是稀有事件，则需要用逆抽样方法。

第五节 Excel 在抽样估计中的应用

一、Excel 在总体平均数区间估计中的运用

要估计总体平均数就要先根据样本数据计算出样本平均数、样本标准差，再计算抽样平均误差和抽样极限误差，最后计算出区间下限和上限。

（一）由未分组的样本数据求总体平均数的置信区间

由未分组的样本数据，即原始调查数据计算总体平均数区间估计所需指标，可以使用 Excel 中的有关函数或输入计算公式计算。但使用"描述统计"分析工具显然要简便得多，使用该工具可以直接得到估计总体平均数的区间所需的样本平均数、修正的样本标准差、抽样平均误差和抽样极限误差。

使用"描述统计"分析工具的具体操作步骤：

（1）在单元格 A 列第一行中输入数据标志，在后续的单元格中输入各个样本值。

（2）选择菜单栏中的"数据"→"数据分析"命令，在弹出的"数据分析"对话框的"分析工具"列表框中选择"描述统计"选项，单击"确定"按钮，弹出"描述统计"对话框。

（3）在"输入区域"数值框中输入待分析数据所在的单元格区域。在"分组方

式"下指定输入区域中的数据是按行还是按列排列，本例中选中"逐列"选项。

如果输入区域的第一行（或列）中包含标志项（变量名），则选中"标志位于第一行"复选框，Excel 将在输出表第一行显示标志。如果输入区域没有标志项，则取消选中它，Excel 将自动在输出表第一行显示"行 1"。

在对话框下半部分的"输出选项"栏中指定显示和存放计算结果的位置和输出内容。通常可选中"输出区域"选项并在其右侧数值框中指定显示输出结果表的起点单元格地址。如果要将计算结果用一个新工作表来显示，则选中"新工作表组"选项；如果需要给该新工作表命名，则在右侧编辑框中输入名称；如果要将计算结果用一个新工作簿来显示，则选中"新工作簿"单选按钮。

选中"汇总统计"复选框，输出表则会包括样本的平均值、标准误差、中位数、众数、标准差、方差、峰度值、偏度值、极差、最小值、最大值和观测数等统计指标。选中"平均数置信度"复选框并在右侧的编辑框中指定置信度，则输出由样本均值推断出的总体均值的抽样极限误差。在"描述统计"对话框中必须选中"汇总统计"和"平均数置信度"复选框，在"平均数置信度"的编辑框中指定置信度（默认值为95%）。输出结果中的"平均"就是样本平均数，"标准误差"就是抽样平均误差，"标准差"实际是指修正的样本标准差，"观测数"就是样本量 n，最后一栏的数值就是给定置信度所对应的抽样极限误差 Δ。

选中"第 K 大（小）值"复选框，并在编辑框中指定 K 的数值，则输出表中会包含多的第 K 大（小）值。K 的默认值为 1，等于要求输出最大值和最小值，这一要求实际已包括在汇总统计中，所以最好选择 2 以上的数，这样得到的信息量显然更大。

（4）设置完"描述统计"对话框后，单击"确定"按钮，输出结果。Excel 的描述统计的输出结果分为两列，左边一列是所计算的各个统计指标名称，右边一列是对应的指标数值。需要注意的是，Excel 的描述统计工具自动把数据作为样本进行处理，输出表中的标准差和方差分别指样本标准差和方差。若是总体数据，需要计算总体标准差和方差，则可分别用函数 STDEVP 和 VARP 来实现。显然，若要计算分布特征的一系列指标，使用"描述统计"分析工具比使用函数功能更为简便、快捷，而且还可以同时对多个变量（多列或多行的数据）进行计算。

例如，银杏标准酒店餐饮部从一批袋装食品中随机抽取 10 袋，测得每袋重量（单位：克）分别为 988、981、996、962、1 004、1 013、970、985、1 010、1 005。要求在 95% 的置信度下，估计这批食品的平均每袋重量的置信区间。

对样本数据的总体平均数进行区间估计，可将样本数据输入工作表（如图 6-3 中的 A 列所示，即单元格 A2～A11）。若指定输出区域的起点单元格为 C1，则使用"描述统计"分析工具得到的输出结果显示在 C 列和 D 列，如图 6-3 所示。

本例中，不难得出，在 95% 的置信度下：总体平均数的置信区间下限为 991.40-12.30＝979.10，总体平均数的置信区间上限为 991.40+12.30＝1 003.70。

	A	B	C	D
1	每袋重量		每袋重量	
2	988			
3	981		平均	991.4
4	996		标准误差	5.43691
5	962		中位数	992
6	1004		众数	#N/A
7	1013		标准差	17.193
8	970		方差	295.6
9	985		峰度	-0.9234
10	1010		偏度	-0.424
11	1005		区域	51
12			最小值	962
13			最大值	1013
14			求和	9914
15			观测数	10
16			置信度（95.0%）	12.2992

图 6-3　"描述统计"工具用于抽样估计的输出

需要说明的是，Excel 的"描述统计"在计算抽样平均误差和抽样极限误差时，是严格按总体方差未知时的估计方法来计算的（应该说这更符合一般的实际情况），即以修正的样本方差作为总体方差的无偏估计量，且根据由 t 分布确定的 $t_{\alpha/2}$ 值来计算抽样极限误差。但当样本量 n 充分大（一般认为要不少于 30）时，样本标准差 S 与修正的样本标准差 S^* 的差别很小，t 分布也非常接近标准正态分布（从而 $t_{\alpha/2}$ 近似 $Z_{\alpha/2}$），所以，Excel 的"描述统计"分析工具也适合于大样本总体标准差未知的情况下对抽样平均误差和抽样极限误差的计算。

（二）由已分组样本数据或给定的样本指标求总体平均数的置信区间

由已整理的样本数据估计总体平均数，只能运用 Excel 的函数或公式功能来实现。若给定已分组的样本数据，则要利用加权的方法先计算出样本平均数和样本标准差。

若已经给定或计算出了样本平均数和样本标准差，就可通过输入公式来计算抽样平均误差和抽样极限误差。具体使用方法如下：

（1）计算抽样平均误差。选定一个空白单元格（如单元格 B1），在其中输入抽样平均误差计算公式，并代入数值，按 Enter 键即可得到计算结果（显示在单元格 B1 中）。

（2）根据给定的置信度确定对应的 $Z_{\alpha/2}$ 值。其方法是使用"标准正态分布累积函数的逆函数"。在选定的一个空白单元格（如单元格 B2）中输入函数名及其参数" = NORMSINV （（1-α）+ ［1-（1-α）］/2）"，即可得到对应的 $Z_{\alpha/2}$ 值（显示在单元格 B2 中）。

（3）计算抽样极限误差。在选定的一个空白单元格（如单元格 B3）中使用单元格引用，输入公式" =B2 * B1"，即可得到计算结果（显示在单元格 B3 中）。

（4）计算总体平均数的置信区间的下限和上限，分别输入公式" = - B3"和" = + B3"。

二、Excel 在估计总体成数中的运用

若样本数据是未分组的调查数据，则可先利用函数 COUNT 或 COUNTIF 统计出具有某一属性或水平的观测数，再将具有某一属性的观测数与样本容量 n 对比求出样本成数 p。

得到样本成数的值之后，再计算成数的抽样平均误差和抽样极限误差，最后计算出估计的总体成数区间的下限和上限。读者可以按它们各自的计算公式在 Excel 中实现相应的计算。

计算满足允许误差要求所必需的样本量，同样也可以使用 Excel 的公式功能来实现。

素质教育小故事

秦老师的低碳统计之路

在一个绿意盎然的环保城市，秦老师是一位专注于统计抽样估计的环保专家。他深知，要有效地推动低碳生活，必须依靠科学的数据分析和决策。因此，秦老师将统计抽样估计与低碳理念相结合，为城市的绿色发展贡献着自己的智慧和力量。

秦老师所在的环保部门负责监测和评估城市的碳排放情况。为了更准确地了解城市的碳排放水平，秦老师决定采用统计抽样估计的方法来进行调查。他精心设计了抽样方案，选择了具有代表性的样本，以确保数据的可靠性和有效性。

在抽样过程中，秦老师发现，不同区域、不同行业、不同人群的碳排放情况存在显著差异。为了更深入地了解这些差异，他带领团队进行了深入的现场调研和访谈。他们走进工厂、学校、社区，与人们面对面交流，了解他们的碳排放情况、低碳生活习惯以及对于环保的看法和建议。

通过统计抽样估计和实地调研，秦老师得到了大量的数据和信息。他运用统计学的知识和方法，对数据进行了深入分析和挖掘。他发现，虽然城市的碳排放总量在逐年下降，但仍有部分行业和人群的碳排放量较高，需要进一步加强管理和引导。

基于这些发现，秦老师向环保部门提出了一系列有针对性的建议。他建议加强对高碳排放行业和人群的监管和引导，推广低碳技术和产品，提高人们的环保意识和参与度。同时，他还建议加强与其他城市的合作和交流，共同推动低碳发展。

环保部门高度重视秦老师的建议，并决定采纳和实施。环保部门加强了对高碳排放行业和人群的监管，推广了一系列低碳技术和产品，开展了各种形式的环保宣传和教育活动。在秦老师和其他环保专家的共同努力下，城市的碳排放量逐年下降，空气质量和水质得到了显著改善。

在这个过程中，秦老师深刻地体会到统计抽样估计与低碳理念相结合的重要性。他认为，只有依靠科学的数据分析和决策，才能更准确地了解城市的碳排放情况，制定更加科学合理的环保政策。同时，他也意识到，低碳发展不仅是政府的责任，而且是每个人的责任。只有每个人都积极参与到低碳生活中来，才能真正实现可持续发展。

章节练习

一、单选题

1. 抽样推断的基本内容是（　　）。
   - A. 参数估计
   - B. 假设检验
   - C. 参数估计和假设检验两方面
   - D. 数据的收集

2. 抽样平均误差的实质是（　　）。
   - A. 总体标准差
   - B. 抽样总体的标准差
   - C. 抽样总体方差
   - D. 样本平均数（成数）的标准差

3. 不重置抽样平均误差（　　）。
   - A. 总是大于重置抽样平均误差
   - B. 总是小于重置抽样平均误差
   - C. 总是等于重置抽样平均误差
   - D. 上情况都可能发生

4. 抽样误差大小（　　）。
   - A. 可以事先计算，但不能控制
   - B. 不可事先计算，但能控制
   - C. 能够控制和消灭
   - D. 能够控制，但不能消灭

5. 随机抽出 100 个工人，占全体工人 1%，工龄不到一年的比重为 10%。在概率为 0.954 5时，计算工龄不到一年的工人比重的极限抽样误差。（　　）
   - A. 0.6%
   - B. 6%
   - C. 0.9%
   - D. 3%

6. 根据抽样调查 25 个工厂（抽取 2%）资料，采购阶段流动资金平均周转时间为 52 天，方差 100，在概率为 0.954 时，计算流动资金平均周转时间的极限抽样误差。（　　）
   - A. 0.8
   - B. 3.96
   - C. 4
   - D. 226

7. 根据某市公共电话网 100 次通话情形抽样调查，知道每次通话平均持续时间为 4 分钟，均方差为 2 分钟。在概率为 0.954 5 时，计算每次通话平均持续时间的极限抽样误差。（　　）
   - A. 0.2
   - B. 0.4
   - C. 0.28
   - D. 0.142 8

8. 调查某工厂 19% 的产品，不重复随机抽样误差为重复随机抽样误差的（　　）。
   - A. 10%
   - B. 19%
   - C. 90%
   - D. 不能预计其结果

9. 假定 10 亿人口大国和 100 万人口小国的居民年龄的变异程度相同，现在各自用重置抽样方法抽取本国的 1% 人口计算平均年龄，则平均年龄的抽样平均误差为（　　）。
   - A. 两者相等
   - B. 前者比后者大

C. 前者比后者小   D. 不能确定

10. 根据抽样调查的资料，某城市人均日摄入热量为 2 500 千卡，抽样平均误差为 150 千卡，试问有多大的置信度来断定该市人均摄入热量在 2 350 千卡至 2 650 千卡之间？（   ）。

   A. 0.954 5   B. 0.682 7

   C. 1   D. 0.90

11. 对某型号电子组件耐用性能进行抽样调查，耐用时数的平均数为 1 055.5 小时，抽样平均误差为 5.191 小时，要求耐用时数误差范围 10.5 小时，据以估计该批电子组件的耐用时数在 1 045~1 066 小时，其概率保证程度为 （   ）。

   A. 95.45%   B. 68.27%

   C. 99.73%   D. 2

12. 对进口的一批服装取 25 件作抽样检验，发现有一件不合格。概率为 0.954 5 时计算服装不合格率的抽样误差为 7.3%。要使抽样误差减少一半，必须抽多少件服装做检验？（   ）。

   A. 50   B. 100

   C. 625   D. 25

13. 对某型号电子组件 10 000 个进行耐用性能检查，由以往抽样检验知道，组件合格率为 91%，合格率均方差为 28.62%，要求概率度为 2 的条件下，合格率的允许误差不超过 5%，试确定不重置抽样所需要抽取的单位数。   （   ）

   A. 129   B. 130

   C. 131   D. 132

二、多选题

1. 影响抽样误差大小的因素有（   ）。
   A. 样本各单位标志值的差异程度   B. 总体各单位标志值的差异程度
   C. 样本单位数   D. 抽样方法

2. 置信度、概率度和精确度的关系表现在（   ）。
   A. 概率度增大，估计的可靠性也增大
   B. 概率度增大，估计的精确度下降
   C. 概率度缩小，估计的精确度也缩小
   D. 概率度缩小，估计的置信度也缩小

3. 下面哪些是影响必要样本容量的因素？（   ）。
   A. 总体各单位标志变异程度   B. 允许的极限误差大小
   C. 推断的可靠程度   D. 抽样方法和抽样组织方式

4. 采用分层抽样的组织形式（   ）。
   A. 需要对总体各单位进行分组   B. 组内进行全面调查
   C. 抽样误差较其他几种组织形式要小   D. 最符合随机原则

5. 抽样误差的表现形式有（   ）。
   A. 抽样实际误差   B. 登记性误差

C. 抽样标准误　　　　　　　　D. 抽样极限误差

6. 抽样的参数估计方法一般有（　　）。

   A. 点估计　　　　　　　　　B. 等比估计

   C. 区间估计　　　　　　　　D. 非线性估计

7. 抽样标准误是（　　）。

   A. 反映样本指标与总体指标的平均误差程度

   B. 样本指标的标准差

   C. 总体指标的标准差

   D. 衡量抽样指标对于全及指标代表程度的尺度

8. 抽样极限误差、抽样标准误、抽样概率度三者中，当其中一者固定时，另两者之间关系为（　　）。

   A. 抽样标准误与抽样概率度成反比

   B. 抽样极限误差与抽样标准误成正比

   C. 抽样极限误差与抽样概率度成正比

   D. 抽样标准误与抽样概率度成正比

三、判断题

1. 抽样分布就是样本分布。　　　　　　　　　　　　　　　　　　　（　　）

2. 总体指标虽然未知，但具有唯一性。　　　　　　　　　　　　　　（　　）

3. 样本容量就是样本个数。　　　　　　　　　　　　　　　　　　　（　　）

4. 抽样精度和抽样概率保证度往往存在矛盾。　　　　　　　　　　　（　　）

5. 抽样极限误差越大，用以包含总体指标的区间就越大，估计的把握程度也就越大，因此极限误差越大越好。　　　　　　　　　　　　　　　　　　　（　　）

四、计算题

1. 假定某现象总体在各个地区的比重资料如表6-8所示。

表6-8　某现象总体在各个地区的比重资料

地区	被研究标志的成数 /%	单位数	
		总体	样本
甲	80	6 000	300
乙	60	3 000	150
丙	70	1 000	50

要求：（1）假如概率保证程度为95.45%，极限误差不大于2%，请确定不重置抽样的必要单位数。

（2）求样本单位数按地区分配的比例。

2. 对某市个体商户的月零售额进行抽样调查，由于个体户之间的零售额差别很大，因此按申报的资金划分为大、中、小三类。采取分类（层）抽样方法将调查结果的有关数据整理如表6-9所示。

表 6-9　调查结果的有关数据

类（层）	总体/户 N_i	抽样/户 n_i	$\bar{x}_i$/万元	σ_i^2
大	60	9	20	16.0
中	240	36	8	4.0
小	300	45	1	0.5
合计	600	90		

要求：试以 95.45% 的概率保证程度估计个体户的平均零售额区间。

3. 某乡粮食播种面积 20 000 亩，现按平原和山区面积比例抽取其中 2%，结果如表 6-10 所示。

表 6-10　抽样调查结果

耕地按地势分组	全部面积/亩	样本面积/亩	样本平均亩产/千克	亩产标准差/千克
平原	14 000	280	560	80
山区	6 000	350	350	150
合计		630	910	230

要求：（1）试在不重置抽样条件下计算抽样平均误差。

（2）试以 95.45% 的可靠性估计该乡平均亩产的范围。

4. 假定某食杂店将顾客购买金额分为 35 元以下和 36 元以上两组，采取比例抽样调查方式，得到如表 6-11 所示资料（按 10% 抽样）。

表 6-11　比例抽样调查得到的资料

购买金额/元	顾客人次	平均购买/元	均方差/元
35 以下	150	26	7
36 以上	250	42	9

要求：（1）试以概率度 2 来估计每位顾客平均购买金额的区间范围。

（2）试计算每位顾客平均购买金额允许误差不超过 16 元的概率度。

5. 为了确定胶卷平均使用期限，采用成批机械抽样的方法在 900 个装着胶卷的暗盒中抽取 9 盒。抽样调查的资料平均使用期限为 8 个月。每暗盒的胶卷平均使用期限如表 6-12 所示。

表 6-12　每暗盒的胶卷平均使用期限

胶卷编号	1	2	3	4	5	6	7	8	9
使用期限/月	8.2	8.0	7.7	8.5	7.9	8.8	7.0	7.5	8.4

要求：（1）试以 99.73% 的概率确定胶卷使用平均期限的抽样误差。

（2）全及总体指标的可能范围。

6. 为某产品进行抽样检验作准备，先进行 10 批的试验调查，所得结果如表 6-13 所示。

表 6-13　试验调查结果

批号	每批被检标志平 均值/立方厘米
1	50
2	54
3	58
4	80
5	72
6	66
7	60
8	54
9	78
10	64

要求：（1）如果全及总体由 3 000 批组成，每批包含同量产品。为使抽样误差不超过 3 立方厘米，保证概率 0.954 5，试问用不重置抽样方法必须抽出多少批才能做出全面判断？

（2）假定概率保证程度不变，抽样误差减少 2/3，应抽取多少批来判断？

第七章

假设检验

第一节　假设检验的基本原理

一、问题的提出

　　假设检验是统计推断的重要内容之一。在许多场合，人们需要利用样本信息对某个陈述或命题的真伪做出判断。例如，在酒店商品采购过程中，采购员宣称其产品的质量是达标的，采购方通常就要利用抽样检查的信息来判断生产者的说法是否可以信赖；公司推出一项新服务举措后，有关部门认为顾客满意率可能提高了，这一看法是否符合实际只能通过抽样调查信息来加以检验；在医药领域，研制出某种新药后，研究者要判断新药是否比旧药更有效。要对上述问题做出推断，就需要进行假设检验。在这类问题中，人们首先要提出一个有待检验的关于总体参数具体数值的某个陈述或命题（原假设），然后利用样本信息来判断这个原假设是否成立，这种统计推断方法就是总体参数的假设检验。

【例7-1】大量资料表明，银杏标准酒店厨具设备中某零件长度服从正态分布，平均长度为4厘米，标准差为0.15厘米。现从改革后的零件中抽查100个零件，测得平均长度为3.95厘米。现问：该零件改革前后的长度是否发生了显著的变化？

这是一个关于厨具设备零件改革后的总体平均长度是否等于4厘米的问题。因为不可能进行全面调查，所以对这个总体平均数的真实情况并不能确切地把握，只能通过随机抽查所得的样本信息来加以推断，即需要利用假设检验方法来判断"厨具设备中零件改革后的总体平均长度等于4厘米"这一命题是否成立。

二、假设检验的基本思想和主要特点

为了说明假设检验的基本原理，先解释一下概率论中的一个基本原理——小概率原理。概率论中，把在一次随机试验中发生可能性很小的事件称为小概率事件。小概率原理就是关于小概率事件在一次试验中实际不应该发生的推断原理。具体地说，小概率事件在多次试验中才有可能发生一次，实际决策时通常认为它在一次试验中是不会发生的；反之，如果在一次试验中小概率事件居然发生了，人们宁愿相信该事件的前提条件有错误。小概率原理是人们在实际生活中广泛运用的一个推断原理。例如，某一密码由4个阿拉伯数字组成，若随机猜测4个数字，则"一次猜中"是一个小概率事件（概率只有万分之一），所以通常认为这是不应该发生的；若有人一次就猜中，人们自然就会怀疑有泄密或某种非随机因素的影响。

在假设检验中，一个随机样本就是一次随机试验的观测结果。在一定假设前提下，某些样本的出现属于小概率事件，它在一次抽样中是不该发生的；反之，如果正好抽到这样的样本，那就应当怀疑导致这种不合理现象的假设前提，即应当判定原来的假设前提不成立。

在例7-1中，样本平均长度与4厘米之差不外乎有两个可能的原因：一是改革后的总体平均长度不变，但由于抽样的随机性使样本均值与总体均值（4厘米）之间存在抽样误差；二是总体均值确实发生了变化，从而使得来自这一总体的样本均值不等于4厘米，这种误差属于非抽样误差中的系统误差。

样本均值的抽样分布定理告诉我们，若总体服从正态分布且均值为 $\bar{x}$ 、方差为 σ^2，从该总体中随机抽取容量为 n 的样本，则样本均值 $\bar{x}$ 服从均值为 $\bar{x}$ 、方差为 $\dfrac{\sigma^2}{n}$ 的正态分布，即 $\bar{x} \sim N(\bar{X}, \dfrac{\sigma^2}{n})$ ；样本均值 $\bar{x}$ 的标准化值 $Z = \dfrac{\bar{x} - \bar{X}}{\dfrac{\sigma}{\sqrt{n}}}$ 服从标准正态分布（均值为0、方差为1的正态分布），即 $Z = \dfrac{\bar{x} - \bar{X}}{\dfrac{\sigma}{\sqrt{n}}} \sim N(0, 1)$ 。由标准正态分布的性质

可知，对于任一给定的置信度 $(1-\alpha)$，必然有一个对应的值 $Z_{a/2}$，使得 $|Z|=\dfrac{|\,x-\bar{X}\,|}{\dfrac{\sigma}{\sqrt{n}}}<Z_{a/2}$ 的概率为等于 $(1-\alpha)$；反之，则 $|Z|\geqslant z_{a/2}$ 的概率为 α。

根据上述定理，在本例中，若 $\bar{X}=4$ 的假设成立，则样本平均长度与 4 厘米之差属于抽样误差范围。当置信度 $(1-\alpha)$ 很大而相应的 α 很小时，应有 $|Z|=\dfrac{|\,\bar{x}-4\,|}{\dfrac{\sigma}{\sqrt{n}}}<$

$z_{a/2}$，而应有的 $|Z|\geqslant z_{a/2}$ 就是一个小概率事件。根据小概率原理，在一次随机抽样中这一小概率事件是不该发生的：若它发生了，就应当怀疑导致这种"不合理"现象的前提假设，即应当判定原来的假设前提 $\bar{x}=4$ 不成立。

本例中，$\bar{x}=3.95$，$\sigma=0.15$，$n=100$，当 $\alpha=0.001$ 时，$Z_{a/2}=3.29$，可计算得 $Z=$

$$\dfrac{|\,\bar{x}-4\,|}{\dfrac{\sigma}{\sqrt{n}}}=\dfrac{3.95-4}{\dfrac{0.15}{\sqrt{100}}}=-3.333$$

$$|Z|=3.333>Z_{a/2}=3.29$$

这就意味着，如果 $\bar{X}=4$ 这一假设成立，那么这一次抽样中就发生了 $|Z|>3.29$ 这一小概率事件。或者说，由于 $|Z|\geqslant 3.333$ 的概率只有 0.000 858（可由 Excel 的标准正态分布函数求得，详见本章第五节的介绍），如果 $\bar{X}=4$ 的假设成立，那么随机抽出这种样本的概率仅为 0.000 858，比事先给定的小概率 α 的值 0.001 还小，所以，应否定 $\bar{X}=4$ 这一假设，即应推断工艺改革后零件的长度有了显著的变化。

由上例可见，假设检验这种统计推断方法是基于小概率原理的反证法。具体来说，它有以下两个主要特点：

（1）假设检验的推理过程运用的是反证法。它先承认待检验的假设是成立的，然后观察在此假设成立的前提下样本的出现是否合理，如果不合理（样本所代表的事实与假设前提得出的结论发生了矛盾），则可推翻作为推理前提的假设。

（2）假设检验的推理逻辑不同于一般的反证法，因为它判断合理与否所依据的是小概率原理。但是，在一次随机试验中小概率事件只是发生的可能性很小而并非绝对不会发生，因此检验结论有可能出现错误。

三、假设检验中的两类错误

假设检验是以样本信息为依据、基于小概率原理、按一定概率标准来做出判断的。我们希望当原假设不真时拒绝它，而当原假设为真时不拒绝它。但由于抽样是随机性的，我们无法保证我们的判断不犯错误。拒绝原假设，原假设未必是假的；不拒绝原假设，也不意味着原假设必定就是真的。假设检验中可能犯的错误分为以下两种类型：

如果原假设事实上为真，但我们根据假设检验的规则做出了否定或拒绝原假设的结论，那么这类错误称为第一类错误，也称"弃真"或"拒真"错误。在例7-1中，

若 $\bar{X} = 4$ 是真实的，但随机抽出样本的样本均值为 3.95，导致了小概率事件 $|Z| \geq z_{a/2}$ 发生，按照检验规则应认为 $\bar{X} = 4$ 不成立。这里的判断就犯了第一类错误。犯第一类错误的概率也称为假设检验的显著性水平，它也就是前面提到的"小概率"具体标准，通常用 α 表示。

当原假设事实上不真，但由于样本统计量并没有导致小概率事件出现，从而做出不拒绝原假设的结论，这类错误则称为第二类错误，又称"取伪"或"采伪"错误。例如，大家称其产品质量是达标的，其实这不是事实，但买方在产品质量抽检时并没有发现明显的质量问题，从而接受了生产者的观点，这就犯了第二类错误。犯第二类错误的概率通常记为 β。

假设检验中的结论与两类错误的关系如表 7-1 所示。

表 7-1　假设检验中的检验结论与两类错误

检验结论	实际情况	
	原假设为真	原假设不真
拒绝原假设	第一类错误（拒真）（概率为 α）	判断正确
未拒绝原假设	判断正确	第二类错误（取伪）（概率为 β）

进行假设检验时，我们总希望犯两类错误的可能性都尽可能小。然而，在其他条件不变的情况下，α 和 β 呈此消彼长的关系，两者不可能同时减小。若要同时减小 α 和 β，只能增大样本量 n。一般总是事先控制 α，在确定 α 时必须注意，如果犯第一类错误的代价较大，α 应取值小一些；反之，如果犯第二类错误的代价较大，则 α 应取值大一些（以使 β 较小）。

第二节　假设检验的一般步骤

一、提出原假设和备择假设

对每个假设检验问题，一般可同时提出两个相反的假设：一是原假设，又称零假设，它往往代表原来的状态、以往的经验或某个被怀疑的陈述，通常记为 H_0；二是备择假设，也称为对立假设，是一个与原假设完全相反的陈述，记为 H_1。当检验结论为拒绝原假设时，就等于接受了备择假设。

设所要检验的总体参数为 θ，用 θ_0 代表该参数的假设值（它是一个具体数值）。一般地，总体参数的假设检验有下列三种形式：

（1）$H_0: \theta = \theta_0$；$H_1: \theta \neq \theta_0$。这种形式的假设检验称为双侧检验。如果对所研究问题只需判断有无显著差异或要求同时注意总体参数偏大或偏小的情况，则采用双侧检验。例如，例 7-1 中检验的参数是总体均值，原假设和备择假设可表述为

$$H_0: \bar{X} = 4；H_1: \bar{X} \neq 4$$

（2）$H_0: \bar{X} = \theta_0$（或 $\theta \geq \theta_0$）；$H_1: \theta \neq \theta_0$。这种形式的假设检验称为左侧检验。在例

7-1 中，如果我们在乎的是零件长度是否比原来有所缩短，则可采用左侧检验，即

$$H_0: \bar{X} = 4; \quad H_1: \bar{X} < 4$$

（3）$H_0: \theta = \theta_0$（或 $\theta \leqslant \theta_0$）；$H_1: \theta > \theta_0$。这种形式的假设检验称为右侧检验。例如，某种疾病传统疗法的治愈率是 85%，我们关注新疗法的治愈率（用 P 表示）是否显著提高，可提出如下假设

$$H_0: P = 0.85（或 P \leqslant 0.85）; \quad H_1: P > 0.85$$

左侧检验和右侧检验统称为单侧检验。虽然单侧检验中原假设的参数设值可以是一个区域，但实际检验时，通常都只针对其边际值 θ_0 进行检验，若能否定 $\theta \approx \theta_0$，则其余假设值就更有理由被否定。

在单侧检验时，原假设和备择假设的建立，应根据所检验问题的具体背景而定。常常是采取"不轻易拒绝原假设"的原则，即把没有充分理由就不能轻易否定的命题作为原假设，这样一旦拒绝原假设而接受备择假设时，理由是很充分的，犯错误的可能性很小。因此，通常也把想要证明的命题或想要支持的陈述作为备择假设 H_1，再将相反的命题作为原假设 H_0。在实际应用中，通常可将样本信息所显示的方向作为备择假设 H_1 的方向。因为正是样本信息显示出了与假设值的差异，才对相反的命题产生了怀疑，也才有检验这种差异是否显著的必要。如例 7-1 中，样本均值为 3.95 厘米。如果要进行单侧检验，显然我们要怀疑的是 $\bar{X} \geqslant 4$，而样本信息可能支持的是 $\bar{X} < 4$，因此备择假设应该是 $H_1: \bar{X} < 4$。

二、选择适当的检验统计量，明确其概率分布

某个总体参数的数值进行假设检验时，为了说明原假设成立的前提下，样本的出现是否属于小概率事件，显然要以该参数的估计量的抽样分布为理论依据。在原假设成立的前提下，该估计量经过标准化转换后的变量就是用以对原假设做出检验和判断的样本统计量，称为检验统计量。检验统计量不包含未知总体参数（包含原假设中的参数值），其数值取决于样本观测结果。

在原假设成立的前提下，检验统计量的抽样分布应该是明确的。假设检验的具体方法的名称通常以检验统计量服从的分布来命名，常用的有 Z 检验（正态检验）、t 检验、F 检验和 χ^2 检验等。在例 7-1 中，所采用的是 Z 检验，检验统计量为 $Z = \dfrac{\bar{x} - 4}{\dfrac{\sigma}{\sqrt{n}}}$，

在 H_0 为真时，$Z \sim N (0, 1)$。

如何选择检验统计量呢？检验统计量的选择条件实质上与参数估计中用于构建置信区间的变量的选择条件是一致的，要看总体是否正态分布、总体方差是否已知，以及是大样本（$n \geqslant 30$）还是小样本（$n < 30$）等。

三、给定显著性水平 α，确定临界值和拒绝域

假设检验是基于小概率原理的推断，但多小的概率才算小概率呢？对此并没有统一的规定，而是由研究者根据实际问题的背景及其风险偏好来确定的。最常见的情况是取 α 为 0.05，也可以取 α 为 0.005、0.01、0.10 等。

给定了显著性水平 α ，就可由检验统计量的概率分布求得相应的临界值（可查有关概率分布表或在计算机上利用 Excel 的有关概率函数来确定）。临界值是划分拒绝原假设与否定两个区域的分界点。确定拒绝，就等于确定检验具体规则：当检验统计量的值落在拒绝域时，就应该拒绝原假设；反之，则不能拒绝原假设。

拒绝域不仅与显著性水平的大小和检验统计量的分布有关，也与假设类型有关。不同类型的假设检验，H_0 的拒绝域也有所不同。

双侧检验也称为双尾检验，有两个拒绝域，分别位于检验统计量分布曲线的两侧尾端，如图 7-1 所示。

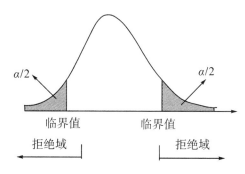

图 7-1　双侧检验的显著性水平与拒绝域

左侧检验也称为左尾检验，其拒绝域位于统计量分布曲线的左侧尾端，如图 7-2 所示。

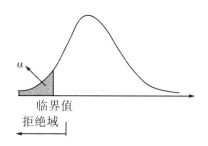

图 7-2　左侧检验的显著性水平与拒绝域

右侧检验也称为右尾检验，其拒绝域位于统计量分布曲线的右侧尾端，如图 7-3 所示。

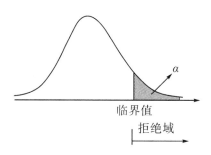

图 7-3　右侧检验的显著性水平与拒绝域

四、计算出检验统计量的观测值及其对应的 P 值

检验统计量是随着样本观测值的不同而有不同取值的随机变量。对于特定的样本，样本观测值一旦确定，检验统计量的值也就唯一地确定了。根据样本数据计算的检验统计量的值也称为检验统计量的观测值。

假设检验的 P 值是指在原假设成立的假定前提下，检验统计量等于实际观测值或更极端情况的概率。换言之，它表示的是：在原假设成立的假定前提下，出现这种与原假设相背离的样本以及更加背离原假设的样本的概率。显然，P 值小，就意味着在原假设成立的前提下发生了小概率事件，因此应该否定原假设。P 值越小表示样本数据与原假设相背离的程度越严重，拒绝原假设的理由就越充足，或者说拒绝原假设的信心就越强。显著性水平 α 是研究者自己事先给定的"小概率"，而 P 值则是根据样本数据计算的概率值，故 P 值又称为观测的显著性水平。

P 值的大小与检验统计量的分布、检验统计量的观测值、检验类型等因素都有关。计算 P 值时的方向随备择假设的方向而定。例如，应用 Z 检验时，若检验统计量的观测值为 z，则根据标准正态分布可计算相应的 P 值。

右侧检验时，P 值 $= P(Z \geq z)$（检验统计量落在观测值右侧的概率）。

左侧检验时，P 值 $= P(Z \leq z)$（检验统计量落在观测值左侧的概率）。

双侧检验时，P 值 $= 2 \times$ 单侧检验的 P 值。这里的单侧检验的 P 值指左侧概率与右侧概率中较小者。

事实上，P 值的具体计算是很复杂的，一般都不可能依靠手工计算，而需要借助于计算机来实现，统计分析软件在涉及假设检验时一般都给出了 P 值。

五、做出检验结论

假设检验的结论可采用两种判断规则来做出：一是依据临界值来判断；二是依据 P 值来判断。

依据临界值来判断，就是给定显著性水平 α 后，将检验统计量的观测值与 α 对应的临界值相比较来做出检验结论。当检验统计量的值落在拒绝区域内时，应拒绝原假设；反之则不能拒绝原假设。以 Z 检验为例，其具体规则如下。

双侧检验时，临界值为 $-Z_{\alpha/2}$ 和 $+Z_{\alpha/2}$，当 $|Z| \geq Z_{\alpha/2}$ 时，拒绝原假设。

左侧检验时，临界值为 $-Z_{\alpha}$，当 $Z \leq -Z_{\alpha}$ 时，拒绝原假设。

右侧检验时，临界值为 $+Z_{\alpha}$，当 $Z \geq +Z_{\alpha}$ 时，拒绝原假设。

无论哪种类型的检验，利用 P 值进行决策的具体规则都是一样的：若 P 值 $\leq \alpha$，则拒绝原假设；反之，若 P 值 $> \alpha$，则不能拒绝原假设。

就是否拒绝原假设而言，以上两种判断方法得到的检验结论是一致的。例如，采用 Z 检验时，以右侧检验为例，"$Z \geq Z_{\alpha}$"等价于"P 值 $\leq \alpha$"，结论都是拒绝原假设，两者之间的关系如图 7-4（a）所示；"$Z < Z_{\alpha}$"等价于"P 值 $> \alpha$"，结论都是不能拒绝原假设，两者之间的关系如图 7-4（b）所示。

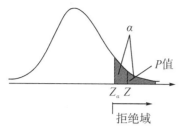 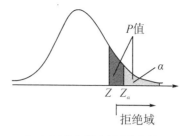

（a）拒绝原假设的情形　　　　　（b）不能拒绝原假设的情形

图 7-4　P 值与临界值两种判断方法的比较（Z 检验，右侧检验）

对于相同的 α，检验统计量的观测值落在相同区域内，检验结论就相同，但事实上由不同位置的观测值得到的检验结论在信心上还是有差别的，而 P 值就能够精确地表明这差别。如图 7-4（a）中，若观测值 z 落在更偏右的位置，那么检验的 P 值就更小，拒绝设假设就更有把握。此外，利用 P 值进行假设检验时，不必事先指定 α，不同决策者可以灵活地利用 P 值来做出自己的决策。

第三节　单个总体参数的检验

一、单个正态总体均值的检验

用 $\bar{X}$ 表示待检验的总体均值，$\bar{X}_0$ 表示总体均值的假设值（某一具体的数值）。对总体均值进行假设检验时，首先要建立下列三种类型之一的假设。

双侧检验：H_0：$\bar{X} = \bar{X}_0$；H_1：$X \neq \bar{X}_0$。

左侧检验：H_0：$\bar{X} = \bar{X}_0$（或 $\bar{X} \geqslant \bar{X}_0$）；$H_1$：$\bar{X} < \bar{X}_0$

右侧检验：H_0：$\bar{X} = \bar{X}_0$（或 $\bar{X} \leqslant \bar{X}_0$）；$H_1$：$\bar{X} > \bar{X}_0$

以上三种类型的假设，确定检验统计量及其分布的依据都是相同的，取决于总体是否服从正态分布、总体方差 σ^2 是否已知以及样本量大小等条件。

（一）总体方差 σ^2 已知时对正态总体均值的检验

当总体服从正态分布且总体方差 σ^2 已知时，若原假设中总体均值的数值为 $\bar{X}_0$，对总体均值的假设检验应采用 Z 检验，即检验统计量服从标准正态分布，在这里检验统计量为式（7.1）所示的变量 Z。

$$Z = \frac{\bar{x} - \bar{X}_0}{\sigma / \sqrt{n}} \sim N(0, 1) \tag{7.1}$$

例 7-1 就是应用上述检验方法对总体均值进行双侧检验的一个具体例子。下面来看一个右侧检验的情形。至于左侧检验，只是拒绝域的方向和计算 P 值的方向不同而已，读者可结合练习题去理解和掌握。

【例 7-2】 根据过去的大量资料，银杏标准酒店某厨具的零件使用寿命 $X \sim N(1\,020, 100^2)$。现从该厨具零件中随机抽取 16 件，测得样本平均寿命为 1 080 小时。试在 0.05 的显著性水平下判断这批产品的使用寿命是否有显著提高。

解：根据题意，应建立如下假设。

$$H_0: \bar{X} = 1\,020, \quad H_1: \bar{X} > 1\,020$$

已知总体服从正态分布且总体标准差为 100，应采用 Z 检验，即检验统计量为服从标准正态分布的 Z，如式（7.1）所示。

已知显著性水平 $\alpha = 0.05$，查正态分布表可得临界值为 $Z_\alpha = Z_{0.05} = 1.645$。

将有关数值代入式（7.1）可计算出检验统计量的值为

$$Z = \frac{\bar{x} - \bar{X}_0}{\sigma / \sqrt{n}} = \frac{1\,080 - 1\,020}{100 / \sqrt{16}} = 2.4$$

若根据临界值来判断，由于 $Z = 2.4 > Z_\alpha = 1.645$，所以应拒绝 H_0 而接受 H_1，即根据样本信息可认为这批厨具的零件使用寿命确有显著提高。

由检验统计量的值 $Z = 2.4$ 可计算出检验的 P 值为

P 值 $= P(Z \geq 2.4) = 1 - P(Z \leq 2.4) = 1 - 0.991\,802 = 0.008\,198$

根据 P 值来判断，由于 P 值 $= 0.008\,198 < \alpha = 0.05$，所以检验结论同样是拒绝 H_0。

（二）总体方差 σ^2 未知时对正态总体均值的检验

在小样本条件下，当总体方差 σ^2 未知时，需要用修正的样本方差 S^{*2} 代替总体方差 σ^2，这种情形下检验统计量就不再服从标准正态分布，而是服从自由度为 $(n-1)$ 的 t 分布，因此就需要采用 t 检验来检验总体均值，其检验统计量为式（7.2）所示的自由度为 $(n-1)$ 的 t 分布量。

$$t = \frac{\bar{x} - \bar{X}_0}{S^* / \sqrt{n}} \sim t(n-1) \tag{7.2}$$

t 检验的程序与 Z 检验的程序完全相同，不同的只是临界值和 P 值是根据自由度为 $(n-1)$ 的 t 分布来计算的。对于给定的显著性水平 a，由 t 分布表可得临界值；将所计算的 t 值与临界值比较，可得出检验结论。

双侧检验时，临界值为 $-t_{\alpha/2}(n-1)$ 和 $t_{\alpha/2}(n-1)$，若 $|t| > -t_{\alpha/2}(n-1)$，则拒绝 H_0；反之不能拒绝 H_0。

左侧检验时，临界值为 $-t_\alpha(n-1)$，若 $t < -t_\alpha(n-1)$，则拒绝 H_0；反之不能拒绝 H_0。

右侧检验时，临界值为 $t_\alpha(n-1)$，若 $t > t_\alpha(n-1)$，则拒绝 H_0；反之不能拒绝 H_0。

【例 7-3】银杏标准酒店采用自动包装机分装食品；假定每包食品的重量服从正态分布，每包标准重量为 1\,000 克。某日随机抽查 9 包，测得样本平均重量为 986 克，修正的样本标准差为 24 克。试问在 0.05 的检验水平上，能否认为该天自动包装机工作正常？

解：根据题意可知，检验目的是观察食品的平均每包重量是否与标准重量一致。因此，建立如下假设。

$$H_0: \bar{X} = 1\,000, \quad H_1: \bar{X} \neq 1\,000$$

由于总体服从正态分布，但是总体方差未知，且样本为小样本，所以应采用 t 检验即检验统计量如式（7.2）所示。

本例属于双侧检验，有两个临界值：$-t_{\alpha/2}(n-1)$ 和 $-t_{\alpha/2}(n-1)$。已知 $\alpha = 0.05$，查 t 分布表得

$$t_{\alpha/2}(n-1) = t_{0.025}(9-1) = 2.306$$

检验统计量的值为

$$t = \frac{\bar{x} - \bar{X}_0}{S^*/\sqrt{n}} = \frac{986 - 1\,000}{24/\sqrt{9}} = -1.75$$

由于 $|t| = 1.75 < t_{\alpha/2}(n-1) = 2.306$，所以不能拒绝 H_0，即可认为该天自动包装机工作仍属正常。

这里的检验是双侧检验，$t = -1.75$，所对应的 P 值就是 t 分布左尾概率 $P(t \leqslant -1.75)$ 的两倍（或右尾概率的两倍，因为 t 分布是关于 $t = 0$ 对称的）。Excel 只给出分布右尾的概率，用 Excel 计算 P 值时 t 值只能为正数，即

$$P \text{ 值} = 2 \times P(t \leqslant -1.75) = 2 \times P(t \geqslant 1.75) = 2 \times 0.059\,1 = 0.118\,2$$

若根据 P 值来判断，由于 P 值 $> a$，所以不能拒绝 H_0，结论同上。

在大样本条件下，由式（7.2）构造的检验统计量 t 近似服从标准正态分布。因此，总体方差未知时，只要样本量足够大，对总体均值的假设检验通常近似采用 Z 检验，检验计量 Z 为

$$Z = \frac{\bar{x} - \bar{X}_0}{S/\sqrt{n}} \sim N(0,\ 1) \tag{7.3}$$

上述结论也可近似适用于非正态总体大样本（$\geqslant 30$）的情形。

【例7-4】设银杏标准酒店有一厨具设备按质量标准规定，其使用寿命不低于 1 000h 才算合格品。现从此设备零件中随机抽查了 50 件，测得平均使用寿命为 972 小时，标准差为 100 小时。试在 0.05 的显著性水平下，检验这批设备的零件是否合格。

解：这是要求对总体均值进行假设检验。据题意，建立假设如下

$$H_0: \bar{X} \geqslant 1\,000,\ H_1: \bar{X} < 1\,000$$

由于总体标准差未知，但 $n = 50$，属大样本，因此可近似采用 Z 检验。已知 $\bar{X} = 972$，$S = 100$，由式（7.3）可计算出检验统计量的值为

$$Z = \frac{\bar{x} - \bar{X}_0}{S/\sqrt{n}} = \frac{972 - 1\,000}{100/\sqrt{50}} = -1.98$$

给定的 $\alpha = 0.05$，临界值为 $-Z_{0.05} = -1.645$，$Z = -1.98 < -1.645$，因此在 0.05 的显著性水平下应拒绝 H_0，即可认为这批电子元件不合格。

这里的检验是左侧检验，$Z = -1.98$，所对应的 P 值就是标准正态分布左尾的概率 $P(Z \leqslant -1.98) = 0.023\,85$。因此，根据 P 值来判断，由于 $P < \alpha = 0.05$，因此在 0.05 的显著性水平下应拒绝 H_0，即可认为这批电子元件不合格。

二、单个正态总体方差的检验

方差或标准差也是正态总体的重要参数，是衡量一个变量的离散程度最常用的指标，所以对总体方差 σ^2 的检验也是常见的假设检验问题。检验了方差，也就等于检验

了标准差。

用 $\sigma_0{}^2$ 表示待检验的总体方差 σ^2 的一个假设值，所要检验的假设有下列三种类型。

双侧检验：H_0：$\sigma^2 = \sigma_0{}^2$；H_1：$\sigma^2 \neq \sigma_0{}^2$。

左侧检验：H_0：$\sigma^2 = \sigma_0{}^2$（或 $\sigma^2 \geqslant \sigma_0{}^2$）；$H_1$：$\sigma^2 < \sigma_0{}^2$。

右侧检验：H_0：$\sigma^2 = \sigma_0{}^2$（或 $\sigma^2 \leqslant \sigma_0{}^2$）；$H_1$：$\sigma^2 < \sigma_0{}^2$。

在总体服从正态分布的情形下，根据有关的抽样分布理论，对上述假设问题的检验应采用 χ^2 检验，检验统计量服从自由度为 $(n-1)$ 的 χ^2 分布，计算公式为

$$\chi^2 = \frac{(n-1)S^{*2}}{\sigma_0{}^2} = \frac{nS^2}{\sigma_0{}^2} \sim \chi^2(n-1) \qquad (7.4)$$

给定显著性水平 α 和自由度 $(n-1)$，查附录 C 的 χ^2 分布的临界值表，从而确定拒绝域。左侧检验的拒绝域为 $(0, \chi_{1-\alpha}^2(n-1))$，右侧检验的拒绝域为 $(\chi_\alpha^2(n-1), +\infty)$，双侧检验的拒绝域为 $(0, \chi_{1-\alpha/2}^2(n-1))$ 和 $(\chi_{\alpha/2}^2(n-1), +\infty)$。检验统计量 χ^2 的值落在拒绝域就应拒绝原假设，反之则不能拒绝原假设。检验的 P 值为检验统计量 χ^2 落在由式（7.4）计算的数值之左尾（左侧检验时）或右尾（右侧检验时）的概率。双侧检验时，P 值为相应的较小的单侧 P 值的两倍。

【例 7-5】在例 7-3 中，若按要求产品重量的标准差不超过 20 克。试在 0.05 的显著性水平下，检验这批产品重量的波动是否符合要求？

解：H_0：$\sigma^2 \leqslant 20^2$；H_1：$\sigma^2 > 20^2$

检验统计量为 $\chi^2 = \dfrac{(n-1)S^{*2}}{\sigma_0{}^2} = \dfrac{(9-1) \times 24^2}{20^2} = 11.52$

已知 $\alpha = 0.05$，查 χ^2 分布表得临界值 $\chi_{0.05}{}^2(9-1) = 15.51$。由于 $\chi^2 = 11.52 < 15.51$，所以不能拒绝原假设，即在 0.05 的显著性水平下可认为这批产品重量的波动符合要求。

利用 Excel 中的函数 CHIDIST 可得，自由度为 8、检验统计值为 11.52 所对应的 P 值为 $P\{\chi^2(8) \geqslant 11.52\} = 0.174$，由于 P 值 $> \alpha$，所以没有充足理由拒绝原假设，结论同上。

三、单个总体成数的检验

这里只介绍在大样本条件下如何对总体成数进行假设检验。由样本成数的抽样分布可知，当样本量足够大时（$n > 30$，$np \geqslant 5$ 且 $n(1-p) \geqslant 5$），样本成数 p 的抽样分布近似于正态分布，其均值就等于总体成数 P，其标准差 $\sigma_p = \sqrt{P(1-P)/n}$。于是，可近似根据正态分布来对总体成数进行假设检验，即采用 Z 检验法。其检验步骤与均值检验时的步骤相同，只是检验统计量不同。

提出待检验的假设（用 P_0 表示对总体成数 P 假设的一个具体数值）为

H_0：$P = P_0$，H_1：$P \neq P_0$（或 $P < P_0$，$P > P_0$）

检验统计量的计算公式为 $Z = \dfrac{p - P_0}{\sqrt{\dfrac{P_0(1-P_0)}{n}}}$ \qquad (7.5)

【例 7-6】银杏标准酒店人事部经理认为酒店职工对工作环境不满意的人数占职工总数的 1/5 以上。为了检验这种说法，从酒店随机调查了 100 人，其中有 26 人表示对工作环境不满意，试问：

（1）在 0.10 的显著性水平下，调查结果是否支持这位经理的看法？

（2）若检验的显著性水平为 0.05，又有何结论？

解：这是对总体成数（不满意率）P 的检验、样本的不满意率为 $p = \dfrac{26}{100} = 0.26 = 26\%$。

由于 $n = 100 > 30$，$np = 100 * 0.26 = 26 > 5$，$n(1 - p) = 100 \times 0.74 = 74 > 5$，符合大样本条件，因此可近似采用 Z 检验。据题意，有

$$H_0: P \leqslant 1/5, \; H_1: P > 1/5$$

$$Z = \frac{p - P_0}{\sqrt{P_0(1 - P_0)/n}} = \frac{0.26 - 0.20}{\sqrt{0.20 \times 0.80/100}} = 1.5$$

检验的 P 值为

$$P \text{ 值} = P(Z \geqslant 1.5) = 0.066\,8$$

所以，有如下结论：

（1）若 $\alpha = 0.1$（临界值 $Z_{0.1} = 1.282$），应拒绝原假设，即支持这位经理的看法。

（2）若 $\alpha = 0.05$（临界值 $Z_{0.05} = 1.645$），不能拒绝原假设，即不能支持这位经理看法。

第四节　两个总体参数的假设检验

对两个总体参数的假设检验是指对两个总体的某一参数是否相等进行检验。例如，检验两个企业生产的同类产品的使用寿命（均值）或优良率（成数）是否有显著差异，检验两个地区某种农作物产量的稳定性（方差）是否相同等。

一、两个正态总体均值之差的检验

对两个正态总体均值之差进行假设检验有如下三种形式。

双侧检验：$H_0: \bar{X}_1 - \bar{X}_2 = D_0$；$H_1: \bar{X}_1 - \bar{X}_2 \neq D_0$。

左侧检验：$H_0: \bar{X}_1 - \bar{X}_2 = $（或 $\geqslant$）D_0；$H_1: \bar{X}_1 - \bar{X}_2 < D_0$，

右侧检验：$H_0: \bar{X}_1 - \bar{X}_2 = $（或 $\leqslant$）D_0；$H_1: \bar{X}_1 - \bar{X}_2 > D_0$。

其中，D_0 是指定的一数值，若只关心两个总体均值相等与否，则 $D_0 = 0$。

根据样本获得方式的不同，两个总体均值的检验分为独立样本和成对样本两种情形，而且检验统计量也取决于总体方差是否已知及其样本量的大小。

（一）两个样本相互独立的情形

1. 两个正态总体的方差已知

用 $\bar{X}_1$ 和 $\bar{X}_2$ 分别代表两个总体的均值，$\bar{x}_1$ 和 $\bar{x}_2$ 是分别来自这两个总体的样本均

值，n_0 和 n_1 分别代表两个样本量。根据抽样分布理论，$(\bar{x}_1 - \bar{x}_2 - D_0) \sim N(\bar{x}_1 - \bar{x}_2 - D_0, \frac{\sigma_1^2}{n_1} + \frac{\sigma_2^2}{n_2})$。若两个总体方差 σ_1^2、σ_2^2 已知，不论样本量大小，对两个总体均值之差的假设检验都可采用 Z 检验，其检验统计量及其分布如式（7.6）所示。

$$Z = \frac{(\bar{x}_1 - \bar{x}_2) - D_0}{\sqrt{\dfrac{\sigma_1^2}{n_1} + \dfrac{\sigma_2^2}{n_2}}} \tag{7.6}$$

2. 两个正态总体的方差未知

若两个正态总体方差未知但相等（$\sigma_1^2 = \sigma_2^2 = \sigma^2$），可将两个修正的样本方差加权平均得出总体方差 σ^2 的估计量 S_w^2。对两个总体均值之差的假设检验应采用 t 检验，其检验统计量服从自由度为 $(n_1 + n_2 - 2)$ 的 t 分布，如式（7.7）所示。

$$t = \frac{(\bar{x}_1 - \bar{x}_2) - D_0}{\sqrt{S_w^2\left(\dfrac{1}{n_1} + \dfrac{1}{n_2}\right)}} \tag{7.7}$$

其中

$$S_w^2 = \frac{(n_1 - 1)S_1^{*2} + (n_2 - 1)S_2^{*2}}{n_1 + n_2 - 2} \tag{7.8}$$

双侧检验的临界值为 $\pm t_{\alpha/2}(n_1 + n_2 - 2)$，左侧检验和右侧检验的临界值分别为 $-t_\alpha(n_1 + n_2 - 2)$ 和 $\pm t_\alpha(n_1 + n_2 - 2)$。

（二）两个样本为成对样本的情形

检验两个总体均值之差时，有时两个样本不是独立的而是成对的。例如，比较同一组学生在大一和大四的体重有无显著变化，比较同一组工人使用两种操作方法的生产效率是否相同，比较同一群测试者对两个不同品牌的产品的评分有何差异等。

这类假设检验问题可以转化为一个样本的均值检验问题。其方法是：先计算出每一对样本数据的差值 $d_1 = x_t^{(1)} - x_t^{(2)}$（$i = 1, 2, \cdots, n$），然后将这 n 个差值看作一个样本，把 $(\mu_1 - \mu_2)$ 看作待检验的一个总体参数（成对差值的总体均值，记为 D），原来的检验问题就转化为根据一个样本去检验 D 是否等于（小于、大于）假设值 D_0。为了简便，通常取 $D_0 \geqslant 0$。

假定成对差值构成的总体服从正态分布，且成对样本差值是从差值总体中随机抽取的，则检验统计量及其分布如式（7.9）所示。

$$t = \frac{\bar{d} - D_0}{\sqrt{S_d^2/n}} = \frac{\bar{d} - D_0}{S_d/\sqrt{n}} \sim t(n - 1) \tag{7.9}$$

式中

$$\bar{d} = \frac{\sum\limits_{i=1}^{n} d_i}{n}, \quad S_d^2 = \frac{\sum\limits_{i=1}^{n}(d_i - \bar{d})^2}{n - 1}$$

二、两个正态总体方差相等性的检验

检验两个总体方差相等性（也称方差齐性）的假设有如下三种形式。

双侧检验:$H_0: \sigma_1^2 = \sigma_2^2$; $H_1: \sigma_1^2 \neq \sigma_2^2$。

左侧检验:$H_0: \sigma_2^2 = \sigma_2^2$(或 $\sigma_1^2 \geqslant \sigma_2^2$)或 $H_1: \sigma_1^2 < \sigma_2^2$。

右侧检验:$H_0: \sigma_1^2 = \sigma_2^2$(或 $\sigma_1^2 \leqslant \sigma_2^2$)或 $H_1: \sigma_1^2 < \sigma_2^2$。

对上述假设的检验是通过其比值 σ_1^2/σ_2^2 来推断的,其检验统计量服从第一自由度为 $(n_1 - 1)$、第二自由度为 $(n_2 - 1)$ 的 F 分布,如式(7.10)所示。

$$F = \frac{S_1^{*2}}{S_2^{*2}} \sim F(n_1 - 1, \ n_2 - 1) \tag{7.10}$$

左侧检验的拒绝域为 $(0, F_{1-\alpha}(n - 1), n_2 - 1)$;右侧检验的拒绝域为 $(F_\alpha(n_1 - 1, n_2 - 1), +\infty)$;双侧检验的拒绝域为 $(0, F_{1-\alpha/2}(n_1 - 1, n_2 - 1))$ 和 $(0, F_{\alpha/2(n_1-1, n_2-1)}, +\infty)$。

三、两个总体成数之差的检验

用 P_1 和 P_2 分别代表所要检验的两个总体成数,P_1 和 P_2 是分别来自两个总体的样本成数,对两个总体成数之差的假设检验的基本思路与单个总体成数的检验类似。对两个总体成数之差进行假设检验,有如下三种形式的假设。

双侧检验:$H_0: P_1 - P_2 = D_0$; $H_1: P_1 - P_2 \neq D_0$。

左侧检验:$H_0: P_1 - P_1 = (或 \geqslant)D_0$ 或 $H_1: P_1 - P_2 < D_0$。

右侧检验:$H_0: P_1 - P_2 = (或 \leqslant)D_1$ 或 $H_1: P_1 - P_2 > D_0$。

这里只介绍大样本条件下的检验。当 $n_1 P_1$、$n_1(1 - p_1)$、$n_2 p_2$ 及 $n_2(1 - p_2)$ 都大于等于 5 时,才能认为是大样本。在大样本情形下,对两个总体成数之差进行检验可近似采用 Z 检验,检验统计量 Z 及其分布为

$$Z = \frac{(p_1 - p_2) - D_0}{\sqrt{\dfrac{p_1(1 - p_1)}{n_1} + \dfrac{p_2(1 - p_2)}{n_2}}} \tag{7.11}$$

第五节　Excel 在假设检验中的运用

一、Excel 在单个总体参数检验中的运用

(一)临界值的确定

根据给定的显著性水平,确定标准正态分布、t 分布、卡方(χ^2)分布和 F 分布的临界值,除了查相应的概率分布表,也可以用 Excel 中的 NORMSINV、TINV、CHIINV 和 FINV 等函数来求得,只要按提示输入指定的显著性水平和自由度等信息即可。例如,在例 7-5 中,$\alpha = 0.05$,自由度为 8,插入函数 CHIINV 或输入"= CHIINV(0.05, 8)"可得 χ^2 分布的临界值 $\chi^2_{0.05}(9 - 1)$ 为 15.51;在例 7-5 中,$\alpha/2 = 0.05$,两个自由度都为 9,插入函数 FINV 或输入"= FINV(0.05, 9, 9)"可得 F 分布的临界值 $F_{0.05}(9, 9)$ 为 3.179。

（二）计算检验统计量的值

这主要是利用 Excel 的公式功能来实现的。如果只给出样本的原始数据，则可利用相应函数功能或数据分析工具中的"描述统计"先计算出所需样本指标（如样本均值、样本方差或标准差等），再利用公式功能来计算检验统计量的值。

（三）P 值的计算

P 值实际上就是一种概率，它等于某个检验统计量分布曲线下（横轴之上）某一数起左尾、右尾或双尾的面积。所以，它的大小不仅取决于检验统计量的分布，还由样本计算中算出的检验统计量的具体数值决定，也取决于检验是左侧、右侧还是双侧。但是，不论哪种情况，在 Excel 中都可由相应的概率函数来计算。可以使用"插入函数"命令，在统计函数中选择所需的函数，然后在该函数对话框中按提示输入相应数值，确定后即得到所求 P 值；也可以直接在任一空白单元格中输入相应的函数名称和数值。下面主要按后一种操作方法来说明本章涉及的 Z 检验、t 检验、γ 检验和 F 检验的 P 值的计算。

1. 计算 Z 检验的 P 值

计算 Z 检验的 P 值可借助 Excel 中的函数 NORMSDIST 来实现。该函数计算的是正态分布的累计分布概率（标准正态变量的取值小于等于某一数值的概率）。若检验统计量的观测值为 z，左侧检验时，直接输入"= NORMSDIST（z）"即可得到相应的 P 值；右侧检验的 P 值则要用"= 1 - NORMSDIST（z）"来求得；双侧检验的 P 值则先计算相应的单侧检验 P 值再乘以 2 即可。

例 7-1 的 Z 检验是双侧检验，$z = -3.333$，P 值 $= P(|Z| \geqslant 3.333) = 2P(Z \leqslant -3.333)$，输入"= NORMSDIST（-3.333）"即可得到所求左尾的 P 值为 0.000 429 6，再乘以 2 即得 P 值为 0.000 859。

例 7-2 的 Z 检验为右侧检验，$z = 2.4$，P 值 $= P(Z \geqslant 2.4) = 1 - P(Z \leqslant 2.4)$，输入"= 1 - NORM SDIST（2.4）"即可得到所求 P 值为 0.008 198。

例 7-4 的 Z 检验是左侧检验，$z = -1.98$，P 值 $= P(Z \leqslant -1.98)$，输入"= NORMSDIST（-1.98）"即可得到所求 P 值为 0.023 85。

例 7-6 的 Z 检验也是右侧检验，$z = 1.5$，P 值 $= P(Z \geqslant 1.5)$，输入"= 1 - NORMSDIST（1.5）"即可得到所求 P 值为 0.066 8。

此外，如果已知样本的具体观测值，可直接用函数 ZTEST 来求得 Z 检验的 P 值。在该函数对话框中，指定样本数据所在区域，输入已知的总体标准差（若此栏无输入，就默认为总体标准差未知而自动用样本标准差代之），即可求得正态检验，即 Z 检验的 P 值。

2. 计算 t 检验的 P 值

计算 t 检验的 P 值可借助 Excel 中的函数 TDIST 来实现。操作方法是：先计算出检验统计量 t 的值，然后选择函数 TDIST，在其对话框中依次指定检验统计量 t 的值、自由度，在 Tails 数值框中输入"1"可得单侧检验的 P 值，在 Tails 数值框中输入"2"，则可直接得到双侧检验 P 值。

例 7-3 的检验就是双侧的 t 检验，$t = -1.75$，所对应的 P 值就是 t 分布左尾概率 $P(t \leqslant -1.75)$ 的两倍。因为 t 分布是关于 $t = 0$ 对称的，$P(t \leqslant -1.75) = P(t \geqslant$

1.75），Excel 只给出 t 分布右尾的概率，用 Excel 计算 P 时 t 值只能为正数，故 P 值 = $2*P$（$t \leqslant -1.75$）= $2 \times P$（$t \geqslant 1.75$）= $2 \times 0.059\ 1 = 0.118\ 2$。直接输入 "= $TDIST$（1.75，8，2）"可得，或在函数 TDIST 的对话框中，在 X 数值框中输入检验统计量 t 的值"1.75"，在 Deg freedom 数值框中输入自由度"8"，在 Tails 数值框中输入"2"，即可得所求 P 值 0.118 2。

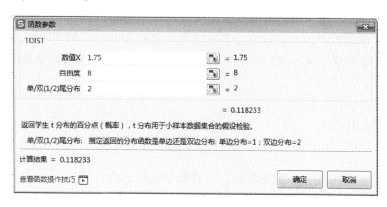

图 7-5　t 检验的 P 值计算

3. 计算 χ^2 检验的 P 值

χ^2 检验的 P 值可利用 Excel 中的函数 CHIDIST 求得。如例 7-5 中，自由度为 8，检验统计值为 11.52，利用 Excel 中的函数功能"= CHIDIST（11.52，8）"可得 P 值为 0.174。

二、Excel 在两个总体参数检验中的运用

若掌握了分别来自两个总体的样本的原始数据，则利用 Excel 的数据分析工具可以很方便地求得两个总体参数假设检验的结果。

（一）两个正态总体均值之差的检验——Z 检验或 t 检验

对两个总体均值之差的 Z 检验，适用于两个总体方差均为已知的场合，可利用 Excel 中的数据分析工具库中的"Z - 检验：双样本平均差假设"。此不赘述。

对两个总体均值之差的 t 检验，适用于两个总体方差均未知的场合，该场合又分如下三种情况。

（1）在两个总体方差相等的假定前提下，可利用 Excel 中的数据分析工具库中的"t -检验：双样本等方差假设"。

（2）若两个总体方差不相等，则应选择"t - 检验：双样本异方差假设"。

（3）若样本为两个成对样本，则应选择"t - 检验：平均值成对二样本分析"。

在相应对话框中按提示分别输入两个样本（变量 1、2）的数据所在区域、待检验的差值、显著性水平和输出区域起点位置即可。其中，"假设平均差"即待检验的差值，该数值须大于或等于 0，取 0 时即检验两个总体均值是否相等。若不输入该项数值，则默认为 0。

输出结果很详细，主要包括两个样本的均值和方差、检验统计量 r 的观测值、单侧检验的 P 值和临界值、双侧检验的 P 值和临界值等。以上三种情况下，也可借助 Excel

中的函数 TTEST 计算出 t 检验的 P 值。在函数 TTEST 的对话框中依次指定两个样本所在区域、是单侧检验还是双侧检验、是三种类型中哪种类型，即可得到所求 P 值（但没有其他输出结果）。

（二）两个正态总体方差相等性的检验——F 检验

对两个正态总体方差相等性的检验，可利用 Excel 的数据分析工具库中的"F - 检验双样本方差分析"来实现，输出结果主要包括两个样本的均值和方差，以及检验统计量 F 的值、单尾的 P 值和临界值。若要得到双侧检验的临界值 $F_{\alpha/2}$，应在显著性水平一栏输入 $\alpha/2$ 的值。例 7-10 为双侧检验，$\alpha = 0.1$，在其对话框的显著性水平一栏应输入 0.05。

素质教育小故事

数据之光，照亮教育强国之路

在一个快速发展的时代，数据已经成为推动社会进步的重要力量。在教育领域，统计假设检验作为一种科学的数据分析方法，正为加快建设教育强国提供着有力的支持。下面，我将为大家讲述一个关于统计假设检验与加快建设教育强国相结合的思政故事。

故事的主人公是一位名叫吴林的年轻教育研究员。他坚信，通过科学的数据分析，可以更好地了解教育现状，为教育改革提供有力支持。因此，他选择将统计假设检验作为自己研究的重点，希望通过这种方式，为加快建设教育强国贡献自己的力量。

吴林所在的研究团队负责一项关于教育公平性的研究项目。他们希望通过开展数据调查，了解城乡、区域之间的教育资源差异，以及不同家庭背景学生之间的学业表现差异。为了更准确地分析这些问题，吴林决定采用统计假设检验的方法。

他精心设计了问卷和调查方案，选择了具有代表性的样本，以确保数据的可靠性和有效性。在收集到大量数据后，吴林运用统计学的知识和方法，对数据进行了深入分析和挖掘。他通过假设检验的方法，检验了教育资源分配是否存在显著差异，以及不同家庭背景对学生学业表现的影响。

经过一系列复杂的计算和分析，吴林发现了一些令人震惊的结果。他发现，城乡、区域之间的教育资源差异确实存在，而且差异程度较大。同时，不同家庭背景对学生的学业表现也有着显著的影响。这些发现让吴林深感忧虑，但他也看到了解决问题的希望。

基于这些发现，吴林向教育部门提出了一系列有针对性的建议。他建议加大对农村地区和贫困地区的教育投入，提高教育资源分配的公平性。同时，他还建议加强对家庭教育的引导和支持，帮助学生养成正确的学习态度和习惯。

教育部门高度重视吴林的建议，并决定采纳和实施。他们加大了对农村地区的教育投入，改善了教育设施和教学条件。同时，他们还开展了各种形式的家庭教育宣传和培训活动，提高了家长的教育意识和能力。

在吴林和其他教育工作者的共同努力下，教育公平性问题得到了有效解决。越来越多的学生享受到了优质的教育资源，为实现教育强国梦想奠定了坚实基础。而统计假设检验作为一种科学的数据分析方法，在这个过程中发挥了重要作用。

章节练习

一、单选题

1. 按设计标准，某自动食品包装机所包装食品的平均每袋重量应为 500 克。若检验该机实际运行状况是否符合设计标准，应该采用（　　）。

    A. 左侧检验　　　　　　　　　B. 右侧检验

    C. 左侧检验或右侧检验　　　　D. 双侧检验

2. 下列假设检验形式的书写中，错误的是（　　）。

    A. $H_0: \mu < \mu_0$, $H_1: \mu \geqslant \mu_0$

    B. $H_0: \mu \geqslant \mu_0$, $H_1: \mu < \mu_0$

    C. $H_0: \mu = \mu_0$, $H_1: \mu \neq \mu_0$

    D. $H_0: \mu \leqslant \mu_0$, $H_1: \mu > \mu_0$

3. 某大学估计学生的到课率高达 90%，但是有人认为实际达不到这个比例，要检验该说法是否正确，提出的假设应是（　　）。

    A. $H_0: p \geqslant 90\%$, $H_1: p < 90\%$

    B. $H_0: p < 90\%$, $H_1: p \geqslant 90\%$

    C. $H_0: p > 90\%$, $H_1: p \leqslant 90\%$

    D. $H_0: p \leqslant 90\%$, $H_1: p > 90\%$

4. 在假设检验中，原假设和备择假设（　　）。

    A. 都有可能成立

    B. 都有可能不成立

    C. 只有一个成立，且必有一个成立

    D. 原假设一定成立

5. 当样本统计量的观察值未落入原假设的拒绝域时，表示（　　）。

    A. 可以放心地接受原假设

    B. 没有充足的理由否定原假设

    C. 没有充足的理由否定备择假设

    D. 备择假设是错误的

6. 研究者想收集证据予以支持的假设通常称为（　　）。

    A. 原假设

    B. 备择假设

    C. 合理假设

    D. 正常假设

7. 在假设检验中，如果原假设为真，而根据样本所得到的检验结论是否定原假设，则可能（　　）。

    A. 抽样是不科学的

    B. 检验结论是正确的

    C. 犯了第一类错误

    D. 犯了第二类错误

8. 在假设检验中，得到的 P 值越大，则（　　）。

    A. 拒绝原假设的可能性越小

    B. 拒绝原假设的可能性越大

    C. 原假设正确的可能性越小

    D. 原假设正确的可能性越大

9. 容量为 3 升的橙汁容器上的标签表明，这种橙汁的脂肪含量的均值不超过 1 克，在对标签上的说明进行检验时，建立的原假设和备择假设为 $H_0: \mu \leqslant 1$，$H_1: \mu > 1$，该检验所犯的第一类错误是（　　）。

    A. 实际情况是 $\mu \geqslant 1$，检验认为 $\mu > 1$

    B. 实际情况是 $\mu \leqslant 1$，检验认为 $\mu < 1$

    C. 实际情况是 $\mu \geqslant 1$，检验认为 $\mu < 1$

    D. 实际情况是 $\mu \leqslant 1$，检验认为 $\mu > 1$

10. 下列场合中，适用 t 检验统计量的是（　　）。

    A. 样本为大样本，且总体方差已知

    B. 样本为小样本，且总体方差已知

    C. 样本为小样本，且总体方差未知

    D. 样本为大样本，且总体方差未知

二、多选题

1. 某机场的塔台面临一个决策上的问题：如果荧幕上出现一个小的不规则点，并逐渐接近飞机，则工作人员必须作出判断：H_0 一切正常，那只是荧幕上受到一点干扰罢了；H_1 可能会发生碰撞意外。在这个问题中，（　　）。

    A. 错误地发出警报属于第 I 类错误

    B. 错误地发出警报属于第 II 类错误

    C. 错误地发出警报的概率为 α

    D. 错误地发出警报的概率为 β

2. 在假设检验中，α 与 β 的关系有（　　）。

    A. 在其他条件不变的情况下，增大 α，必然会减少 β

    B. α 和 β 不可能同时减少

    C. 在其他条件不变的情况下，增大 α，必然会减少 β

    D. 增加样本容量可以同时减少 α 和 β

3. 在假设检验中，当我们做出拒绝原假设而接受备择假设的结论时，表示（　　）。

    A. 有充足的理由否定原假设

B. 原假设必定是错误的

C. 犯错误的概率不大于 α

D. 犯错误的概率不大于 β

4. 下列陈述中，正确的有（   ）。

    A. P 值与原假设的对错无关

    B. P 值是指样本数据出现的经常程度

    C. 不拒绝原假设就意味着原假设是正确的

    D. P 值与原假设的对错有关

5. 下列陈述中，错误的有（   ）。

    A. 总体方差未知，用 Z 检验

    B. 总体方差已知，用 Z 检验

    C. 总体方差未知，且样本为小样本，用 Z 检验

    D. 总体方差已知，且样本为小样本，用 t 检验

三、判断题

1. 在小样本的情况下，当总体方差未知时，检验总体均值所使用的统计量是 $z = \dfrac{\bar{x} - \mu_0}{\sigma/n}$。 （   ）

2. 检验两个总体的方差比时，所使用的分布为正态分布。 （   ）

3. 在假设检验中第一类错误指当原假设错误时拒绝原假设。 （   ）

4. 在假设检验中，如果所计算出的 P 值越小，那么说明检验的结果越不显著。 （   ）

5. 在假设检验中，原假设与备择假设，只有一个成立而且必有一个成立。 （   ）

四、计算题

1. 某品牌化妆品新推的精华液价格昂贵，包装上注明的容量为 30 毫升。在实际生产中，如果容量低于 30 毫升，则该品牌化妆品可能会被消费者投诉而影响品牌声誉；如果容量高于 30 毫升，则该品牌化妆品又会增加不必要的成本。所以质检人员定期对生产线上的产品进行抽检，以保证容量达到标准。如果容量未达到标准，需停产查找原因。

要求：

（1）建立适当的原假设与备择假设。

（2）如果样本数据表明应拒绝原假设时意味着什么？

（3）如果样本数据表明无法拒绝原假设时意味着什么？

2. 在计算题第 1 题中，假定本月抽检了 50 瓶精华液，计算得到其平均容量为 30.2 毫升，标准差为 0.5 毫升。要求：从统计学的角度判断其产品是否符合标准？（规定显著性水平 $\alpha = 0.05$）

3. 某网红开通直播销售口红，声称每次直播后平均销售的口红至少可以达到 8 000 支。某品牌商有意向与之合作，但不确定其是否具有如此强大的带货能力。于是该品

牌商随机抽取了 60 次直播的销售记录资料，发现其平均销售数量为 7 800 支，假如根据以往直播的销售记录资料计算得到其标准差为 102 支。要求：通过假设检验做出决策，该网红是否具有所宣称的强大的带货能力？该品牌商是否值得与之合作？（规定显著性水平 $\alpha = 0.05$）

4. 某公司决定采取一种新的刺激销售的激励机制。在该机制实行了 1 个月后，公司取得了该月的销售数据，与上月未实行的销售数据进行对比，通过假设检验来判断该激励机制是否有效。要求：

（1）在这种情形下，发生第 I 类错误指的是什么？它可能会导致什么后果？

（2）在这种情形下，发生第 II 类错误指的是什么？它可能会导致什么后果？

5. 某快递公司承诺其从接单到派送不超过 24 小时，现随机抽取了 20 次派送记录，发现其平均待派送时间为 24.5 小时，标准差为 1.5 小时。

要求：请问该快递公司的承诺是否可信？（$\alpha = 0.01$）

6. 某高校对校内食堂进行考评，规定师生满意度为 90% 及以上为优秀等次。该校随机抽取了 100 名师生进行调查，发现食堂的满意度为 88%。

要求：如果规定显著性水平 $\alpha = 0.01$，请问该食堂能否被评为优秀等次？

第八章

相关与回归分析

■**学习目标**

通过本章学习，应正确理解和掌握相关分析、回归分析的基本原理和方法；能够应用以上知识揭示具有相关关系的现象之间的数量关系和数量变化规律。

■**基本要求**

了解相关关系的概念及种类；掌握相关关系的判断及测定方法；掌握一元线性回归分析方法；了解多元线性回归分析方法；熟练使用 Excel 进行相关和回归分析。

第一节　相关关系的概念、种类及其分析内容

一、相关关系的概念

无论是在自然现象还是在社会经济现象中，许多现象之间总是存在相互依存、相互联系的关系。例如，降雨量与温度的关系，家庭收入水平与旅游消费额的关系，不同酒店规模和经营费用的关系等。一种现象的变化总是依赖或影响着其他现象的变化，这就是现象之间存在的依存关系。我们可以把变量与变量之间的这种依存关系划分为两种不同的类型：一种是函数关系；另一种是相关关系。

函数关系是指变量之间存在的一种确定性的数量依存关系，即确定性关系。当给定了一个单位的自变量 x 值会有一个唯一确定的因变量 y 值与之完全对应。这种两个变量之间完全确定的数量关系，一般可以用数字表达式进行描述：$y=f(x)$。例如，圆的半径 R 与圆的周长 L，圆的半径 R 为自变量，圆的周长 L 为因变量，二者之间的数量关系可表示为 $2\pi R$，即对于任意一个给定的自变量半径 R 与之对应的会有一个确定的因

变量周长 L。我们可以将圆的半径 R 与圆的周长 L 之间的关系，称为函数关系。再如，乘车里程和乘车费之间的关系，酒店客房收入与酒店客房销售量之间的关系。类似这种一一对应的、确定性的数量依存关系，都属于函数关系。

相关关系是指变量之间存在的一种不确定性的数量依存关系，即不确定性关系，两个变量之间无法用确定的数字表达式来描述，也就是对于任意一个给定的 x 值，虽不能找到唯一确定的 y 值与之一一对应，但是两个变量之间仍存在相互依赖的内在联系。例如，家庭收入与旅游消费额的关系，子女的身高与父母的身高的关系，某景区的广告投入与该景区的销售额的关系等。

需要注意的是，相关关系是现象之间"确实存在的""数量上存在不确定性的"的关系。如何理解"确实存在的""数量上存在不确定性的"呢？以银杏标准酒店的规模与职工人数为例，从理论上我们可以发现，银杏标准酒店的规模与职工人数之间存在一定联系，当银杏标准酒店的规模不断扩大时，职工人数一般会随之增加。但具有相同规模的不同酒店，其职工人数未必都相同。因为职工人数的变动，还会受到其他很多因素的影响，这些影响因素存在一定的不确定性。因此，银杏标准酒店的规模与职工人数之间的关系属于相关关系。

最后，还需要关注相关关系与因果关系的区别。因果关系是指原因与结果、影响因素与被影响因素之间的关系，即一个变量变动的原因是另一个变量变动导致的。例如，某旅游景区门票销售量与销售额的关系。相关关系包含了因果关系，但相关关系并不一定都是因果关系。例如，人的身高与体重之间存在密切的相关关系，但不能认为二者是因果关系。

二、相关关系的种类

客观现象之间的联系是非常复杂的，因此，相关关系可以表现为各种不同的形式和类型。我们按照不同的标志，可以从不同角度对相关关系加以区分。

（一）相关关系按相关变量的多少，分为单相关、复相关

相关关系按照研究变量的多少，可分为单相关和复相关。其中，单相关又称简相关，是指两个变量之间的相关关系，例如银杏标准酒店月均销售额与月广告费投入之间的关系。复相关又称多元相关，研究的是一个变量与两个或两个以上其他变量之间的相关关系，例如，旅游次数与收入水平、闲暇时间和交通条件等因素之间的关系。

（二）相关关系按相关关系的形式，分为线性相关、非线性相关

相关关系按照相关的形式，可分为线性相关和非线性相关。其中，线性相关也称直线相关，是指存在相关关系的变量之间呈现出来的近似于一条直线的数量关系，即一个变量变动时，另一个变量随之发生大致均等变动的相关关系。例如，银杏标准酒店月广告费投入与月均销售额通常呈线性关系。非线性相关，也称曲线相关，是指存在相关关系的变量之间呈现出来的近似于曲线的关系，即一个变量变动时，另一个变量也随之发生变动，但是这种变动是不均等的。本章主要研究的是线性（直线）相关。

（三）相关关系按关系的方向，分为正相关、负相关

相关关系按照现象变动的方向不同，可分为正相关和负相关。其中，正相关是指具有相关关系的变量之间呈现出的同方向变化的关系，即自变量 x 增加，因变量 y 增加，或自变量 x 减少，因变量 y 减少。例如，身高与体重的关系，广告费与销售额的关系。负相关是指具有相关关系的变量之间呈现出的反方向变化的关系，即自变量 x 增加，因变量 y 减少，或自变量 x 减少，因变量 y 增加。例如，产品产量与单位成本的关系，空气污染程度与森林覆盖率的关系。

（四）相关关系按关系的程度，分为完全相关、不完全相关和不相关

相关关系按照现象相关的密切程度，可分为完全相关、不完全相关和不相关。相关程度通常都是通过相关系数 r 反映出来，相关系数 r 的具体介绍见本章。

完全相关，也称函数关系，是指具有相关关系的变量之间呈现出的完全确定的关系，例如，客房收入与客房销售量之间的关系，圆的半径与周长之间的关系。

不相关，是指变量之间所表现出来的变化无确定规律的关系，即一种变量变化，另一种变量的变化不受其影响或呈现不规律变化，可以说两变量之间是互不影响、彼此独立的。例如，银杏标准酒店月均销售额与华宜标准酒店客房销售量之间的关系，美国的人均收入和我国的人均消费之间的关系。

不完全相关，是指变量之间呈现出的介于完全相关和不相关之间的相关关系，即一个变量发生规律性的变化，另一个变量也会因此发生变化，但两者之间不存在确定的、严格的函数关系。例如，销售收入与销售利润的关系，银杏标准酒店月均销售额与月广告费投入的关系。本章主要研究的就是不完全相关的相关关系。

总的来说，变量之间的相关关系可以按照不同的标志进行分类，具体分类如图 8-1 所示，图中 r 为两个变量之间的相关系数。

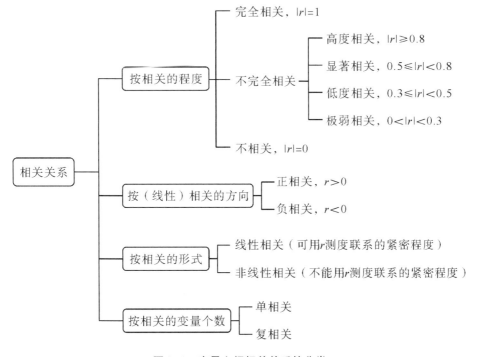

图 8-1　变量之间相关关系的分类

三、相关关系分析的内容

我们一般从两个方面对现象之间的相关关系进行研究：一方面是相关分析；另一方面是回归分析。

（一）相关分析

相关分析是对变量之间相关的性质和密切程度的测定，为下一步回归分析打下基础，进而对现象进行预测、推断和决策。相关分析的主要内容包括：

1. 判断变量之间是否存在相关关系

在进行相关分析时，要先依据理论分析、实践经验等，对变量进行定性分析，判断现象之间是否确实存在相关关系。只有确定变量间确实存在相关关系，才会进一步进行定量分析。

2. 判断变量之间相关的方向、表现形式以及密切程度

在确定变量之间存在密切的相互依存关系后，需通过定量分析，进一步确定变量相关的方向、表现形式以及密切程度。

统计学中，关于相关的方向、表现形式，通常可以通过图表观察法做出一般性的判断。比如，编制相关表格、绘制相关图（散点图），我们可以从相关表或相关图中直观地观察到变量之间呈现出的数量变化关系，确定两变量是同方向变化还是反方向变化，进而判断二者之间存在的是正相关还是负相关关系。同时，可以通过观察相关图（散点图），大致地判断变量间呈现的相关的表现形式，是线性相关还是非线性相关关系。

可以计算变量之间的相关系数 r，根据计算出的相关系数 r 的取值以及符号，进一步判断存在相关关系的两个变量之间的密切程度到底如何，是极弱相关，低度相关，显著相关，还是高度相关。具体密切程度等级划分会在本章第二节相关系数 r 的性质中进行介绍。

（二）回归分析

不同于相关分析，回归分析是在相关分析的基础之上，研究具有密切相关关系的两个或两个以上的变量之间数量变化的关系。回归分析的主要内容包括：

首先，建立回归方程。当变量间存在较为密切（显著及高度相关）的相关关系时，根据其相关关系的类型，确定相应的数学表达式来描述变量间平均的数量变化关系及数值，我们将这种数学表达式称为回归方程。回归方程是回归分析中数据估计或预测的依据。

其次，对回归直线进行检验和拟合优度评价。根据回归方程，确定回归标准误差，即因变量估计值与实际观察值之间的误差。回归标准误差值越小，则因变量估计值的可靠程度越高，回归直线拟合程度越高；反之，回归估计标准误差值越大，则因变量估计值的可靠程度越低，回归直线拟合程度越低。

最后，利用建立好的回归方程，对变量进行估计和预测。

注意，大家要能够对相关分析和回归分析进行区分，二者虽然都是以变量之间的相关关系为研究对象，但是两者的研究方向和研究目的有着明显的区别。

第二节 简单线性相关分析

简单线性相关分析用于分析两个变量之间的线性相关关系。在简单线性相关分析中，通过编制相关表格和绘制相关图（散点图），可以直观地、大致地判断变量之间相关关系的方向和表现形式。如果二者存在的是线性关系，则可以利用两个变量间简单线性相关系数 r，进一步测度两个变量之间相关关系的密切程度。

一、相关关系的判断

（一）相关表和相关图

1. 相关表

相关表是直接根据研究对象的原始数据，将一个变量的若干观察值按从小到大的顺序排列，并将另一变量与之对应的值排列所形成的统计表格，如表 8-2 所示。

【例 8-1】对银杏标准酒店 2013—2022 年的年营业收入和年广告费用进行调查，得到的资料如表 8-1 所示。

表 8-1　银杏标准酒店年营业收入和广告费用原始资料　　　单位：万元

年份	2013 年	2014 年	2015 年	2016 年	2017 年	2018 年	2019 年	2020 年	2021 年	2022 年
广告费用	40	45	55	70	90	115	145	85	80	65
营业收入	2 993	3 066	3 175	3 325	3 504	3 723	3 978	3 105	3 100	2 800

将表 8-1 原始资料中的广告费用按从小到大的顺序排列，营业收入与之对应排列，编制的简单相关表如表 8-2 所示。

表 8-2　银杏标准酒店年营业收入和广告费用简单相关表　　　单位：万元

广告费用	40	45	55	65	70	80	85	90	115	145
营业收入	2 993	3 066	3 175	2 800	3 325	3 100	3 105	3 504	3 723	3 978

从表 8-2 中可以观察到，随着年广告费用的增长，年营业收入呈现相应增加的趋势。由此，可以初步判断两个变量之间存在正相关的关系。

2. 相关图

相关图又称散点图，相关图可以大致观察出变量之间的相关关系，是正相关还是负相关，是线性相关还是非线性相关，相关程度是高还是低。

假设两个变量 x 和 y，以自变量 x 为横轴，因变量 y 为纵轴，将两个变量间相对应的变量值在坐标图上描述出来，每组观测值对应一个点，由此形成的可以直接表明相关点分布状况的图形，即为相关图或散点图，根据表 8-2 的资料绘制的相关图，如图 8-2 所示。

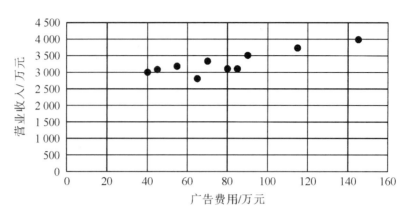

图 8-2　银杏标准酒店年营业收入和广告费用的相关图

由图 8-2 可以观察出，图中这些点虽不完全在一条直线上，但大致分布在一条直线周围，有形成一条线的趋势，因此，我们可以大致地判断银杏标准酒店年营业收入和广告费用之间呈现正相关关系。

二、相关关系的测定

相关表和相关图只能粗略反映现象之间相关关系的方向和表现形式，要进一步说明现象之间相关关系的密切程度，就需要通过统计分析指标来加以分析。这里仅讨论简单线性相关关系的密切程度，即测定两个变量间的相关系数。

相关系数是在直线相关的条件下，研究两个变量之间密切程度的统计分析指标，用 r 表示。其计算方法是积差法，具体计算公式如下：

$$r = \frac{\sigma_{xy}^2}{\sigma_x \sigma_y} = \frac{\sum (x - \bar{x})(y - \bar{y})}{\sqrt{\sum (x - \bar{x})^2} \sqrt{\sum (y - \bar{y})^2}} \tag{8.1}$$

式中：r 表示两个变量 x 和 y 之间的相关系数；σ_x 为变量 x 的标准差；σ_y 为变量 y 的标准差；σ_{xy}^2 为变量 x 和 y 的协方差。

为了避免计算离差，式 8.1 也可推导出另一个计算公式。

$$r = \frac{\sigma_{xy}^2}{\sigma_x \sigma_y} = \frac{n \sum xy - \sum x \sum y}{\sqrt{n \sum x^2 - (\sum x)^2} \sqrt{n \sum y^2 - (\sum y)^2}} \tag{8.2}$$

注意，相关系数 r 只能用于简单线性相关，相关系数 r 具有以下性质：

（1）r 的取值范围为区间 $[-1, 1]$。当 $|r| = 1$ 时，表明两个变量呈完全线性相关关系。$|r|$ 越接近于 1，表明两变量之间的线性相关程度越高；反之，$|r|$ 越接近于 0，表明两变量之间的线性相关程度越低。

（2）相关系数 $r > 0$，表明两个变量呈正相关关系；相关系数 $r < 0$，表明两个变量呈负相关关系；相关系数 $r = 0$，表明两个变量之间不存在线性相关关系，但不能否定两变量之间是否存在其他形式的相关关系。

（3）相关系数 r 数值的大小，不受 x 和 y 两个变量单位变化的影响。

（4）相关系数 r 具有对称性，相关分析中，谁做自变量或因变量其计算相关系数的结果都相同。自变量 x 与因变量 y 地位平等，且两个变量都是随机的，不确定的，我们可以理解为 x 与 y 的相关系数等于 y 与 x 的相关系数。

（5）相关系数 r 的大小只能判断是否直线相关及其密切程度，不能说明两个变量之间是否还存在其他形式的相关关系。

此外，为了判断两变量线性相关的密切程度的高低，我们可以根据相关系数 r 的大小将相关的密切程度划分成不同等级，如常用的四级划分标准是：$|r| < 0.3$ 为极弱线性相关；$0.3 \leqslant |r| < 0.5$ 为低度线性相关；$0.5 \leqslant |r| < 0.8$ 为显著线性相关；$|r| \geqslant 0.8$ 为高度线性相关。当两种现象之间存在显著或高度相关关系时，要进行下一步回归分析。

【例8-2】从酒店行业中随机抽取了 8 家企业，调查它们的广告费（单位：万元）与营业额（单位：万元）的数据，如表8-3的第（2）和第（3）列所示。试计算相关系数 r ，并说明酒店行业中企业的广告费用与营业额之间的相关关系。

表8-3　广告费用与营业额相关系数计算　　　　　　　单位：万元

序号	广告费用 x	营业额 y	xy	x^2	y^2
1	30	3 000	90 000	900	9 000 000
2	37	3 500	129 500	1 369	12 250 000
3	40	4 900	196 000	1 600	24 010 000
4	55	5 000	275 000	3 025	25 000 000
5	72	6 000	432 000	5 184	36 000 000
6	84	6 200	520 800	7 056	38 440 000
7	90	7 100	639 000	8 100	50 410 000
8	93	6 500	604 500	8 649	42 250 000
合计	501	42 200	2 886 800	35 883	237 360 000

将表8-3的计算数据代入式8.2可得到，广告费用与营业额之间的相关系数 r 为

$$
r = \frac{\sigma_{xy}^2}{\sigma_x \sigma_y} = \frac{n \sum xy - \sum x \sum y}{\sqrt{n \sum x^2 - \left(\sum x\right)^2}\sqrt{n \sum y^2 - \left(\sum y\right)^2}}
$$

$$
= \frac{8 \times 2\,886\,800 - 501 \times 42\,200}{\sqrt{8 \times 35\,883 - 501^2} \times \sqrt{8 \times 237\,360\,000 - 42\,200^2}}
$$

$$
= \frac{1\,952\,200}{\sqrt{36\,063} \times \sqrt{118\,040\,000}} \approx 0.946
$$

上述计算结果表明，酒店行业中的企业营业额和广告费用之间存在高度线性正相关关系，因此要进行下一步分析，即回归分析。

第三节 一元线性回归分析

"回归"一词由英国生物学家高尔顿在遗传学研究中首先提出。通过研究人体身高发现，子女的身高与父母的身高有一定的关系，但父母很高或很矮，子女并不一定会像其父母一样很高或很矮，而是会朝着有相同性别的人的平均身高回归的趋势。这种现象称为"回归"。

回归分析就是在探究一个变量（因变量）如何随着一个或者多个变量（自变量）的变化而变化，其目的就是寻找一个相应的最优的数学表达式（回归方程）来近似描述不同变量间依存关系，并以此进行估计与预测。本章仅讨论直线回归分析。

根据自变量数量的不同，回归分析被划分为一元回归分析和多元回归分析。其中，只有一个自变量的回归分析叫做一元回归，也称简单回归。有两个或两个以上自变量的回归分析称为多元回归，也称复回归。本节仅介绍一元线性回归分析。

一、回归分析的意义

（一）回归分析的含义

回归分析是对具有显著相关或高度相关关系的两个或两个以上的变量之间的数量变化的一般关系进行测定，并通过建立一个相关的数学表达式来描述这种关系，进而进行估计和预测的统计分析方法。其中，建立的相关数学表达式称为回归方程式。

（二）回归分析与相关分析的区别与联系

1. 回归分析与相关分析的区别

（1）相关分析旨在探究两个变量之间是否存在相关关系，若存在相关关系，那么两者相关的方向、表现形式以及密切程度如何；而回归分析是通过建立回归方程，研究变量间相关关系的具体数量变化的关系，并据此进行估计与预测。

（2）相关分析的变量是对等关系，在相关分析中，改变两个变量的地位并不影响相关系数的计算结果，两个变量有且仅有一个相关系数；而回归分析的变量是不对等关系，必须先确认自变量和因变量，自变量和因变量地位的改变，得出的结论也会随之改变。在回归分析中，对于两个没有明显因果关系的两个相关变量，可以求得两个回归方程。

（3）相关分析中，两个变量都是随机的，是不确定的；而回归分析中，只有因变量是随机的，自变量是非随机的，是可以控制的量。

2. 回归分析与相关分析的联系

（1）相关分析是回归分析的基础与前提。如果没有对现象进行相关分析，就无法确定现象间是否存在相关关系以及相关关系密切程度到底如何，更无法进行下一步回归分析。只有两个变量间具有密切的相关关系时，进行回归分析才有意义。若两个变量间相关密切程度较低，进行回归分析的实际意义就不大了。

（2）回归分析是相关分析的深入与继续。相关分析通过计算相关系数 r，明确两个变量之间相关的方向和相关的密切程度，但无法从一个变量推测出另一个变量的数量变化情况。因此，需要在明确变量间具有密切的相关关系的基础上拟合回归方程，以便从一个已知变量去推断另一个与之联系的未知变量，进而完成回归预测，这使得相关分析和回归分析最终有了实际应用价值。

二、一元线性回归方程的建立与应用

（一）一元线性回归方程的建立

如果两个变量呈现完全相关的线性相关关系，其因变量 y 完全随着自变量 x 的变动而等量变动，则两变量数量关系可以用一条直线来说明，即 $y = a + bx$。

如果两个变量呈现不完全相关的线性相关关系，其因变量 y 不仅会受到自变量 x 的影响，也会受到其他因素的影响。通过观察具有密切相关关系的不完全相关的两个变量的散点图，我们可以发现，其相关点虽然没有在同一条直线上变动，但是其相关点集中在该直线的上下不断波动，也就是说相关点散分布在该直线的周围。一元线性回归方程的建立，就是在这些相关点之间找出一条最优的直线，用以说明变量之间的平均变动的关系，并据此进行估计与预测。而这条最优的直线需要满足的是，该直线与相关图上的散点的距离比任何其他直线与相关图上的散点的距离都小。

若以 x 表示自变量的实际值，$\hat{y}$ 表示因变量的估计值，利用数学上线性分析的方法，可得到一元线性回归方程的一般形式如下：

$$\hat{y} = a + bx \tag{8.3}$$

式中：$\hat{y}$ 为 y 的估计值；a 为直线在纵轴上的截距，即自变量 $x = 0$ 时，因变量 y 在纵轴上的起点值，其经济意义指，当 x 为 0 时，y 的估计值；b 在数学上称为斜率，在统计回归分析中称为回归系数，即自变量 x 每变动一个单位时，因变量 y 平均变动的数量，其经济意义指，当 x 每变动一个单位时平均变动增减的数量。同时，$b>0$ 时，表示自变量 x 与因变量 y，同方向变动；$b<0$ 时，表示自变量 x 与因变量 y，反方向变动。

如何保证建立的一元线性回归方程就是我们要寻找的最优的直线呢？确定一元线性回归方程，就是要通过适当的方法，确定式 8.3 中的待定系数 a 和 b 的取值。那么如何确定呢？

我们知道，估计值与实际值之间总是存在误差的，这种误差称为两者存在的离差。从整体来看，最理想的回归直线应该尽可能更接近各个实际观察点，即散点图内各点到回归直线的垂直距离，也即估计值与观测值之间的离差整体来说为最小。由于离差有正有负，正负会相互抵消，因此通常采用离差平方总和来进行分析，根据最小二乘法原理来估计回归方程系数 a 和 b，并利用微分法求函数极值原理，对 a，b 求偏导，可得到如下两个标准方程式：

$$\begin{cases} \sum y = na + b \sum x \\ \sum xy = a \sum x + b \sum x^2 \end{cases}$$

进一步求解上述方程组，可以求得 a 和 b：

$$\begin{cases} b = \dfrac{n\sum xy - \sum x \sum y}{n\sum x^2 - \left(\sum x\right)^2} \\[4mm] a = \bar{y} - b\bar{x} = \dfrac{\sum x}{n} + b\dfrac{\sum x}{n} \end{cases} \qquad (8.4)$$

用式（8.4）求得 a，b 值后，代入式 8.3，$\hat{y} = a + bx$，就可得到所求的一元线性回归方程，从而确定两变量之间的数量关系。

需要特别注意的是，一元线性回归方程的建立，应具备以下条件：一是现象间具有密切（显著或高度相关）的直线相关关系；二是具有一定数量的变量观测值。

（二）一元线性回归方程的应用

【例 8-3】根据例 8-2 的数据，试建立酒店行业企业投入的广告费与营业额之间的回归方程。

以广告费为自变量 x，营业额为因变量 y。根据表 8-3 中的计算结果，代入式（8.4），可得

$$b = \frac{n\sum xy - \sum x \sum y}{n\sum x^2 - \left(\sum x\right)^2}$$

$$= \frac{8 \times 288\ 680 - 501 \times 42\ 200}{8 \times 35\ 883 - 501^2} \approx 54.13$$

$$a = \bar{y} - b\bar{x}$$

$$= \frac{\sum y}{n} - b\frac{\sum x}{n}$$

$$= \frac{42\ 200}{8} - 54.13 \times \frac{501}{8} \approx 1\ 885.11\ (\text{万元})$$

所以，所建立的回归方程为：$\hat{y} = a + bx = 1\ 885.11 + 54.13x$

此回归方程表明，如果没有广告投入（$x = 0$），企业营业额只有 1 885.11 万元；而广告费每增加 1 万元，企业营业额将平均增加 54.13 万元。

将表 8-3 中的自变量的每一个数值代入所得方程，即可得出因变量的对应估计值，如表 8-4 所示。

表 8-4 回归估计值计算表

序号	广告费用 x	营业额 y	$\hat{y} = 1\ 885.11 + 54.13x$
1	30	3 000	3 509.01
2	37	3 500	3 887.92
3	40	4 900	4 050.31
4	55	5 000	4 862.26
5	72	6 000	5 782.47
6	84	6 200	6 432.03

表8-4(续)

序号	广告费用 x	营业额 y	$\hat{y} = 1\,885.11 + 54.13x$
7	90	7 100	6 756.81
8	93	6 500	6 919.2
合计	507	42 100	42 200.01

三、估计标准误差

如表 8-4 所示，由于变量 x 与 y 不是完全相关的函数关系，因变量估计值的大小 $\hat{y}$ 与实际观察值 y 之间，通常会存在一定误差。估计标准误差是说明回归方程式代表性大小的统计分析指标，反映的是估计值的大小 $\hat{y}$ 与实际值 y 的差异。估计标准误差，可以衡量回归方程是否能够很好地代表变量之间的数量依存关系，判断回归直线方程的拟合程度。

估计标准误差越小，说明估计值 $\hat{y}$ 与实际值 y 的之间的差异越小，估计值 $\hat{y}$ 对实际值 y 的代表性越强，表明因变量估计值的可靠程度越高，回归方程估计准确程度越高，代表性越强，回归直线拟合程度越高；反之，表明因变量估计值的可靠程度越低，估计准确程度越低，代表性越弱，回归直线拟合程度越低。只有在估计标准误差较小的时候，用回归方程估计或预测才更具有实际意义。

估计标准误差，其计算公式为

$$S_e = \sqrt{\left(\frac{\sum (y - \hat{y})^2}{n - 2}\right)} \tag{8.5}$$

式中：S_e 为估计标准误差；$n - 2$ 为自由度，因为一元线性回归方程中有两个参数，样本数据本身就有了两个约束条件，从而失去了两个自由度。

【例 8-4】根据表 8-4 的数据，说明估计标准误差的计算方法，如表 8-5 所示。

表 8-5　估计标准误差计算　　　　　　单位：万元

序号	广告费用 x	营业额 y	$\hat{y}$	$(y-\hat{y})$	$(y-\hat{y})^2$
1	30	3 000	3 509.01	−509.01	259 091.180 1
2	40	3 500	3 887.92	−387.92	150 481.926 4
3	40	4 900	4 050.31	849.69	721 973.096 1
4	55	5 000	4 862.26	137.74	18 972.307 6
5	72	6 000	5 782.47	217.53	47 319.300 9
6	85	6 100	6 432.03	−232.03	53 837.920 9
7	90	7 000	6 756.81	343.19	117 779.376 1
8	95	6 600	6 919.20	−419.2	175 728.640 0
合计	507	42 100	—	—	1 545 183.748

$$S_e = \sqrt{\left(\frac{\sum (y - \hat{y})^2}{n - 2}\right)}$$

$$= \sqrt{\left(\frac{1\ 545\ 183.738}{8 - 2}\right)} \approx 507.47\ \text{（万元）}$$

结果表明，估计标准误差是 507.47 万元，即对于酒店的营业额来说，其回归估计值的误差有正有负，但平均起来误差为 507.47 万元。

第四节　多元线性回归分析

一、多元线性回归方程的建立与应用

在社会经济现象中，一个现象的变动往往要受到多种现象变动的影响。例如，消费水平不仅受当期收入的影响，还受到物价水平、市场环境，以及预期未来收入等多因素的影响。因此，在进行相关回归分析时，还需要对多个变量之间的关系进行研究，这就需要进行多元相关与回归分析。本节仅讨论多个变量之间近似呈线性关系的情况。

多元线性回归分析是指对一个因变量与两个及以上自变量之间的线性关系的回归分析，反映的是用多个自变量来解释因变量的变化。用来表现多变量间线性关系的数学表达式，称为多元线性回归模型，其一般形式为

$$y = \beta_0 + \beta_1 x_1 + \beta_2 x_2 + \cdots + \beta_k x_k + \mu \tag{8.6}$$

式中：y 为因变量；x_1，x_2，$\cdots$，x_k 为自变量；k 为自变量个数；β_0，β_1，$\cdots$，β_k 为需要估计的参数，其中 β_0 为模型常数项，β_1，β_2，$\cdots$，β_k 为总体回归系数；μ 为随机误差项，简称误差项。

为了进行回归分析，通常需要对其提出一些假定：

假定 1：误差项的期望值为 0，即对于任意观测点 i 都有 E（u_i）= 0。

假定 2：误差项的方差为常数，即对所有的观测点 i 总有 Var（u_j）= σ^2。

假定 3：误差项之间不存在序列相关关系，其协方差为零，即当 $i \neq j$ 时有 Cov（u_i，u_j）= 0。

假定 4：自变量是给定的变量，与随机误差项线性无关。

假定 5：随机误差项服从正态分布。

假定 6：自变量之间不能具有较强的线性关系。

实际上，以上假定中的前五条也适用于一元线性模型。符合以上假定的线性回归模型称为标准的线性回归模型。这里讨论的回归分析，皆符合以上假定条件。

如果 β_0，β_1，$\cdots$，β_k 是已知的，对于给定的任何一组 x_1，x_2，$\cdots$，x_k 值，利用式 8.6 就能计算出 y 的估计值了。但是总体参数 β_0，β_1，$\cdots$，β_k 是未知的，只能通过样本数据进行估计。回归方程的一般表达式为

$$\hat{y} = \hat{\beta_0} + \hat{\beta_1} x_1 + \hat{\beta_2} x_2 + \cdots + \hat{\beta_k} x_k \tag{8.7}$$

同样采用最小二乘法原理，满足残差平方和最小的条件，并根据微积分中求极小值的原理，分别对 $\hat{\beta_0}$，$\hat{\beta_1}$，$\hat{\beta_2}$，$\cdots$，$\hat{\beta_k}$ 求偏导数，整理了得到以下方程组：

$$\begin{cases} \sum y = n\widehat{\beta_0} + \widehat{\beta_1}\sum x_1 + \widehat{\beta_2}\sum x_2 + \cdots + \widehat{\beta_k}\sum x_k \\ \sum x_1 y = \widehat{\beta_0}\sum x_1 + \widehat{\beta_1}\sum x_1^2 + \widehat{\beta_2}\sum x_1 x_2 \cdots + \widehat{\beta_k}\sum x_1 x_k \\ \sum x_2 y = \widehat{\beta_0}\sum x_2 + \widehat{\beta_1}\sum x_1 x_2 + \widehat{\beta_2}\sum x_2^2 \cdots + \widehat{\beta_k}\sum x_2 x_k \\ \cdots \\ \sum x_k y = \widehat{\beta_0}\sum x_k + \widehat{\beta_1}\sum x_1 x_k + \widehat{\beta_2}\sum x_2 x_k \cdots + \widehat{\beta_k}\sum x_k^2 \end{cases} \tag{8.8}$$

方程组（8.8）被称为正规方程组或标准方程组。有了样本数据后，求解方程组得出参数估计值，$\widehat{\beta_0}$，$\widehat{\beta_1}$，$\cdots$，$\widehat{\beta_k}$，这一计算过程，一般需要运用矩阵运算，较为复杂。我们也可以借助 Excel 的"数据分析"进行多元回归分析的计算。详见本章第五节。

二、估计标准误差

多元线性回归模型同样可以用估计标准误差来评价其拟合效果、代表性。其计算原理与一元线性回归分析计算原理基本相同。

由于存在随机误差的影响，根据多元线性回归方程得到的因变量估计值 $\hat{y}$ 与实际值 y 之间存在一定误差，这种误差我们将其称为估计标准误差。多元线性回归方程的估计标准误差的计算公式为

$$S_e = \sqrt{\left(\frac{\sum(y-\hat{y})^2}{n-k-1}\right)} \tag{8.9}$$

式中：S_e 为估计标准误差；k 为回归方程自变量的个数；$n-k-1$ 为自由度。

同样地，估计标准误差越小，表明样本回归方程的代表性越强，回归估计值的准确程度越高；反之，估计标准误差越大，表明样本回归方程的代表性越弱，回归估计值的准确程度越低。

我们也可以借助 Excel 的"数据分析"进行多元回归分析中估计标准误差的计算。详见本章第五节。

第五节　Excel 在相关与回归分析中的应用

一、利用 Excel 绘制相关图

利用 Excel 的图表向导可绘制两个变量的相关图（散点图），下面以例 8-3 的数据为例，说明利用图表向导绘制相关图的具体步骤。

（一）录入样本数据

在工作表中分别输入各个变量的数据，本例中作为 x 的变量是广告费，其数据位于单元格 B2~B9；作为 y 的变量是各酒店营业额，其数据位于单元格 C2~C9。

（二）选用图表向导

在 Excel 中，用鼠标选定数据区域后，直接选择菜单栏中的"插入"后单击"散

点图（x、y）"命令。注意：输入数据时，x 的数据在前，y 的数据在后，它们位于紧邻的两列（或两行）；否则，在图中单击鼠标右键，在弹出的快捷菜单栏中选择"选择数据"选项，打开"选择数据源"对话框，在"图例项（系列）"下选择"编辑"选项卡，打开"编辑数据系列"对话框，即出现"x 轴系列值"和"y 轴系列值"两栏，分别指定 x 和 y 两个变量的数据所在区域即可，如图 8-3 所示。然后再在图中分别插入文本框，添加横坐标和纵坐标的名称、计量单位即可。本例输出的相关图如图 8-4 所示。

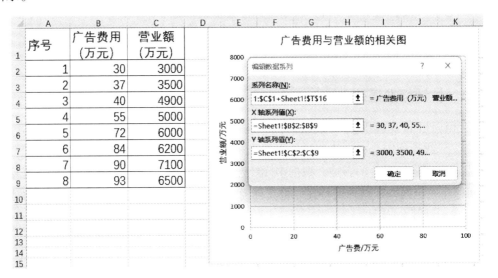

图 8-3　利用 Excel 制作相关图

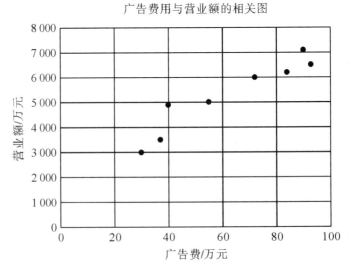

图 8-4　广告费用与营业额的相关图

二、利用 Excel 计算相关系数

在 Excel 中有两种方法可以直接计算相关系数：一是利用数据分析工具；二是使用

相关系数统计函数。

(一) 利用数据分析工具

下面仍用例8-3的数据来说明利用 Excel 数据分析计算相关系数的具体步骤。

（1）录入样本数据。在工作表中分别输入各个变量的数据，本例中各酒店广告费用的数据位于单元格 B2~B9；各酒店营业额的数据位于单元格 C2~C9。

（2）选用分析工具。单击"数据"菜单中的"数据分析"工具，在弹出的"数据分析"对话框中选择"相关系数"选项后单击"确定"按钮，随后弹出"相关系数"对话框，如图8-5所示。在"输入区域"数值框中输入样本数据所在区域，本例中输入"＄B＄1：＄C＄9"或用鼠标选定数据区域，在"分组方式"栏中选中"逐列"单选按钮（若变量数据按行放置，选中"逐行"单选按钮即可）；如果输入区域的第一行（列）为变量名，选中"标志位于第一行"复选框，否则取消选中该复选框，并在"输入区域"数值框中指定输出结果的起点位置，本例中输入"＄B＄11"或B11"，如图8-5所示。

（3）最后单击"确定"按钮即可得到相关系数（如图8-5左下方区域）。本例中，酒店广告费用 x 和营业额 y 之间的相关系数为 0.946 190 933。

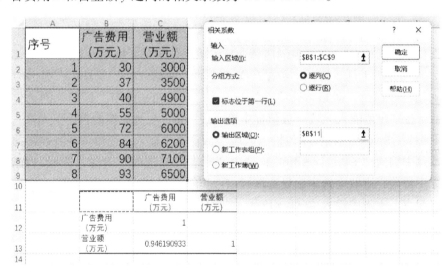

图 8-5 利用 Excel 计算相关系数

(二) 使用相关系数统计函数

在 Excel 中，利用统计函数 CORREL 也可以计算两个变量之间的相关系数，调用格式为

$$CORREL（array1，array2）$$

其中：array1，array2 分别为第一组、第二组数值单元格区域。

仍以例8-3数据为例，具体操作步骤如下：

（1）录入样本数据。同上。

（2）利用相关系数统计函数 CORREL，在单元格 E2 中输入："＝CORREL（B2：B9，C2：C9）"。

Excel 返回后，得到酒店广告费用 x 和营业额 y 之间的相关系数 r 的计算结果仍为

0.946 190 933，如图 8-6 所示。

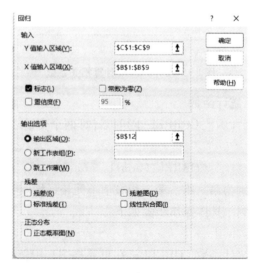

图 8-6　利用 Excel 统计函数计算相关系数

三、利用 Excel 进行回归分析

（一）利用 Excel 进行一元线性回归分析

下面以例 8-3 的数据来说明利用 Excel 进行一元线性回归分析的具体步骤。

（1）录入样本数据。在工作表中分别输入各个变量的数据，本例中各酒店广告费用的数据位于单元格 B2~B9；各酒店营业额的数据位于单元格 C2~C9。

（2）选用分析工具。打开"数据"菜单中的"数据分析"工具，在弹出的"数据分析"对话框中选择"回归"选项后单击"确定"按钮，弹出"回归"对话框，如图 8-7 所示。在"y 值输入区域"数值框中输入因变量 y 观测数据的起止单元格，本例中输入"C1：C9"；在"x 值输入区域"数值框中输入自变量 x 观测数据的起止单元格，本例中输入"B1：B9"；选中"标志"复选框（若输入区域只有观测值，第一行无变量名，则取消选中该复选框）。在"输出区域"数值框中指定显示输出结果的单元格起点，本例中输入"$B $12"，如图 8-7 所示。

图 8-7　"回归"对话框

（3）最后单击"确定"按钮，即可得到回归估计结果。本例的输出结果如图8-8所示。

	A	B	C	D	E	F	G	H	I	J	K
10											
11											
12		SUMMARY OUTPUT									
13											
14			回归统计								
15		Multiple R	0.946190933								
16		R Square	0.895277282								
17		Adjusted R Squ	0.877823495								
18		标准误差	507.4747459								
19		观测值	8								
20											
21		方差分析									
22			df	SS	MS	F	gnificance F				
23		回归分析	1	1.3E+07	1.3E+07	51.2942	0.00037				
24		残差	6	1545184	257531						
25		总计	7	1.5E+07							
26											
27			Coefficients	标准误差	t Stat	P-value	Lower 95%	Upper 95%	下限 95.0%	上限 95.0%	
28		Intercept	1884.91806	506.207	3.72361	0.00981	646.275	3123.56	646.275	3123.56	
29		广告费用(万元)	54.13304495	7.55838	7.16199	0.00037	35.6384	72.6277	35.6384	72.6277	
30											
31											

图8-8 利用 Excel 进行回归的输出结果

Excel 回归分析输出结果主要包括"回归统计""方差分析""参数估计"三个部分。

（1）"回归统计"输出结果。

①Multiple R，即多重相关系数，在多元线性回归中指复相关系数。本例中，$|r| = 0.946\ 190\ 933$。

②R Square，即判定系数（可决系数）R^2，相关系数的平方。本例中，$r^2 = 0.895\ 277\ 282$。

③Adjusted R Square，即修正的判定系数，适用于多元回归分析。

④标准误差，即回归方程的估计标准误差。本例中，估计标准误差为 $507.474\ 745\ 9$。

⑤观测值，即样本容量 n，观测值的数目。本例中，$n = 8$。

（2）"方差分析"输出结果，主要说明对回归方程进行检验的 F 统计量的值及其对应的显著性水平。

①df 指自由度。

②SS 指平方和。

③MS 指均方。

④F 指用于回归方程显著性检验的 F 统计量。

⑤Significance F 是 F 统计量对应的 P 值。本例中，显著性水平（significance F）接近于0，表明两个变量之间存在显著的线性相关关系。

（3）"参数估计"输出结果，给出了估计值 a 和 b 的取值，两者的 t 检验值及其对应的 P 值，以及 a 和 b 置信区间的上下限，本例中，从 Coefficients 下可得到截距 a 的估计值为 $1\ 884.918\ 06$，回归系数 b 为 $54.133\ 044\ 95$。

图 8-8 所示结果为例 8-2 的回归分析结果。

所求的回归方程 $\hat{y} = a + bx = 1\,884.918\,06 + 54.133\,044\,95x$

例 8-2 中，对回归系数的 t 检验值为 7.161\,99，远远大于显著性水平 0.05 对应的临界值，P 值为 0.000\,37，几乎等于 0，表明广告费用和营业额两个变量之间存在显著的线性相关关系。

另外，可利用回归方程进行点预测：如广告费用 x 为 100 万元时，预测销售额 y，可在 Excel 中直接编写算式：

$$\text{“} = C28 + C29 \times 100\text{”}$$

Excel 返回预测值营业额为 7\,298.22（万元）。

（二）利用 Excel 进行多元相关与线性回归分析

借助 Excel 进行多元线性相关与回归分析的操作，与一元线性相关与回归分析基本相同。

【例 8-5】已知 2021 年我国各省（区、市）[①] 的人均可支配收入（Y）、地区人均消费支出（X_1）、教育文化娱乐支出（X_2）、年末总人口数（X_3），数据如表 8-6 所示。试利用 Excel 对以上变量进行多元线性相关和回归分析。

表 8-6　2021 年我国各省（区、市）收入与生活消费支出　　　　单位：元

省（区、市）	居民人均可支配收入	地区人均消费支出	教育文化娱乐支出
北京	75 002.2	43 640.4	3 348.0
天津	47 449.4	33 188.4	3 372.5
河北	29 383.0	19 953.6	2 007.3
山西	27 425.9	17 191.2	2 059.1
内蒙古	34 108.4	22 658.3	2 543.7
辽宁	35 111.7	23 830.8	2 809.4
吉林	27 769.8	19 604.6	2 413.1
黑龙江	27 159.0	20 635.9	2 254.1
上海	78 026.6	48 879.3	4 709.9
江苏	47 498.3	31 451.4	2 984.7
浙江	57 540.5	36 668.1	3 768.7
安徽	30 904.3	21 910.9	2 584.8
福建	40 659.3	28 440.1	2 572.2
江西	30 609.9	20 289.9	2 381.8
山东	35 705.1	22 820.9	2 728.6
河南	26 811.2	18 391.3	2 209.2
湖北	30 829.3	23 846.1	2 863.3

---

① 不含香港、澳门特别行政区，以及台湾省。

表8-6(续)

省（区、市）	居民人均可支配收入	地区人均消费支出	教育文化娱乐支出
湖南	31 992.7	22 798.2	3 061.3
广东	44 993.3	31 589.3	3 241.6
广西	26 726.7	18 087.9	2 283.9
海南	30 456.8	22 241.9	2 444.5
重庆	33 802.6	24 597.8	2 601.4
四川	29 080.1	21 518.0	1 891.9
贵州	23 996.2	17 957.3	2 247.7
云南	25 666.2	18 851.0	2 059.0
西藏	24 949.9	15 342.5	768.0
陕西	28 568.0	19 346.5	2 110.7
甘肃	22 066.0	17 456.2	1 893.8
青海	25 919.5	19 020.1	1 627.5
宁夏	27 904.5	20 023.8	2 273.2
新疆	26 075.0	18 960.6	1 664.4

1. 利用 Excel 进行多元线性相关分析

（1）录入样本数据。

将样本数据录入工作表区域（注意多个自变量要录入在相邻的区域），本例中，地区名称位于第一列，人均可支配收入（Y）的数据位于 B3~B34、地区人均消费支出（X_1）的数据位于 C3~C34、教育文化娱乐支出（X_2）的数据位于 D3~D34。

（2）选用分析工具。

单击"数据"菜单中的"数据分析"工具，在弹出的"数据分析"对话框中选择"相关系数"选项后单击"确定"按钮，弹出"相关系数"对话框后，在"输入区域"数值框中输入样本数据所在区域，本例中输入"B2：D33"或用鼠标选定数据区域，在"分组方式"栏中选中"逐列"单选按钮（若变量数据按行放置，选中"逐行"单选按钮即可）；如果输入区域的第一行（列）为变量名，选中"标志位于第一行"复选框，否则取消选中该复选框，并在"输入区域"数值框中指定输出结果的起点位置，本例的输出结果如图 8-9 所示。

F	G	H	I	J	K	L
		y	x1	x2	x3	
	y	1				
	x1	0.9854	1			
	x2	0.83623	0.87791	1		
	x3	0.05134	0.0726	0.21743	1	

图 8-9　利用 Excel 进行相关分析

由上述输出结果可知，人均可支配收入（Y）与地区人均消费支出（X_1）、教育文化娱乐支出（X_2）之间的线性相关关系分别高达 0.984 5、0.836 23。

2. 利用 Excel 进行多元线性回归分析

（1）录入样本数据。

将样本数据录入工作表区域（注意多个自变量要录入在相邻的区域），具体操作同上。

（2）选用分析工具。

单击"数据"菜单中的"数据分析"工具，在弹出的"数据分析"对话框中选择"回归"选项后单击"确定"按钮，弹出"回归"对话框，参见图 8-10。在"Y 值输入区域"数值框中输入因变量 Y 观测数据的起止单元格，本例中输入"B2：B33"；在"X 值输入区域"数值框中输入自变量 X 观测数据的起止单元格，本例中输入"C2：D33"（注意多个自变量相邻，引用整个区域）；选中"标志"复选框（若输入区域只有观测值，第一行无变量名，则取消选中该复选框）。在"输出区域"数值框中指定显示输出结果的单元格起点，本例中输入"F2"。

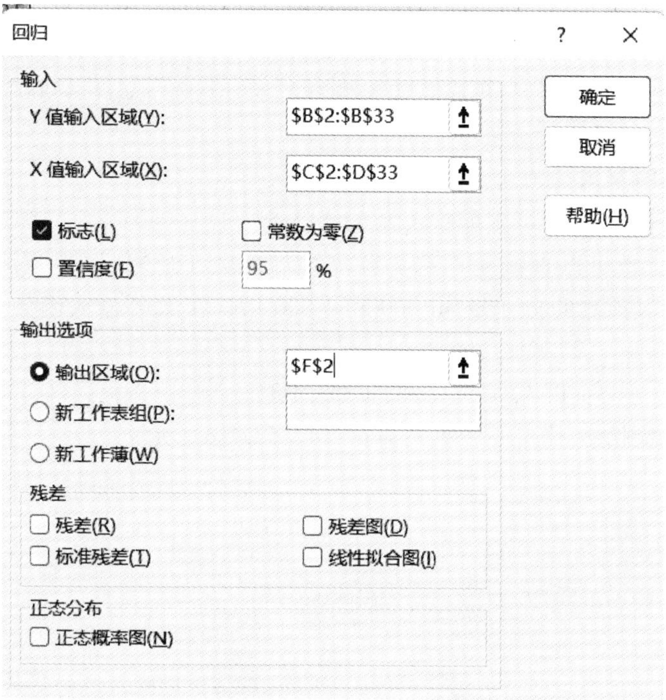

图 8-10　"回归"对话框

（3）最后单击"确定"按钮，即可得到回归估计结果

本例的输出结果如图 8-11 所示。

	Coefficients	标准误差	t Stat	P-value	Lower 95%	Upper 95%	下限 95.0%	上限 95.0%
Intercept	-4706.4	1481.53004	-3.17671	0.003611546	-7741.17443	-1671.62	-7741.17	-1671.62
x1	1.909068	0.10946194	17.44048	1.42379E-16	1.684845725	2.133291	1.684846	2.133291
x2	-2.3772	1.186435558	-2.00365	0.054870309	-4.80750404	0.053102	-4.8075	0.053102

SUMMARY OUTPUT

回归统计	
Multiple R	0.987244
R Square	0.974651
Adjusted R Square	0.97284
标准误差	2250.013
观测值	31

方差分析

	df	SS	MS	F	Significance F
回归分析	2	5450267929	2.73E+09	538.291872	4.52305E-23
残差	28	141751631.3	5062558		
总计	30	5592019560			

图 8-11　利用 Excel 进行回归的输出结果

　　由图 8-11 可知，复相关系数 R 为 0.987 244；复判定系数 R^2 为 0.974 651；修正的判定系数 $\overline{R^2} = 0.972\,84$；估计标准误差为 2 250.013。对回归方程进行检验的结果，$F = 538.291\,872$，对应的显著性水平接近于 0（4.523 05E-23），表明上述变量之间的总体线性回归模型是显著的。

Excel 返回后，可以得到所求的回归方程为

$$\hat{y} = -4\,706.4 + 1.909\,068\,X_1 - 2.377\,2\,X_2$$

回归方程可以用于估计与预测。如预测当 $X_1 = 40\,000$，$X_2 = 4\,000$ 时，人均可支配收入是多少？在 Excel 中输入算式：

“ = G18+G19 × 40 000 + G20 × 4 000”

Excel 返回预测值人均可支配收入为 62 147.532 16（元）。

在 Excel 中，也可以直接使用趋势预测统计函数 TREND 取得预测值，在单元格 C34 和 D34 中输入预测的自变量 40 000 和 4 000 后，在 E34 输入函数（如图 8-12 所示）：

“ = TREND（B3：B33，C3：D33，C34：D34）”

Excel 返回预测值人均可支配收入为 62 147.532 16（元）

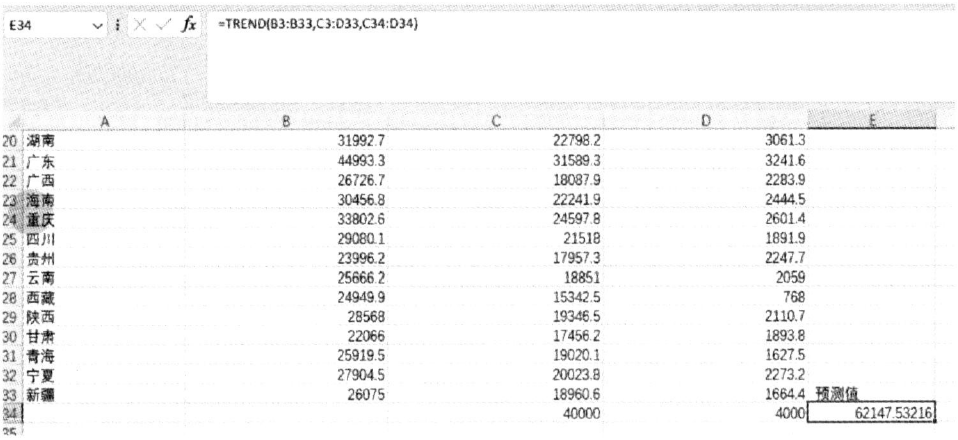
E34 =TREND(B3:B33,C3:D33,C34:D34)

	A	B	C	D	E
20	湖南	31992.7	22798.2	3061.3	
21	广东	44993.3	31589.3	3241.6	
22	广西	26726.7	18087.9	2283.9	
23	海南	30456.8	22241.9	2444.5	
24	重庆	33802.6	24597.8	2601.4	
25	四川	29080.1	21518	1891.9	
26	贵州	23996.2	17957.3	2247.7	
27	云南	25666.2	18851	2059	
28	西藏	24949.9	15342.5	768	
29	陕西	28568	19346.5	2110.7	
30	甘肃	22066	17456.2	1893.8	
31	青海	25919.5	19020.1	1627.5	
32	宁夏	27904.5	20023.8	2273.2	
33	新疆	26075	18960.6	1664.4	预测值
34			40000	4000	62147.53216

图 8-12　利用 Excel 趋势函数计算预测值

如果只是想获得回归分析模型的某些参数，除了利用数据分析工具外，也可以使用 Excel 统计函数取得回归分析结果，常用于建立回归分析模型和预测的 Excel 统计函数如表 8-7 所示。

表 8-7　Excel 中主要的回归分析函数

统计函数	函数功能
INTERCEPT	返回线性回归方程的截距
SLOPE	返回线性回归方程的斜率
RSQ	返回线性回归模型的判定系数
FORECAST	返回一元线性回归模型的预测值
STEYX	返回线性回归模型估计的标准差
TREND	返回线性回归模型的预测值
LINEST	返回线性回归方程的参数

素质教育小故事

数据引领法治：赵律师的回归分析之路

在一个繁华的都市中，赵律师是一位既精通法律又擅长数据分析的复合型人才。他深信，将统计学的相关知识和回归分析的方法应用到新时代法治建设中，能够推动法律实践更加科学、精准和高效。

赵律师曾在一次重要的法律案件中，遇到了一个棘手的问题：如何准确预测和评估案件的结果，以便为当事人提供更加合理的法律建议。传统的法律分析方法虽然能够提供一些指导，但往往缺乏数据支撑和科学依据。

在这个关键时刻，赵律师想到了回归分析这一统计学方法。他收集了大量类似案件的历史数据，包括案件类型、证据情况、法官判决倾向等关键指标。然后，他利用回归分析技术，建立了一个预测模型，通过对历史数据的分析，找出案件结果与各种因素之间的相关性，并预测当前案件的可能结果。

在回归分析的过程中，赵律师发现了一些有趣的规律。例如，某些类型的案件在特定法官手中往往有更高的胜诉率；某些证据类型对案件结果的影响更为显著。这些发现不仅为他提供了更加准确的预测结果，也为他提供了改进法律实践的建议。

赵律师将这一方法应用到更多的法律实践中，这种做法不仅提高了案件预测的准确率，还为当事人提供了更加合理、科学的法律建议。他的成功案例引起了广泛关注，越来越多的法律从业者开始意识到统计学在法治建设中的重要作用。

在一次分享会上，赵律师分享了他的经验和体会。他强调，新时代法治建设需要更加注重科学方法和数据支撑。回归分析作为一种强大的统计学工具，能够帮助我们更好地理解和预测法律现象，提高法律实践的效率和公正性。

赵律师还鼓励大家要敢于将传统学科与新时代的需求相结合，勇于创新和尝试。他相信，只有不断学习、不断探索，才能适应时代发展的需要，为推动社会的进步和法治建设贡献自己的力量。

这场分享会让大家意识到，统计学不仅是一门科学学科，更是一种思考方式和解决问题的工具。在未来的学习和工作中，我们也要注重跨学科的学习和思考，将所学知识应用到实际中去，为推动新时代法治建设贡献自己的力量。

章节练习

一、单选题

1. 现象之间存在着不确定的数量依存关系，这种关系称为（   ）。

    A. 函数关系   B. 因果关系

    C. 相关关系   D. 平衡关系

2. 下列现象属于负相关的是 （　　　）。

    A. 居民收入越多，消费支出越大

    B. 学习时间越长，学习成绩越高

    C. 广告投入越多，产品销售量越大

    D. 产品单位成本越低，企业盈利越多

3. 相关系数为 0 时，表明两个变量 （　　　）。

    A. 无相关关系　　　　　　　　　B. 无曲线相关关系

    C. 无直线相关关系　　　　　　　D. 存在中度相关关系

4. 下列回归方程中，肯定错误的是 （　　　）。

    A. $y = 500 + 30x$, $r = 0.72$

    B. $y = -200 + 37x$, $r = -0.84$

    C. $y = -16 + 9x$, $r = 0.53$

    D. $y = -176 - 6x$, $r = -0.98$

5. 相关系数能够测度 （　　　）。

    A. 曲线相关的程度和方向　　　　B. 直线相关的方向和曲线相关的程度

    C. 直线相关的程度和方向　　　　D. 直线相关的程度和曲线相关的方向

6. 回归估计标准误差值越大，则回归直线 （　　　）。

    A. 拟合程度越高　　　　　　　　B. 拟合程度越低

    C. 偏离原始数据点越近　　　　　D. 回归预测的区间越宽

二、多选题

1. 现象之间的依存关系，可以分为 （　　　）。

    A. 函数关系　　　　　　　　　　B. 因果关系

    C. 相关关系　　　　　　　　　　D. 回归关系

2. 相关关系按其变动方向的不同，可以分为 （　　　）。

    A. 完全相关　　　　　　　　　　B. 正相关

    C. 不完全相关　　　　　　　　　D. 负相关

3. 下列关于相关系数的取值，肯定错误的是 （　　　）。

    A. 0.7　　　　　　　　　　　　　B. 0

    C. 1.06　　　　　　　　　　　　D. 0.99

4. 回归按涉及变量的变量数的多少分为 （　　　）。

    A. 简单回归　　　　　　　　　　B. 复回归

    C. 直线回归　　　　　　　　　　D. 曲线回归

5. 居民消费 y（元） 随着收入 x（元） 变化的回归方程为 $y = 360 + 0.9x$，则 （　　　）。

    A. 收入为 3 000 元时，消费估计为 3 060 元

    B. 收入为 1 元时，消费平均为 0.9 元

    C. 收入增加 1 元时，消费平均增加 360 元

    D. 收入增加 1 元时，消费平均增加 0.9 元

6. 下列关于简单线性回归方程中回归系数 b 的说法，正确的有（　　）。

　　A. 可以确定两个变量之间相关的方向

　　B. 可以确定两个变量之间相关的密切程度

　　C. 可以确定两个变量之间的因果关系

　　D. 可以确定当自变量增加一个单位时，因变量的平均增减量

三、判断题

1. 负相关是指两个变量之间的变动方向都是下降的。　　　　　　　　（　　）

2. 进行相关分析时，必须明确自变量和因变量。　　　　　　　　　　（　　）

3. 相关关系即为函数关系。　　　　　　　　　　　　　　　　　　　（　　）

4. 进行相关分析时，两个变量都是随机的，地位对等。　　　　　　　（　　）

5. 从回归直线方程 $y = 540 + 69x$，可以看出变量 x 与 y 之间存在正相关关系。

（　　）

四、简答题

1. 请说明相关关系的概念、种类及其与函数关系、因果关系的区别。

2. 请说明相关分析与回归分析的区别与联系。

五、计算题

1. 随机抽取 5 家旅游纪念品商店，取得营业员日销售额的具体数据，如表 8-8 所示。

表 8-8　旅游纪念品商店营业员日销售额

序号	营业员人数/人	日销售额/元
1	5	1 000
2	8	2 400
3	18	7 200
4	12	6 000
5	7	4 200
6	22	8 000

要求：

（1）计算相关系数，并说明营业员人数和日销售额之间有无相关关系，如存在相关关系，请进一步说明其相关的方向与程度。

（2）确定并求解回归直线方程，并说明每增加 10 名营业员，日销售额平均变动多少。

（3）假设营业员为 30 人时，日销售额预计为多少元？

2. 对某企业员工进行调查后，得到月薪与月假日支出的有关数据如表 8-9 所示。

表 8-9 某企业员工月薪与月假日支出   单位：元

序号	月薪	月假日支出
1	4 000	1 200
2	7 550	3 000
3	6 000	2 300
4	12 000	4 500
5	8 350	3 200
6	5 500	1 300
7	7 500	3 000
8	4 300	750
9	23 000	6 000
10	16 000	3 890
11	9 800	5 000
12	26 000	5 000

要求：

（1）计算相关系数，并说明员工月薪和假日支出之间有无相关关系，如存在相关关系，请进一步说明其相关的方向与程度。

（2）以月薪为自变量，确定并求解回归直线方程。

（3）预计月薪为 8 000 元时，假日支出预计为多少元？

（4）利用 Excel 完成上述计算任务。

3. 抽取某旅游院校统计学专业的 5 名学生学习时间与成绩，具体数据如表 8-10 所示。

表 8-10 学习时间与学习成绩统计

序号	每周学习时间/小时	学习成绩/分
1	3	35
2	6	60
3	7	55
4	10	76
5	13	90

要求：

（1）计算相关系数。

（2）建立回归直线方程。

（3）计算估计标准误差。

4. 根据某地区人均收入 x 元与旅游消费支出 y 元资料计算的数据如下：$n = 10$，$\sum x = 560$，$\sum y = 230$，$\sum x^2 = 35\ 620$，$\sum xy = 14\ 620$。

要求：

（1）建立回归直线方程，并解释回归系数的含义。

（2）若2022年某地区人均收入为8 000元，试预测该年旅游消费支出。

第九章

旅游时间序列分析

■学习目标

了解旅游时间序列的概念、种类；掌握旅游现象发展的各种水平指标的含义及其计算方法；掌握旅游现象发展的各种速度指标的含义、计算方法以及相互关系；熟悉旅游现象的长期趋势的分析和预测方法以及季节变动的分析方法；熟悉利用 Excel 进行旅游时间序列分析的方法。

■基本要求

了解旅游时间序列、旅游现象发展的水平指标和速度指标等相关概念，掌握相关指标的计算方法，并能熟练运用旅游时间序列的分析方法。

第一节　旅游时间序列的意义和种类

一、旅游时间序列的意义

任何社会经济现象都有一个产生和发展变化的过程。旅游时间序列就是把反映某种旅游现象在不同时间上发展变化情况的一系列统计指标值，按照时间先后顺序排列起来所形成的序列，也称旅游动态数列。任何旅游时间序列都由两个基本因素组成：一是旅游现象所属的时间；二是反映旅游现象在不同时间上数量表现的指标数值。

旅游时间序列具有重要的作用。通过旅游时间序列的编制和分析，一是可以描述旅游经济现象的发展状况；二是可以研究旅游经济现象的发展速度、发展趋势，探索旅游活动发展变化的规律；三是可以利用不同的但互相联系的旅游时间序列进行各种分析。

二、旅游时间序列的种类

旅游时间序列按统计指标的性质不同，可以分为绝对数时间序列、相对数时间序列和平均数时间序列三种。其中，绝对数时间序列是基本的时间序列，相对数时间序列和平均数时间序列则是由绝对数时间序列派生而形成的时间序列。例如，我国2017—2021年旅游经济一些主要指标的时间序列如表9-1所示。在表9-1中，旅行社、旅游从业人员等列出的所有的指标都是绝对数时间序列。

表9-1　2017—2021年旅游业发展情况统计指标统计

年份	旅行社数 /家	星级 饭店数 /个	入境游客 /万人次	国内居民 出境人数 /万人次	国内游客 /亿人次	旅游收入	
						国际旅游 收入 /亿美元	国内旅游 收入 /亿元
2017	29 717	9 566	13 948.24	14 272.74	50.01	1 234.17	45 660.77
2018	37 309	8 962	14 119.83	16 199.34	55.39	1 271.03	51 278.29
2019	38 943	10 130	14 530.78	16 920.54	60.06	1 312.54	57 250.92
2020	31 074	8 423	—	—	28.79	—	22 286.30
2021	42 432	8 771	—	—	32.46	—	29 190.70

资料来源：中国统计年鉴2022。

（一）旅游绝对数时间序列

把一系列旅游同类的总量指标按时间先后顺序排列起来所形成的时间序列称为旅游绝对数时间序列，又称为旅游绝对数动态数列。它反映旅游经济现象在各期达到的绝对水平及其变化发展的状况。如果按照指标所反映的旅游经济现象所属的时间不同，绝对数时间序列又可分为时期序列和时点序列两种。

1. 时期序列

在旅游绝对数时间序列中，如果各项指标都是反映某种现象在一段时期内发生、发展过程的总量，那么这种绝对数时间序列就称为时期序列。表9-1中我国2017—2021年入境游客是一个时期序列。时期序列的特点是：

（1）时期序列中各个指标的数值是可以相加的，即相加具有一定的经济意义。由于时期序列中每个指标的数值是表示在一段时期内发展过程的总量，所以相加后的数值就表示现象在更长一段时期内发展过程的总量。表9-1中2017—2021年我国入境游客人数相加，就表示这五年期间的总入境游客人数。

（2）时期序列中每一个指标值的大小与所属的时期长短有直接的联系。时期序列中，每个指标所包括的时期长度，称为"时期"。时期的长短，主要根据研究目的而定，可以是一日、一旬、一月、一季、一年或更长时期。一般来说，时期愈长，指标数值就愈大；反之就愈小。

（3）时期序列中每个指标的数值，通常是通过连续不断的登记而取得的。

2. 时点序列

在绝对数时间序列中，如果各项指标都是反映现象在某一时点上（瞬间）所处的数量水平，那么这种绝对数时间序列就称为时点序列。如表 9-1 中所列的我国 2017—2021 年国内旅行社数就是一个时点序列。时点序列有如下特点：

（1）时点序列中各个指标的数值是不能相加的，相加不具有实际的经济意义。这是由于时点序列中每个指标都是表明某一时点上瞬间现象的数量，相加以后无法说明其属于哪一时点的数量。

（2）时点序列中每一个指标数值的大小与其时间间隔长短没有直接联系。在时点序列中两个相邻指标在时间上的距离叫做“间隔”。由于时点序列每个指标数值只表明现象在某一时点上的数量，年末数值可能大于月末数值，也可以小于月末数值，因此它的指标数值大小与时间间隔长短没有直接联系。

（3）时点序列中每个指标的数值，通常是通过一定时期登记一次而取得的。

（二）旅游相对数时间序列

把一系列旅游同类的相对指标按照时间先后顺序排列起来而形成的时间序列称为旅游相对数时间序列，又称为旅游相对数动态数列。它反映现象对比关系的发展变化情况，说明社会经济现象的比例关系、结构、速度的发展变化过程。在旅游相对数时间序列中，各个指标的数值是不能相加的。

（三）旅游平均数时间序列

把一系列旅游同类的平均指标按时间先后顺序排列起来而形成的时间序列称为旅游平均数时间序列，又称为旅游平均数动态数列。它反映社会现象一般水平的发展趋势。在旅游平均数时间序列中，各个指标数值一般来说也是不能相加的，相加没有经济意义。

为了对旅游现象发展过程进行全面分析，实际工作中可把上述各种旅游时间序列结合起来运用。

第二节　旅游现象发展的水平指标分析

旅游时间序列编制出来，只是意味着有了分析旅游现象发展变化的基础资料。为了进一步进行动态分析，就需要计算一系列旅游时间序列分析指标。一般来说，旅游时间序列分析指标可分为两类：一类是旅游现象发展的水平指标，包括旅游发展水平、平均旅游发展水平、旅游增长量和平均旅游增长量等；另一类是旅游现象发展的速度指标，包括旅游发展速度、旅游增长速度、平均旅游发展速度和平均旅游增长速度等。旅游水平指标是旅游速度指标分析的基础，旅游速度指标是旅游水平指标分析的深入和继续。

一、旅游发展水平和平均旅游发展水平

（一）旅游发展水平

在旅游时间序列中，各项具体的指标数值叫做旅游发展水平或动态数列水平。它反映旅游经济现象在不同时期所达到的水平，是计算其他动态分析指标的基础。发展水平一般是指总量指标，如旅游收入、每年入境旅游人数等；也可用相对指标来表示，如港澳同胞占入境旅游人数的比重等。

在旅游时间序列中，由于发展水平所处的位置不同，有最初水平、最末水平、中间各项水平、基期水平和报告期水平之分。使用最多的通常是基期水平和报告期水平。在时间序列中，第一个指标数值叫最初水平，最后一个指标数值叫最末水平，其余各指标数值叫中间各项水平，在对两个时间的发展水平作动态对比时，作为对比基础时期的水平称为基期水平，作为研究时期的指标水平称为报告期水平或计算期水平。用符号 y_0, y_1, …, y_{n-1}, y_n 代表序列中各个发展水平，则 y_0 就是最初水平，y_n 就是最末水平，其余就是中间各项水平，如表9-2所示。

表9-2　2017—2021年旅游业发展情况统计指标统计

年份	2017	2018	2019	2020	2021
国际旅游收入/亿美元	1 234.17	1 271.03	1 312.54	—	—
国内旅游收入/亿元	45 660.77	51 278.29	57 250.92	22 286.30	29 190.70

资料来源：中国统计年鉴2022。

在表9-2中，2017年国内旅游收入45 660.77亿元是最初水平，2021年国内旅游收入29 190.70亿元是最末水平，其余数字都是中间水平。不过，随着研究时间和目的的改变，中间水平也可以转变成最初水平或最末水平。

（二）平均旅游发展水平

将不同时期的发展水平加以平均而得到的平均数称为平均发展水平，在统计上又称为序时平均数或动态平均数。它与前面讲的一般平均数有相同的一面，又有明显的区别。相同的是，两者都是把现象的个别数量差异抽象化，概括地反映现象的一般水平。

它们的区别是：①平均发展水平是同一现象在不同时期上发展水平的平均。平均发展水平从动态上说明其在某一段时间内发展的一般水平，它是根据时间序列来计算的；而一般平均数是同质总体内各单位标志值的平均，从静态上说明其在具体历史条件下的一般水平，它是根据变量数列来计算的。②平均发展水平是对同一现象不同时间上的数值差异的抽象化，而一般平均数是对同一时间总体某一数量标志值差异的抽象化。

此外，平均发展水平还可解决时间序列中的某些可比性问题，例如，由于各月的日历天数不同，会影响到旅游企业总产值的大小，如果以计算出各月的每日平均总产值指标来进行对比，就具有可比性，更能反映总产值的发展变化情况。序时平均数可根据绝对数时间序列计算，也可根据相对数时间序列或平均数时间序列计算。绝对数时间序列序时平均数的计算方法是最基本的方法。现分别介绍如下：

1. 由绝对数时间序列计算序时平均数

由于绝对数时间序列分为时期序列和时点序列，它们各具有不同性质，因此计算序时平均数的方法也就不一样。

（1）时期序列计算序时平均数。由于序列中各项指标值相加等于全部时期的总量，因此直接用序列中各时期指标值之和除以总的时期项数即得序时平均数。其计算公式如下：

$$\bar{y} = \frac{y_1 + y_2 + y_3 + \cdots + y_{n-1} + y_n}{n} = \frac{\sum y_i}{n} \tag{9.1}$$

式中：$\bar{y}$ 表示平均旅游发展水平；y_1，y_2，$\cdots$，y_{n-1}，y_n 为各期旅游发展水平；n 为时期项数。

【例 9-1】根据表 9-1 的数据，计算我国 2017—2021 年国内旅游收入的年平均发展水平。

解：由式（9.1）得

$$\bar{y} = \frac{\sum y_i}{n} = \frac{45\ 660.77 + 51\ 278.29 + 57\ 250.92 + 22\ 286.30 + 29\ 190.70}{5}$$

$$= \frac{205\ 666.98}{5} \approx 41\ 133.40(亿元)$$

（2）时点序列计算序时平均数。由于不可能掌握现象发展过程中每一时点上的数字，只能间隔一段时间后统计其余额，所以时点序列的序时平均数是假定在某一时间间隔内现象的增减变动比较均匀或波动不大的前提下推算出来的近似值。现分几种不同情况加以叙述。

①根据连续时点序列计算序时平均数。在连续时点序列中有连续变动和非连续变动两种情况：

第一，对连续变动的连续时点序列求序时平均数。如果连续时点序列每日的指标数值都有变动，则称为连续变动的连续时点序列。可用简单算术平均法求序时平均数，其计算公式为

$$\bar{y} = \frac{y_1 + y_2 + y_3 + \cdots + y_{n-1} + y_n}{n} = \frac{\sum y_i}{n} \tag{9.2}$$

例如，已知某旅行社一个月内每天的工人人数，计算该月内每天平均工人人数，可将每天的工人人数相加，除以该月的日历日数。

第二，对非连续变动的连续时点序列求序时平均数。如果被研究现象不是逐日变动，而是间隔几天变动一次，那么这样的序列称为非连续变动的连续时点序列。可用加权算术平均法计算序时平均数。其计算公式为

$$\bar{y} = \frac{y_1 f_1 + y_2 f_2 + \cdots + y_{n-1} f_{n-1} + y_n f_n}{n} = \frac{\sum y_i f_i}{\sum f_i} \tag{9.3}$$

式中：y_i 表示各时点指标数值；f_i 表示两相邻时点间的间隔长度。

【例 9-2】某旅行社 4 月 1 日有职工 30 人，4 月 11 日招聘 30 人，4 月 16 日离职 20 人，试计算该旅行社 4 月份平均每天职工人数。

解：将上述数据带入式（9.3）得

$$\bar{y} = \frac{\sum y_i f_i}{\sum f_i} = \frac{30 \times 10 + 60 \times 5 + 40 \times 15}{10 + 5 + 15} = 40(人)$$

②根据间断时点数列计算序时平均数。在间断时点数列中有间隔相等和间隔不等两种情况：

第一，对间隔相等的间断时点序列求序时平均数。在实际统计工作中，对时点性质的指标，为了简化登记手续，往往每隔一定时间登记一次，在会计上，通常表示为期末的一项指标，如期末存货，这就组成间隔相等的间断时点序列。可采用简单算术平均法计算序时平均数。要采用这种计算方法，通常需要多一个时点数据。因为计算一个时期数据需要两个时点数据。这种计算的方法叫"首末折半法"。

如果由间隔相等的时点序列计算平均发展水平，则采用"首末折半法"，计算公式为

$$\bar{y} = \frac{\frac{y_1 + y_2}{2} + \frac{y_2 + y_3}{2} + \cdots + \frac{y_{n-1} + y_n}{2}}{n-1}$$

$$= \frac{\frac{y_1}{2} + y_2 + y_3 + \cdots + y_{n-1} + \frac{y_n}{2}}{n-1} \tag{9.4}$$

式中：y_1，y_2，$\cdots$，y_{n-1}，y_n 为各期旅游发展水平；n 为时点数。

【例 9-3】某旅游景区 2021 年第二季度职工人数如表 9-3 所示。试计算旅游景区第二季度的平均职工人数。

表 9-3　某旅游景区 2021 年第二季度职工人数

日期	3 月末	4 月末	5 月末	6 月末	7 月末
职工人数/人	60	65	62	64	70

解：该数列属于间隔相等的时点序列，将上述数据带入式（9.4）得

$$\bar{y} = \frac{\frac{y_1}{2} + y_2 + y_3 + \cdots + y_{n-1} + \frac{y_n}{2}}{n-1}$$

$$= \frac{\frac{60}{2} + 65 + 62 + \frac{64}{2}}{4-1} = 63（人）$$

第二，对间隔不等的间断时点数列求序时平均数。在时点数列中，如果相邻时点间隔不等时，则可以用首末折半后相应的时点间隔数加权计算。其计算公式为

$$\bar{y} = \frac{\frac{y_1 + y_2}{2}f_1 + \frac{y_2 + y_3}{2}f_2 + \cdots + \frac{y_{n-1} + y_n}{2}f_{n-1}}{\sum f_i} \tag{9.5}$$

式中：$\bar{y}$ 为序时平均数；y_i 表示各时点指标数值；f_i 表示两相邻时点间的间隔长度。

【例 9-4】某旅游景区 2021 年纪念品存货资料如表 9-4 所示。试计算旅游景区全年的纪念品平均存货。

表 9-4　某旅游景区 2021 年纪念品存货资料

日期	1 月 1 日	3 月 1 日	8 月 1 日	10 月 1 日	12 月 31 日
纪念品存货/件	800	600	400	200	800

解：该数列属于间隔不等的时点序列，将上述数据带入式（9.5）得

$$\bar{y} = \frac{\dfrac{y_1 + y_2}{2} f_1 + \dfrac{y_2 + y_3}{2} f_2 + \cdots + \dfrac{y_{n-1} + y_n}{2} f_{n-1}}{\sum f_i}$$

$$= \frac{\dfrac{800 + 600}{2} \times 2 + \dfrac{600 + 400}{2} \times 5 + \dfrac{400 + 200}{2} \times 2 + \dfrac{200 + 800}{2} \times 3}{2 + 5 + 2 + 3}$$

$$= 500（件）$$

应当说明的是，在上述间断时点序列计算平均发展水平的过程中，是以假定相邻两个时点间的指标数值是均匀变动的为前提的。而现实中这种均匀变动是极其少见的，所以按照此方法计算的结果只能是近似值。一般来说，时点序列的时间间隔越短，求得的序时平均数越接近真实。

2. 由相对数或者平均数动态序列计算序时平均数

相对数和平均数动态序列是派生数列，即其中各项指标都是由两个总量指标对比计算出来的。按照序列的性质，要求利用其相应的两个绝对数动态序列，分别计算分子序列的序时平均数和分母序列的序时平均数，而后加以对比，即可求得。相对数或平均数动态序列的序时平均数计算公式为

$$\bar{z} = \frac{\bar{y}}{\bar{x}} \tag{9.6}$$

式中：$\bar{z}$ 代表相对数序列或静态平均数序列的序时平均数；$\bar{y}$ 代表作为分子的时间序列的序时平均数；$\bar{x}$ 代表作为分母的时间序列的序时平均数。

【例 9-5】2017—2021 年旅游业发展情况统计指标如表 9-5 所示。试计算 2017—2021 年我国国内旅游人均花费。

表 9-5　2017—2021 年旅游业发展情况统计指标

年份	2017	2018	2019	2020	2021
国内旅游收入/亿元	45 660.77	51 278.29	57 250.92	22 286.30	29 190.70
国内游客/亿人次	50.01	55.39	60.06	28.79	32.46

解：2017—2021 年我国国内平均旅游收入在例 9-1 中已经算出：$\bar{y}$ 为 41 133.40 亿元；国内平均游客 $\bar{x} = \dfrac{50.01 + 55.39 + 60.06 + 28.79 + 32.46}{5} \approx 45.34$（亿人次）。因此，将上述数据带入式（9.6）得 $\bar{z} = \dfrac{\bar{y}}{\bar{x}} = \dfrac{41\ 133.40}{45.34} \approx 907.22$（元）

二、旅游增长量和平均旅游增长量

（一）旅游增长量

旅游增长量也称增减量，是报告期发展水平与基期发展水平之差，说明旅游经济现象在一定时期内增减变化的绝对数量。其基本计算公式为

$$旅游增长量=报告期发展水平-基期发展水平 \quad\quad (9.7)$$

旅游增长量可为正值，也可为负值。如果为正，则是报告期比基期的增加量；如果为负，则是报告期比基期的减少量。有些旅游现象的增长量为正值时是好现象，如旅游利润额的增长量；而有些旅游现象的增长量为负值时才是好现象，如旅游产品单位成本的增长量等。

由于采用的基期不同，增长量可分为逐期增长量和累计增长量。

逐期增长量是各报告期水平与其前一期水平之差，说明现象逐期增减的数量。用符号表示为

$$y_1 - y_0 , y_2 - y_1 , y_3 - y_2 , \cdots , y_n - y_{n-1} \quad\quad (9.8)$$

累计增长量是各报告期水平与某一固定基期水平（通常为最初水平 y_0）之差，说明旅游现象从某一固定基期到报告期这一段时间内增减的总量。用符号表示为

$$y_1 - y_0 , y_2 - y_0 , y_3 - y_0 , \cdots , y_{n-1} - y_0 , y_n - y_0 \quad\quad (9.9)$$

累计增长量和逐期增长量之间存在着密切的联系：累计增长量等于相应的若干逐期增长量之和。即

$$y_n - y_0 = (y_1 - y_0) + (y_2 - y_1) + \cdots + (y_n - y_{n-1}) \quad\quad (9.10)$$

同理，两个相邻的累计增长量之差等于相应的逐期增长量。即

$$(y_i - y_0) - (y_{i-1} - y_0) = y_i - y_{i-1} \quad\quad (9.11)$$

实际工作中，有时为了消除季节变动的影响，可以计算同比增长量。同比增长量就是报告期水平与上年同期水平之差。其计算公式为

$$同比增长量=报告期水平-上年同期水平 \quad\quad (9.12)$$

（二）平均旅游增长量

平均旅游增长量又称平均旅游增减量，是旅游现象在一段时期内各个逐期增长量的序时平均数，说明旅游现象在一定时期内平均每期增加或减少的数量。其计算公式为

$$平均旅游增长量=\frac{逐期增长量之和}{逐期增长量的个数} \quad\quad (9.13)$$

由于各逐期增减量之和等于累计增减量，因此上述公式又可表示为

$$平均旅游增长量=\frac{累计增长量}{时间序列项数-1} \quad\quad (9.14)$$

【例 9-6】根据表 9-5 中的数据，试计算 2017—2021 年我国国内旅游收入的旅游增长量和平均旅游增长量。

解：将计算结果列入表 9-6 中。

表 9-6　2017—2021 年国内旅游收入的增长量　　　　　　　　亿元

年份	2017	2018	2019	2020	2021
国内旅游收入	45 660.77	51 278.29	57 250.92	22 286.30	29 190.70
逐期增长量	—	5 617.52	5 972.63	−34 964.62	6 904.40
累计增长量	—	5 617.52	11 590.15	−23 374.47	−16 470.07

由式（9.13）可得我国 2017—2021 年国内旅游收入的平均旅游增长量为

$$= \frac{5\ 617.52 + 5\ 972.63 - 34\ 964.62 + 6\ 904.40}{4} = \frac{-16\ 470.07}{4}$$

$$= -4\ 117.52（亿元）$$

由式（9.14）可得

$$= \frac{29\ 190.70 - 45\ 660.77}{5 - 1} = \frac{-16\ 470.07}{4} = -4\ 117.52（亿元）$$

即 2017—2021 年我国国内旅游收入平均每年减少 4 117.52 亿元。

第三节　旅游现象发展的速度指标分析

旅游时间序列的速度分析指标，就是反映旅游经济速度的主要指标。它主要包括旅游发展速度、旅游增长速度、平均旅游发展速度和平均旅游增长速度。这四种指标具有密切联系，其中发展速度是基本的速度分析指标。

一、旅游发展速度和旅游增长速度

（一）旅游发展速度

旅游发展速度是表明旅游经济现象发展程度的相对指标。它根据两个不同时期发展水平相对比而求得，一般用百分数或倍数表示。计算公式为

$$旅游发展速度 = \frac{报告期发展水平}{基期发展水平} \times 100\% \tag{9.15}$$

由于采用的基期不同，旅游发展速度可分为环比发展速度和定基发展速度。

环比发展速度是以报告期水平与前一时期水平之比计算的发展速度，它用来说明报告期水平已经发展到了前一期水平的百分之几（或多少倍），表明这种现象逐期的发展程度。如果计算的单位时期为一年，这个指标也可叫做"年速度"。其计算公式为

$$环比发展速度 = \frac{报告期发展水平}{前一期发展水平} \times 100\% \tag{9.16}$$

用符号表示为

$$\frac{y_1}{y_0}, \frac{y_2}{y_1}, \frac{y_3}{y_2}, \cdots, \frac{y_n}{y_{n-1}} \tag{9.17}$$

定基发展速度是指以报告期水平与某一固定时期水平之比计算的发展速度，它用来说明报告期水平已经发展到了固定时期水平的百分之几（或多少倍），表明这种现象在较长时期内总的发展程度，因此，有时也叫做"总速度"。其计算公式为

$$定基发展速度 = \frac{报告期发展水平}{固定基期水平} \times 100\% \tag{9.18}$$

用符号表示为

$$\frac{y_1}{y_0}, \frac{y_2}{y_0}, \frac{y_3}{y_0}, \cdots, \frac{y_n}{y_0} \tag{9.19}$$

环比发展速度和定基发展速度存在着密切的联系：各期环比发展速度的连乘积等于相应的定基发展速度。用符号表示为

$$\frac{y_1}{y_0} \times \frac{y_2}{y_1} \times \frac{y_3}{y_2} \times \cdots \times \frac{y_{n-1}}{y_{n-2}} \times \frac{y_n}{y_{n-1}} = \frac{y_n}{y_0} \qquad (9.20)$$

两个相邻时期的定基发展速度之商等于相应的环比发展速度，即

$$(\frac{y_i}{y_0})/(\frac{y_{i-1}}{y_0}) = \frac{y_i}{y_{i-1}} \qquad (9.21)$$

利用定基发展速度和环比发展速度的相互关系，可以进行定基或环比发展速度的推算，此方法对于整理推算某些短缺的历史资料具有重要作用。

在实际工作中，也经常计算旅游同比发展速度，其目的也是消除季节变动的影响，以便更准确地反映现象的变化趋势。其计算公式为

$$旅游同比发展速度 = \frac{报告期水平}{上年同期水平} \times 100\% \qquad (9.22)$$

（二）旅游增长速度

旅游增长速度是表明旅游经济现象增长程度的相对指标。它可以根据增长量与基期发展水平对比求得，通常用百分比或倍数表示。其计算公式为

$$旅游增长速度 = \frac{旅游增长量}{基期水平} = 旅游发展速度 - 1 \qquad (9.23)$$

从式（9.23）可以看出，旅游增长速度和旅游发展速度既有区别又有联系。旅游增长速度表示旅游经济现象报告期与基期相比增长的程度，而旅游发展速度则表示报告期与基期相比发展到了什么程度。当旅游发展速度大于 1 时，旅游增长速度为正值，表示旅游现象增长的程度；当旅游发展速度小于 1 时，旅游增长速度为负值，表示旅游现象降低的程度（"负增长"即指这种情况）。

由于采用的基期不同，旅游增长速度可分为环比增长速度和定基增长速度。

环比增长速度是逐期旅游增长量与前一期发展水平之比的相对数，它表示旅游经济现象逐期的增减程度。其计算公式为

$$环比增长速度 = \frac{逐期增长量}{前一期水平} = 环比发展速度 - 1 \qquad (9.24)$$

定基增长速度是累计旅游增长量与某一固定时期水平之比的相对数，它反映旅游经济现象在较长时期内总的增减程度。

$$定基增长速度 = \frac{累计增长量}{固定基期水平} = 定基发展速度 - 1 \qquad (9.25)$$

同样，为了消除季节变动的影响，也可计算旅游同比增长速度。其计算公式为

$$旅游同比增长速度 = \frac{同比增长量}{上年同期水平} = 旅游同比发展速度 - 1 \qquad (9.26)$$

必须指出的是，由于定基增长速度和环比增长速度都是旅游发展速度的派生指标，它们只反映旅游增长部分的相对程度，因此各环比增长速度的连乘积并不等于相应的定基增长速度。如果要由环比增长速度求定基增长速度，那么必须先将各环比增长速度分别加 1 变为各期环比发展速度，然后将各环比发展速度连乘得到定基发展速度，

最后将所得结果减去1即为所求的定基增长速度。

【例9-7】仍使用表9-5资料，试计算2017—2021年我国国内旅游收入的旅游发展速度和旅游增长速度。

解：将计算结果列入表9-7中。

表9-7 2017—2021年国内旅游收入的旅游发展速度和旅游增长速度

年份	2017	2018	2019	2020	2021
国内旅游收入/亿元	45 660.77	51 278.29	57 250.92	22 286.30	29 190.70
环比发展速度/%	—	112.30	111.65	38.93	130.98
定基发展速度/%	100	112.30	125.38	48.81	63.93
环比增长速度/%		12.30	11.65	−61.07	30.98
定基增长速度/%		12.30	25.38	−51.19	−36.07

二、平均旅游发展速度和平均旅游增长速度

为了反映旅游经济现象在一个较长时期内的平均发展程度和平均增长程度，有必要把旅游经济现象在各个时期的环比发展速度和环比增长速度加以平均，计算平均旅游发展速度和平均旅游增长速度指标。平均旅游发展速度和平均旅游增长速度统称平均速度，它们均属于序时平均数。

（一）平均旅游发展速度

平均旅游发展速度是各期环比发展速度的平均数，用以反映旅游经济现象在一个较长时间内的逐期发展的平均程度。

平均旅游发展速度是环比发展速度的序时平均数。但是，环比发展速度的连乘积等于定基发展速度，即两者之间的关系并非算术和的关系，而是几何和的关系。因而，计算平均旅游发展速度不能采用算术平均的方法。在统计实践中，平均旅游发展速度指标通常是采用几何平均法（也称水平法）和方程式法（也称累计法）来计算的。

1. 几何平均法

用几何平均法计算平均旅游发展速度就是对各期环比发展速度求几何平均数。根据掌握的资料不同，所采用的计算公式也有所不同。

（1）当已知各期环比发展速度时，求平均旅游发展速度的公式为

$$\bar{x} = \sqrt[n]{x_1 x_2 x_3 \cdots x_n} \tag{9.27}$$

式中：$\bar{x}$代表平均旅游发展速度；n代表环比发展速度的项数；x_1，x_2，x_3，$\cdots$，x_n依次代表各期的环比发展速度。

（2）当已知期初水平y_0和期末水平y_n时，其计算公式为

$$\bar{x} = \sqrt[n]{\frac{y_1}{y_0} \times \frac{y_2}{y_1} \times \frac{y_3}{y_2} \times \cdots \times \frac{y_{n-1}}{y_{n-2}} \times \frac{y_n}{y_{n-1}}} = \sqrt[n]{\frac{y_n}{y_0}} \tag{9.28}$$

（3）当已知某期的定基发展速度R（总速度）时，其计算公式为

$$\bar{x} = \sqrt[n]{R} \tag{9.29}$$

【例9-8】根据表9-8中的资料，求2017—2021年我国国内旅游收入的平均旅游发展速度。

解：根据表9-8的数据，可分别采用式（9.27）至式（9.29）进行计算。

表9-7　2017—2021年国内旅游收入的旅游发展速度和旅游增长速度

年份	2017	2018	2019	2020	2021
国内旅游收入/亿元	45 660.77	51 278.29	57 250.92	22 286.30	29 190.70
环比发展速度/%	—	112.30	111.65	38.93	130.98
定基发展速度/%	100	112.30	125.38	48.81	63.93
环比增长速度/%		12.30	11.65	−61.07	30.98
定基增长速度/%		12.30	25.38	−51.19	−36.07

将各期环比发展速度数据代入式（9.27）得到我国国内旅游收入的平均旅游发展速度为

$$\bar{x} = \sqrt[n]{x_1 x_2 x_3 \cdots x_n} = \sqrt[4]{1.123\,0 \times 1.116\,5 \times 0.389\,3 \times 1.309\,8}$$
$$= \sqrt[4]{0.639\,3} \times 100\% \approx 89.42\%$$

将2017年和2021年国内旅游收入数据代入式（9.28）得

$$\bar{x} = \sqrt[n]{\frac{y_n}{y_0}} = \sqrt[4]{\frac{29\,190.70}{45\,660.77}} \approx 89.42\%$$

将2021年定基发展速度数据代入式（9.29）得

$$\bar{x} = \sqrt[n]{R} = \sqrt[4]{0.639\,3} \approx 89.42\%$$

从以上计算可知，式（9.27）至式（9.29）本质上是一样的，在实际应用中应根据所掌握的资料选择合适的公式进行计算。

2. 方程式法

方程式法又称累计法，它是以各期发展水平的总和与基期水平之比为基础来计算的。方程式法计算公式是利用基期水平与各期定基发展速度的乘积得出各期发展水平，在此基础上计算各期发展水平之和，进而计算平均旅游发展速度。其计算公式为

$$(\bar{x}) + (\bar{x})^2 + (\bar{x})^3 + \cdots + (\bar{x})^n = \frac{\sum y_i}{y_0} \tag{9.30}$$

这个方程式的正根就是所求的年平均发展速度。但是，要求解这个方程式是比较复杂的，因此在实际统计工作中，手工计算是根据事先编好的"平均增长速度查对表"来进行查对的，这样十分烦琐。随着计算机应用的普及，应用方程式法将不再困难。

（二）平均旅游增长速度

平均旅游增长速度是旅游经济现象在研究时间内的各个时期的环比增长速度的平均数，用以反映旅游经济现象在一个较长的时间内逐期递增或递减的平均速度，但不能直接将各环比增长速度加以平均，应根据它与平均旅游发展速度之间的关系来加以推算。

平均旅游发展速度与平均旅游增长速度之间的关系式为

$$平均旅游增长速度=平均旅游发展速度-1 \qquad (9.31)$$

如果平均旅游发展速度大于1，则表明旅游经济现象在某段时期内是平均逐期递增的，这时的平均旅游增长速度可称为平均递增率；如果平均旅游发展速度小于1，则表明旅游经济现象在某段时期内是平均逐期递减的，这时的平均旅游增长速度可称为平均递减率。

【例9-9】 根据例9-8的资料，可以进一步计算2017—2021年我国国内旅游收入的平均旅游增长速度。

解：将数据代入式（9.31）

$$平均旅游增长速度=平均旅游发展速度-1$$
$$=89.42\%-1$$
$$=-10.58\%$$

（三）计算和运用平均旅游发展速度时应注意的问题

1. 据统计研究目的选择计算方法

前述计算平均旅游发展速度有几何平均法（水平法）和方程式法（累计法）两种方法，这两种方法在具体运用上各有其特点和局限性。如果目的在于考察最末一年发展水平而不关心各期水平总和，可采用水平法；如果目的在于考察各期发展水平总和而不关心最末一年水平，可采用累计法。这样可以扬长避短，发挥两种计算方法的作用。

2. 要注意旅游经济现象的特点

（1）如果现象随着时间的发展比较稳定地逐年上升或逐年下降，一般采用水平法计算平均旅游发展速度。但要注意，如果编制的时间序列中，最初水平和最末水平受特殊因素的影响而出现过高或过低的情况，则不可计算平均旅游发展速度。

（2）如果现象的发展不是有规律地逐年上升或下降，而是经常表示为升降交替，则一般采用累计法计算平均旅游发展速度。但要注意，如果资料中间有几年环比速度增长得特别快，而有几年又降低得较多，出现显著的悬殊和不同的发展方向，就不可计算平均旅游发展速度，因为用这样的资料计算的平均旅游发展速度会降低这一指标的意义，从而不能确切说明实际情况。

3. 应采取分段平均速度来补充说明总平均速度

这在分析较长历史时期资料时尤为重要。因为仅根据一个总的平均速度指标只能笼统地反映其在很长时期内逐年平均发展或增减的程度，对深入了解这种现象的发展过程和变化情况往往是不够的。例如，要分析中华人民共和国成立以来国内旅游收入的平均旅游发展速度和平均旅游增长速度，就有必要分别以旅游周期和各个特定时期（如2019年末到2021年受新冠病毒感染疫情的影响，国内旅游收入相比2019年之前下降许多）等分段计算其平均速度并加以补充说明。

4. 平均速度指标要与其他指标结合应用

（1）平均速度指标要与旅游发展水平、旅游增长量、环比速度、定基速度等各项基本指标结合应用，起到分析研究和补充说明的作用，以便对旅游现象有比较确切和完整的认识。

（2）在旅游经济现象分析中，平均速度指标要与其他有关经济现象的相关指标结合运用。例如，旅游商品销售额与利润额的平均速度等，都可结合进行比较研究，以便深入了解有关现象在各个研究时期中每年平均发展和增减程度等，为研究国民经济各种具有密切联系的现象的发展动态提供数据。

第四节　旅游现象的趋势及季节变动分析

一、旅游时间序列的因素分解

（一）旅游时间序列的构成因素

影响旅游时间序列变动的因素很多，难以细分，从内容上看，有政治因素、经济因素、自然因素等。如果按其性质不同加以分类，通常将旅游时间序列的总变动（Y）归纳为四个主要影响因素：长期趋势（T）、季节变动（S）、循环变动（C）和不规则变动（I）。

1. 长期趋势（T）

长期趋势是指使各期发展水平在相当长的时间内沿着某一方向上升或下降的一种态势或规律性，如生产力的不断发展、科学技术的不断进步等。

2. 季节变动（S）

季节变动是指受自然因素、社会条件的影响，社会经济现象在一年内随着季节的变化而出现的周期性波动。引起季节变动的原因有自然因素，也有人为因素。前者指由于自然界季节变化对现象产生影响而产生的周期性波动，如农作物的生产、某种商品的销售、某种商品的需求等。后者是指由于制度、习惯、法规、法律等而产生的周期性变动。例如，我国国内旅游收入在春节、端午节、中秋节等节假日会出现大幅增加，而国内旅游收入会在平常时候趋于稳定的水平，这是一种由民俗习惯等引起的季节变动。

3. 循环变动（C）

循环变动是造成社会经济现象以若干年为周期的涨落起伏波动。其特点是在短时间内不易被消除。循环变动不同于长期趋势，因为它是涨落起伏相间或扩张与紧缩相交替的变动，不是朝单一方向的持续变动。循环变动与季节变动也不同，其一是循环变动的规律性变动周期常在一年以上，变动周期不固定，上下波动幅度差异较大，其变动规律是一种自由规律；而季节变动是一种固定的变动，通常以一年 12 个月或一年四个季度为一个变动周期。其二是循环变动模型的可识别性低于季节变动模型，季节变动的模型通常很容易被识别，而循环变动模型的识别则有较大难度，如资本主义的经济危机即属于循环变动。

4. 不规则变动（I）

不规则变动是指现象除了受以上三种因素的影响以外，受临时的、偶然性因素或不明原因的影响而产生的非周期性的随机波动，这种波动在目前科学技术条件下还不能预测或控制。但由于这种因素具有偶然性，根据概率论原理，如果这类因素原因很多且相互独立，则有相互抵消的可能；如果这些因素相互存在着联系而且受一两个重大因素支配,则难以相互抵消,极可能形成经济波动,而且振幅往往会较大,如自然灾害、政策变动、战争或情况不明等原因而引起的变动都可称为偶然性因素。

旅游时间序列分析的重要任务之一是对旅游时间序列中的这几类影响因素给以统计测定和分析,从序列的变动中划分出各种变动的具体作用和动向,揭示出各种变动(除不规则变动)的规律性特征,为正确认识事物并预测事物的发展提供科学的依据。

(二) 旅游时间序列的组合模型

旅游时间序列中的各项指标数值总是由各种不同的影响因素共同作用的结果,即序列中每个时间上的指标数值,同时包含着各种不同的因素。以 Y 代表序列中的指标数值,则 Y 可分别表示为

$$Y = T + S + C + I \qquad \text{(加法模型)} \qquad (9.32)$$

$$Y = T * S * C * I \qquad \text{(乘法模型)} \qquad (9.33)$$

其中,乘法模型是分析旅游时间序列最常用的模式,它以趋势因素(绝对量)为基础,其余各因素均用比率(相对量)来表示。而在加法模型中,各组成因素均为独立的、计量单位一致的绝对量。

但是,旅游时间序列中的几个因素并不总是在每一个数列中都同时存在,或者说,并不是每个现象都会同时受到上述四类因素的影响,往往在一个序列中仅包含其中部分因素,从而形成旅游时间序列的不同组合类型。

二、旅游现象长期趋势的测定

旅游现象长期趋势的测定和分析是旅游时间序列构成因素分析中最重要和最基础的部分。它应用一定的数学方法,对原时间序列进行加工、整理,以排除季节变动、循环变动和不规则变动等因素的影响,从而形成一个新的时间序列,以更好地显示出旅游经济现象发展变化的规律性,为预测和决策提供依据。

旅游现象长期趋势测定的方法主要有时距扩大法、移动平均法和数学模型法。其中,最常用的是移动平均法和数学模型法,现就这两种方法分别介绍如下。

(一) 移动平均法

移动平均法是将原时间序列中各指标数值按事先确定的时间距离,依次逐一递推移动计算一系列序时平均数,形成一个新的派生的序时平均数时间序列,并以这一系列移动平均数作为对应时期的变动趋势值的统计方法。采用移动序时平均形成的时间序列进行分析研究,其目的在于消除或削弱原序列中各指标数值在短期内因偶然因素的影响所引起的波动,从而呈现出现象在较长时间的基本发展趋势。这种方法适用于时期序列和时点序列。

移动平均指标的计算公式为

$$\bar{y}_{(n+1)/2} = \frac{y_1 + y_2 + \cdots + y_n}{n} \qquad (9.34)$$

式中:y 代表观察值;n 代表平均的项数;$\bar{y}$ 代表移动平均数;$(n+1)$ /2 代表 $\bar{y}$ 的位置。

【例9-10】某旅行社 2022 年 12 个月接待的团队数量如表 9-9 所示,分别计算 3 年移动平均数和 5 年移动平均数。

表 9-9　某旅行社 2022 年每月接待团队数

月份	时间序号	接待团队数量/个	3 项移动平均	5 项移动平均
1	1	41	—	—
2	2	42	45	—
3	3	52	45.7	44.6
4	4	43	46.7	46.6
5	5	45	46.3	48.8
6	6	51	49.7	46.4
7	7	53	48	48
8	8	40	48	48.8
9	9	51	46.7	49.8
10	10	49	52	50
11	11	56	23	—
12	12	54	—	—

表 9-9 中按 3 年移动平均的和按 5 年移动平均的各序时平均数的计算过程如下所示。

3 年移动平均的第一个平均数为

$$\bar{y} = \frac{y_1 + y_2 + y_3}{3} = \frac{41 + 42 + 52}{3} = 45(个)$$

第二个平均数为

$$\bar{y} = \frac{y_2 + y_3 + y_4}{3} = \frac{42 + 52 + 43}{3} \approx 45.7(个)$$

5 年移动平均的第一个平均数为

$$\bar{y} = \frac{y_1 + y_2 + y_3 + y_4 + y_5}{5} = \frac{41 + 42 + 52 + 43 + 45}{5} = 44.6(个)$$

第二个平均数为

$$\bar{y} = \frac{y_2 + y_3 + y_4 + y_5 + y_6}{5} = \frac{42 + 52 + 43 + 45 + 51}{5} = 46.6(个)$$

其余以此类推。

应用移动平均法应该注意以下问题：

（1）移动平均的结果使短期的偶然因素引起的波动被削弱，使整个旅游时间序列被修匀得更加平滑，波动趋于平稳。即移动平均对序列具有平滑修匀作用，平均项数越大，对序列的平滑修匀作用越强。

（2）当平均项数为奇数时，只须一次移动平均即可，其平均值即对准某一时期；而当平均项数为偶数时，则需再进行一次移动平均，其平均值才能对准某一时期。

（3）若序列中包含周期变动，则平均项数必须和周期长度一致，才能消除序列中的周期波动，揭示旅游现象的长期趋势。

（4）移动平均后，其平均数序列项数较原序列的项数要少。平均时距 n 为奇数项时，新序列首尾各少（$n-1$）/2 项；n 为偶数时，首尾各少 $n/2$ 项。如例 9–10 中，原数列为 12 项接待团队个数，按 3 项移动平均后，首尾各少 1 项，共少 2 项；按 5 年移动平均后，首尾各少 2 项，共少 4 项。可见，平均的项数取值越大，则所包含的指标数值就越少，但是，减少项数过多，又不宜于分析现象的长期趋势，为此，在实际工作中应加以注意。

（5）分解趋势的目的之一在于将趋势线延长至将来，以便对未来时期进行外推预测，但移动平均值本身无此功能。尽管移动平均法拥有足够的灵活性，一般都能看出现象趋势变动的特点，但它不能对趋势值进行修匀，更无法得到可供预测的方程。

（6）应用移动平均法确定的时距长度主要依据资料本身的具体特点而定。如果现象的变化有周期性，一般要求移动平均的项数与现象的周期长度相吻合。如果现象的变动周期为 3 年，则用 3 年移动平均；如果以 5 年为一个周期，则用 5 年移动平均；如果是各年的季度资料，则应以一年的季度数 4 进行移动平均；若是各年月度的资料，则应取 12 进行移动平均，也可用现象变动周期长度的整数倍进行移动平均。

（7）对于只包含趋势和不规则变动的数列，如果移动平均的目的只是得到序列的趋势估计值，那么也可以将移动平均值直接对准所平均时间的最后一期。例如，三项移动平均时，第一个移动平均值对准第三期，第二个移动平均值对准第四期，依此类推；四项移动平均时，第一个平均值对准第四期，第二个平均值对准第五期，依此类推。Excel 中的移动平均法程序即是这样处理的。

平均旅游增长速度＝平均旅游发展速度－1

（二）数学模型分析法

数学模型分析法是应用适当的数学模型对旅游时间序列配合一个方程式，据以计算和分析各期的趋势值，以测定旅游现象长期趋势的一种分析方法。该方法一般又分为直线趋势和非直线趋势。这里仅介绍直线趋势的测定方法。

直线趋势的测定就是采用数学方法对原时间序列配合一个适当的直线方程式，用以测定旅游现象长期趋势的一种数学方法。如果现象的发展趋势是每期增长量的变动大体上相同，或被研究现象的系列数据描绘在直角坐标图中大致呈现出一种直线趋势，则可以配合直线方程式求解出其理论值，以此反映旅游现象的变动趋势。该直线方程的一般形式用符号可表示为

$$\hat{y} = a + bt \tag{9.35}$$

式中：$\hat{y}$ 代表理论值（或称趋势值）；t 代表时间序号；a 为趋势线的截距；b 为趋势线的斜率，它表示当时间 t 每变动一个单位时趋势值的平均变动量。

如何使直线方程符合我们所研究旅游现象的发展趋势，关键是要根据所掌握的资料计算出方程中的参数 a 和 b。计算参数的方法较多，最常用的方法是最小二乘法。

用最小二乘法求解参数 a、b 的公式与第八章中介绍的直线回归方程参数的计算公式相同。其计算公式为

$$\begin{cases} b = \dfrac{n \sum ty - \sum t \sum y}{n \sum t^2 - \left(\sum t\right)^2} \\ a = \bar{y} - b\bar{t} \end{cases} \tag{9.36}$$

【例9-11】现仍以表9-9资料为例，用最小二乘法配合直线方程，求该旅行社2022年12个月接待的团队数量的增长趋势。计算结果如表9-10所示。

表9-10　最小平方法配合直线方程计算

月份	时间序号	接待团队数量 y/个	t^2	ty	$\hat{y}$
1	1	41	1	41	42.80
2	2	42	4	84	43.76
3	3	52	9	156	44.72
4	4	43	16	172	45.68
5	5	45	25	225	46.64
6	6	51	36	306	47.60
7	7	53	49	371	48.56
8	8	40	64	320	49.52
9	9	51	81	459	50.48
10	10	49	100	490	51.44
11	11	56	121	616	52.40
12	12	54	144	648	53.36
合计	78	577	650	3 888	—

设所配合的直线方程为 $y_c = a + bt$。

$$\begin{cases} b = \dfrac{n\sum ty - \sum t \sum y}{n\sum t^2 - \left(\sum t\right)^2} = \dfrac{12 \times 3\ 888 - 78 \times 577}{12 \times 650 - 78^2} = \dfrac{1\ 650}{1\ 716} = 0.96 \\[4mm] a = \bar{y} - b\bar{t} = \dfrac{\sum y}{n} - b\dfrac{\sum t}{n} = \dfrac{577}{12} - 0.96 \times \dfrac{78}{12} \\[2mm] \quad = 48.08 - 0.96 \times 6.5 = 41.84 \end{cases}$$

所以，用最小二乘法求得的配合的直线方程为

$$\hat{y} = a + bt = 41.84 + 0.96t$$

根据此方程，分别取 $t=1$，$t=2$，$t=3$，…，$t=12$ 代入上式，求出的各 $\hat{y}$ 值，即是时间序列的各个时间序号下的长期趋势值，如表9-9的最后一列所示。

三、旅游现象季节变动的测定

测定旅游现象季节变动的意义在于掌握旅游现象的季节变动规律，为决策和预测提供重要依据，此外也是为了从原时间序列中剔除季节变动的影响，以便更好地分析其他因素。

测定旅游现象季节变动的常用方法有两类：一类是虽然旅游现象实际存在着长期趋势的影响，但在具体分析时可忽略该因素的存在，即不剔除旅游现象长期趋势因素的同期平均法；另一类是考虑到旅游现象长期趋势的存在，并将其影响因素剔除而求

旅游现象季节变动趋势因素的移动平均趋势剔除法。无论哪种测定方法，都至少要有三个以上季节周期的数据。例如，月份数据就要有不少于三年，即 36 个月的数据。如果季节变动的规律性不是很稳定，则所需要的数据还应更多一些。为了叙述简便，下面的讨论都以周期为一年的季节变动来说明，但其测定基本原理和方法同样适用于周期小于一年的各种季节变动。

（一）同期平均法

同期平均法是假定旅游时间序列呈水平趋势（长期趋势值是一常数），通过对多年的同期数据进行简单算术平均，以消除各个季节周期上的不规则变动，再将剔除不规则变动后的各季节水平（同期平均数）与水平趋势值（全部数据的总平均数）对比，即可得到季节指数（也称为季节比率），以此来表明旅游现象季节变动的规律。

同期平均法计算旅游现象季节指数的一般步骤如下：

（1）计算同期平均数 $\bar{y}_i$（$i=1$，2，$\cdots$，L。L 为一年所包含的时序数据项数），即将不同年份同一季节的多个数据进行简单算术平均。其目的是消除不规则变动的影响。为了计算方便，一般要先将各年同一季节的数据对齐排列，如将历年的月（季）度数据按月（季）对齐排列。

（2）计算全部数据的总平均数 $\bar{y}$，用以代表消除了季节变动和不规则变动之后的全年平均水平，亦即整个时间序列的水平趋势值。

（3）计算季节指数 S_i，它等于同期平均数与总平均数的比率，即

$$S_i = \frac{\bar{y}_i}{\bar{y}} \times 100\% \tag{9.37}$$

从多个季节周期平均来看，同期平均法计算的季节指数表示各季节水平相对于平均水平的相对变化程度。当季节指数 S_i 大于 100% 时，表示所研究旅游现象在第 i 期处于旺季；反之，当季节指数 S_i 小于 100% 时，表示第 i 期是个淡季。

旅游现象季节指数应满足一个平衡关系：在一个完整的季节周期中，季节指数的总和等于季节周期的时间项数，或季节指数的平均值等于 1，即

$$\sum_{i=1}^{L} S_i = L \ \text{或} \ \bar{S} = \frac{1}{L} \sum_{i}^{L} S_i \tag{9.38}$$

若计算结果不满足式（9.38），就需要对其进行调整（归一化处理）。这种调整实质上就是将误差平均分摊到各期季节指数中去。调整方法是用各项季节指数除以全部季节指数的均值，或者说，将所求的各项季节指数都乘以一个调整系数，即可得到最终所求的季节指数。此调整系数的公式为

$$\text{季节指数的调整系数} = \frac{1}{\bar{S}} = L / \sum_{i=1}^{L} S_i \tag{9.39}$$

【例 9-12】某特产公司某商品销售额资料如表 9-11 所示，试用同期平均法计算各月的季节指数。

表 9-11　某特产公司某商品销售额季节指数计算

月份	月销售额/万元			合计/万元	同月平均/万元	季节指数/%
	2018 年	2019 年	2020 年			
1	207.0	254.0	298.0	759.0	253.0	92.8%
2	404.0	479.0	434.0	1 317.0	439.0	161.0%
3	263.0	296.0	359.0	918.0	306.0	112.3%
4	161.0	241.0	336.0	738.0	246.0	90.2%
5	125.0	162.0	133.0	420.0	140.0	51.4%
6	94.0	103.0	184.0	381.0	127.0	46.6%
7	199.0	291.0	365.0	855.0	285.0	104.5%
8	214.0	302.0	397.0	913.0	304.3	111.6%
9	245.0	333.0	427.0	1 005.0	335.0	122.9%
10	217.0	316.0	358.0	891.0	297.0	109.0%
11	209.0	324.0	346.0	879.0	293.0	107.5%
12	183.0	233.0	320.0	736.0	245.3	90.0%
合计	2 521.0	3 334.0	3 957.0	9 812.0	3 270.6	1 199.7%
月平均	210.1	277.8	329.8	817.7	272.6	100.0%

解：首先，计算三年同月的平均商品销售额。例如，1 月平均销售额为（207+254+298）/3 = 253（万元），2 月份的商品平均销售额为（404 + 479 + 434）/3 = 439（万元）等。

其次，求出三年所有月份的总平均数，即表中的 272.6 元。它可以用 36 个月的销售额求平均而得，也可以用 12 个同月销售额求得，或者用三年的月平均销售额求得。

最后，把同月份平均商品销售额与总平均商品销售额进行对比，得出各个同月的商品销售额季节变动指数。这里，12 个月的季节变动指数之和应等于 1 200%（按季度计算则应为 400%），平均应等于 100%，如果误差较大，应按各月份（季度）指数比例进行调整。表中资料 12 个月的季节变动指数之和为 1 199.7%，可以不进行调整。

上述计算的季节变动指数表明，该特产公司的商品销售季节波动幅度较大，销售最旺的月份是 2 月份，达到了 161%，最淡的月份是 6 月份，仅为 46.6%，7、8、9、10、11 月份则相对平稳。于是该公司应针对这种情况，在春季前后把握好机会，切实加强管理和组织，搞好商品销售工作。

同期平均法分析季节变动的优点是简便、易行，缺点是没有消除完全可能存在的长期趋势的影响。从表 9-11 中各年的月平均销售额，可明显地观察出该现象存在着增长趋势。现象中存在着长期趋势影响而又未被消除，就会影响季节变动分析的准确性，因为长期趋势在其中起着权数的作用。

（二）移动平均趋势剔除法

趋势剔除法是假定旅游现象时间序列有明显的上升或下降趋势，首先测定出时间序列各期的趋势值，然后设法从原序列中消除趋势成分，最后再通过平均的方法消除不规则变动，从而测定出季节变动程度。

长期趋势的测定既可用移动平均法，也可用趋势方程拟合法，还可以先采用移动平均法修匀时间序列，再采用趋势方程拟合法。但在计算季节指数的过程中，测定长期趋势最简便、最常用的方法是移动平均法。采用移动平均法测定长期趋势，再剔除长期趋势来计算季节指数，这种方法称为移动平均趋势剔除法。

移动平均趋势剔除法计算旅游现象季节指数的具体方法和步骤如下：

（1）计算移动平均值（M）。原序列计算中心化移动平均值且移动平均项数应等于季节周期的长度。通过这样的移动平均可消除原序列中的季节变动 S 和不规则变动 I 的影响。若序列不包含循环变动，即 $Y = T * S * I$，则所求移动平均值就作为长期趋势值，即 $M = T$。假定时间序列也包含循环变动，即 $Y = T * S * C * I$，则所求移动平均值包含着趋势和循环变动，即 $M = T * C$，可称之为趋势—循环值。

（2）剔除原序列中的趋势成分（或趋势—循环成分）。用原序列各项数据 Y 除以对应的移动平均值（M），得到消除了长期趋势（或消除了长期趋势和循环变动）的序列，即得到只含季节变动和不规则变动的比率序列

$$\frac{Y}{M} = \frac{T * S * I}{T} = S * I \text{ 或 } \frac{Y}{M} = \frac{T * S * C * I}{T * C} = S * I \tag{9.40}$$

（3）消除不规则变动 I。将各年同期（同月或同季）的比率（$S * I$）进行简单算术平均，可消除不规则变动 I，从而可得到季节指数 S。

（4）调整季节指数。经由上述过程所得的季节指数通常不满足式（9.38），因此需要根据式（9.39）计算调整系数对所求季节指数进行归一化处理。

【例 9-13】某特产公司 2018—2020 年各季度的某商品销售额数据如表 9-12 所示。试用移动平均趋势剔除法计算各季度的季节指数。

表 9-12　某特产公司商品的季度销售额　　　　　　　　单位：万元

年份	季度			
	1	2	3	4
2018	25	92	110	18
2019	30	104	132	28
2020	40	108	127	32

解：首先计算四项中心化移动平均值（M），并计算趋势（或趋势—循环）剔除值（Y/M）。计算结果如表 9-13 和表 9-14 所示。

表 9-13　商品销售额的趋势值和趋势剔除值计算

年份	季度	销售额 Y/万元	中心化四季 移动平均值 M	趋势剔除值 Y/M
2018	1	25	—	—
	2	92	—	—
	3	110	61.88	1.777 6
	4	18	64.00	0.281 3
2019	1	30	68.25	0.439 6
	2	104	72.25	1.439 4
	3	132	74.75	1.765 9
	4	28	76.50	0.366 0
2020	1	400	76.38	0.523 7
	2	108	75.25	1.435 2
	3	127	—	—
	4	32	—	—

为了便于计算，可将表 9-13 中的趋势剔除值按季对齐排列，再计算出同季平均，经调整后即得各季度的季节指数 S，如表 9-14 所示。

表 9-14　某商品销售额的季节指数计算

年份	季度				总和
	1	2	3	4	
2018	—	—	1.777 6	0.281 3	—
2019	0.439 6	1.439 4	1.765 9	0.366 0	—
2020	0.523 7	1.435 2	—	—	—
合计	0.963 3	2.874 6	3.543 5	0.647 3	—
同季平均	0.481 7	1.437 3	1.771 8	0.323 7	4.014 5
季节指数/%	48.00	143.2	176.54	32.25	400.00

可见，该公司某商品的销售在第二、三季度是旺季，分别比其趋势值高出 43.21% 和 76.54%。而第一、四季度是销售淡季，其销售额分别只相当于当期趋势值的 48.00% 和 32.25%。

第五节　Excel 在旅游时间序列分析中的应用

对于旅游时间序列，我们可以计算所求序列中一个数值，然后按照前面提到的方法批"处理"，那么，一个完整的时间序列就完成了。本节我们主要讲解增长率的计算和几何平均法的计算及图形的处理。

一、利用 Excel 计算增长率

我们以表 9-15 所示的旅游收入为例来计算增长率时间序列。

表 9-15　2005—2021 年国内旅游人数和旅游收入

年份	旅游人数/亿人次	旅游收入/亿元
2005	12.12	5 285.86
2006	13.94	6 229.74
2007	16.10	7 770.62
2008	17.12	8 749.30
2009	19.02	10 183.69
2010	21.03	12 579.77
2011	26.41	19 305.39
2012	29.57	22 706.22
2013	32.62	26 276.12
2014	36.11	30 311.86
2015	40.00	34 195.05
2016	44.40	39 390.00
2017	50.01	45 660.77
2018	55.39	51 278.29
2019	60.06	57 250.92
2020	28.79	22 286.30
2021	32.46	29 190.70

资料来源：中国统计年鉴 2022。

第一步，先将数据输入 Excel。

第二步，在单元格 D3 中输入（C3-C2）/C2 * 100%。这样就计算出了 2006 年的增长率，其值为 17.86%，如图 9.1 和图 9.2 所示。

年份	旅游人数（亿人次）	旅游收入（亿元）	
2005	12.12	5285.86	
2006	13.94	6229.74	=(C3-C2)/C2*100%
2007	16.10	7770.62	
2008	17.12	8749.30	
2009	19.02	10183.69	
2010	21.03	12579.77	
2011	26.41	19305.39	
2012	29.57	22706.22	
2013	32.62	26276.12	
2014	36.11	30311.86	
2015	40.00	34195.05	
2016	44.40	39390.00	
2017	50.01	45660.77	
2018	55.39	51278.29	
2019	60.06	57250.92	
2020	28.79	22286.30	
2021	32.46	29190.70	

图 9.1　利用 Excel 计算增长率（1）

	年份	旅游人数（亿人次）	旅游收入（亿元）	
1				
2	2005	12.12	5285.86	
3	2006	13.94	6229.74	17.86%
4	2007	16.10	7770.62	
5	2008	17.12	8749.30	
6	2009	19.02	10183.69	

图 9.2　利用 Excel 计算增长率（2）

　　第三步，将鼠标移动到单元格 D3 的右下角，出现黑色十字号。按下鼠标左键，向下拖动，那么 2007—2021 年的增长率就自动计算出来了，如图 9.3 所示。

年份	旅游人数（亿人次）	旅游收入（亿元）	
2005	12.12	5285.86	
2006	13.94	6229.74	17.86%
2007	16.10	7770.62	24.73%
2008	17.12	8749.30	12.59%
2009	19.02	10183.69	16.39%
2010	21.03	12579.77	23.53%
2011	26.41	19305.39	53.46%
2012	29.57	22706.22	17.62%
2013	32.62	26276.12	15.72%
2014	36.11	30311.86	15.36%
2015	40.00	34195.05	12.81%
2016	44.40	39390.00	15.19%
2017	50.01	45660.77	15.92%
2018	55.39	51278.29	12.30%
2019	60.06	57250.92	11.65%
2020	28.79	22286.30	-61.07%
2021	32.46	29190.70	30.98%

图 9.3　利用 Excel 计算增长率（3）

二、利用 Excel 计算移动平均数（以三项移动平均为例）

我们仍然用表 9-15 中旅游收入数据作为例子。其方法与上面的方法类似。

第一步，在单元格 D3 中输入=（C2+C3+C4）/3。这样就计算出三项移动平均的第一个值，其值为 1 345.86，如图 9.4 和图 9.5 所示。

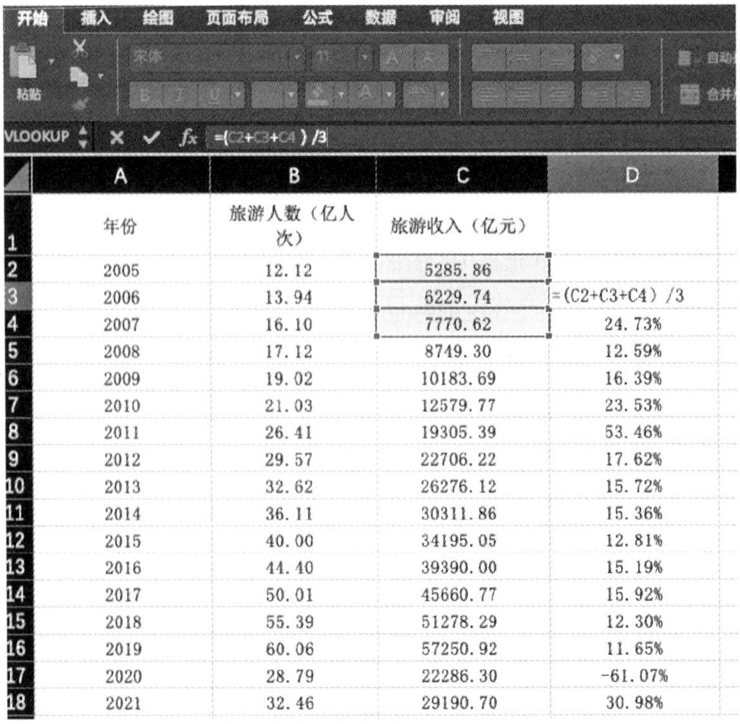

	A	B	C	D
1	年份	旅游人数（亿人次）	旅游收入（亿元）	
2	2005	12.12	5285.86	
3	2006	13.94	6229.74	=(C2+C3+C4) /3
4	2007	16.10	7770.62	24.73%
5	2008	17.12	8749.30	12.59%
6	2009	19.02	10183.69	16.39%
7	2010	21.03	12579.77	23.53%
8	2011	26.41	19305.39	53.46%
9	2012	29.57	22706.22	17.62%
10	2013	32.62	26276.12	15.72%
11	2014	36.11	30311.86	15.36%
12	2015	40.00	34195.05	12.81%
13	2016	44.40	39390.00	15.19%
14	2017	50.01	45660.77	15.92%
15	2018	55.39	51278.29	12.30%
16	2019	60.06	57250.92	11.65%
17	2020	28.79	22286.30	-61.07%
18	2021	32.46	29190.70	30.98%

图 9.4　利用 Excel 计算移动平均数（1）

	A	B	C	D
1	年份	旅游人数（亿人次）	旅游收入（亿元）	
2	2005	12.12	5285.86	
3	2006	13.94	6229.74	6428.74
4	2007	16.10	7770.62	
5	2008	17.12	8749.30	
6	2009	19.02	10183.69	

图 9.5　利用 Excel 计算移动平均数（2）

第二步，将鼠标移动到单元格 D3 的右下角，出现黑色十字号。按下鼠标左键，向下拖动，那么三项移动平均序列就自动计算出来了，如图 9.6 所示。

	A	B	C	D
1	年份	旅游人数（亿人次）	旅游收入（亿元）	
2	2005	12.12	5285.86	
3	2006	13.94	6229.74	6428.74
4	2007	16.10	7770.62	7583.22
5	2008	17.12	8749.30	8901.20
6	2009	19.02	10183.69	10504.25
7	2010	21.03	12579.77	14022.95
8	2011	26.41	19305.39	18197.13
9	2012	29.57	22706.22	22762.58
10	2013	32.62	26276.12	26431.40
11	2014	36.11	30311.86	30261.01
12	2015	40.00	34195.05	34632.30
13	2016	44.40	39390.00	39748.61
14	2017	50.01	45660.77	45443.02
15	2018	55.39	51278.29	51396.66
16	2019	60.06	57250.92	43605.17
17	2020	28.79	22286.30	36242.64
18	2021	32.46	29190.70	17159.00

图 9.6　利用 Excel 计算移动平均数（3）

三、利用 Excel 实现移动平均制图

仍然以表 9-15 中的数据（旅游人数）为例。

第一步，点击"插入"按钮，选择"图表"。显示如图 9.7 和图 9.8 所示数据。

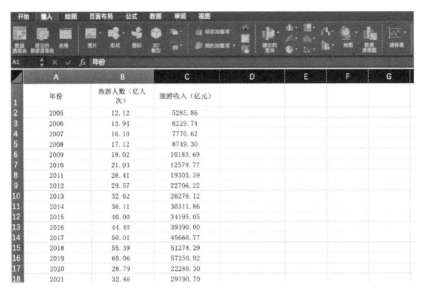

图 9.7 利用 Excel 实现移动平均制图步骤（1）

图 9.8 利用 Excel 实现移动平均制图步骤（2）

　　第二步，选择折线图。如果要制作其他类型的图形，可以选择其他图形类型，也可以通过自定义类型进行选择，如图 9.9 所示。

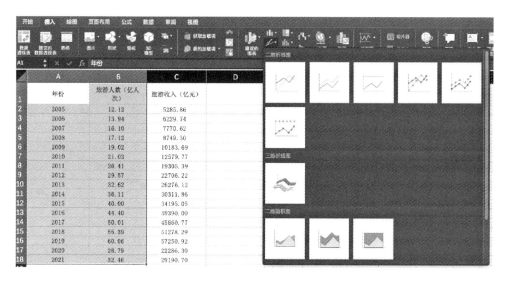

图 9.9　利用 Excel 实现移动平均制图步骤（3）

第三步，根据前面的操作，进行下一步。在"名称"栏输入：旅游人数（亿人次）。在"Y 值"栏中用鼠标拖动选择 B2 到 B18。在"水平轴标签"中用鼠标拖动选择 A2 到 A18，出现如图 9.10 所示内容。

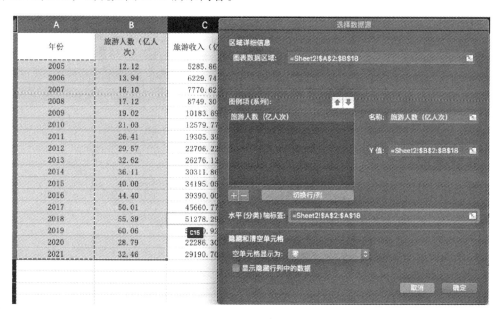

图 9.10　利用 Excel 实现移动平均制图步骤（4）

第四步，点击"确定"按钮，出现如图 9.11 所示内容。

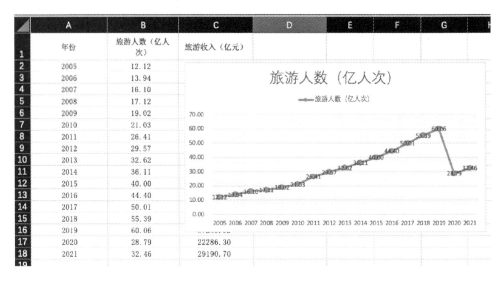

图 9.11　利用 Excel 实现移动平均制图步骤（5）

第五步，对上图进行调整，删除标题，对图例和数轴字体进行调整。之后，选择"图标设计"下的"添加图表元素"，再选中"趋势线"，如 9.12 所示。

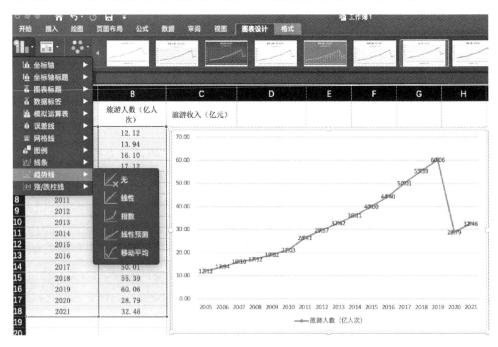

图 9.12　利用 Excel 实现移动平均制图步骤（6）

第六步，在"趋势线"中选择"移动平均"，将周期调整为3，如图9.13所示。

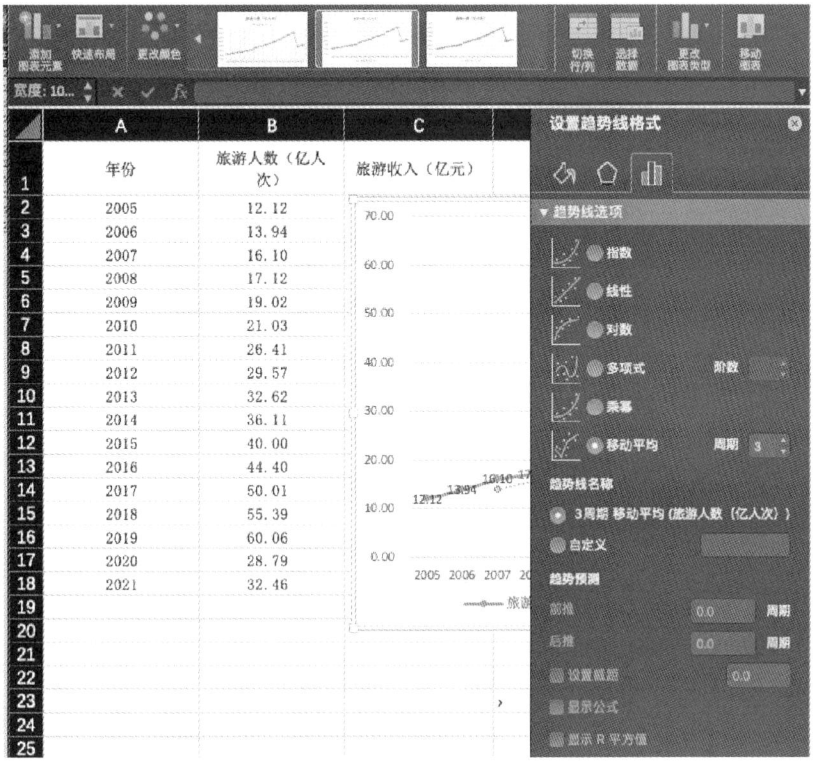

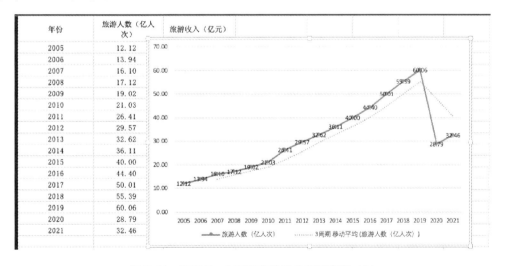

图9.13　利用 Excel 实现移动平均制图步骤（7）

第七步，点击"确定"按钮，在原来的数列中会出现一条新的曲线，就是 3 项移动平均的趋势线，如图9.14下方的新线。

图9.14　利用 Excel 实现移动平均制图步骤（8）

素质教育小故事

时光脉络中的文化传承——李明与传统节日的时间序列之旅

在一个历史悠久的文化古城中，李明是一位热衷于时间序列分析的统计学者。他不仅对现代统计技术有着深厚的理解，而且对中华优秀传统文化怀有深厚的敬意。他坚信，将统计时间序列分析与中华优秀传统文化相结合，能够更好地传承和弘扬民族文化。

李明的研究方向是分析历史数据以揭示文化变迁的趋势。他选择了一项具有挑战性的课题——利用时间序列分析来研究中华传统节日在现代社会的变迁。他认为，节日作为文化的重要载体，其兴衰变迁能够反映出社会文化的演变。

为了收集数据，李明深入古城的大街小巷，与老一辈的市民交流，记录下了他们对传统节日的记忆和感受。同时，他也通过问卷调查和网络搜索等方式，获取了年轻一代对传统节日的认知和态度。

李明运用时间序列分析的方法，对收集到的数据进行了深入的分析。他发现，随着时间的推移，一些传统节日如春节、中秋节等仍然保持着旺盛的生命力，而一些小众节日则逐渐淡出人们的视线。他进一步分析发现，这些变化与社会经济的发展、文化的交流融合以及人们生活方式的变化等因素密切相关。

在分析的过程中，李明不仅运用了统计学的知识，而且融入了中华优秀传统文化的思想。他注意到，传统节日中蕴含着丰富的文化内涵和道德观念，如家庭团聚、尊老爱幼、和谐共处等。这些价值观念在现代社会仍然具有重要意义。

基于这些发现，李明撰写了一篇论文，提出了如何在现代社会中更好地传承和弘扬传统节日的建议。他建议加强传统节日的宣传和教育，让更多的人了解节日的文化内涵和历史意义；同时，也要注重创新，让传统节日与现代生活方式相结合，焕发新的生机。

这篇论文引起了广泛的关注，许多人开始重新审视和关注传统节日。在政府和社会的共同努力下，传统节日得到了更好的传承和弘扬，成为了中华文化的重要组成部分。

在这个过程中，李明深刻地体会到统计时间序列分析与中华优秀传统文化相结合的重要性。他相信，只有将现代科技与传统文化相结合，才能更好地传承和弘扬民族文化，让中华文化在现代社会中焕发出新的光彩。

章节练习

一、思考题

1. 旅游时间序列的基本构成是什么？
2. 旅游时间序列的影响因素是什么？它们之间有何关系？

3. 旅游发展速度和旅游增长速度的含义、计算方法以及两者之间的联系是什么？

4. 旅游现象季节变动分析的原理是什么？

5. 某旅游企业年底商品结存总额的序列是时期序列吗？为什么？

二、单选题

1. 已知各期环比增长速度为 2%、5%、8%、7%，则相应的定基增长速度的计算方法是（　　）。

  A.（102%×105%×108%×107%）－100%

  B. 102%×105%×108%×107%

  C. 2%×5%×8%×7%

  D.（2%×5%×8%×7%）－100%

2. 平均旅游发展速度是（　　）。

  A. 定基发展速度的算术平均数

  B. 环比发展速度的算术平均数

  C. 环比发展速度连乘积的几何平均数

  D. 增长速度加上 100%

3. 由间隔不等的间断时点数列计算平均发展水平，应采用（　　）计算。

  A. 首末折半法

  B. 时期间隔做权数的加权平均法

  C. 算术平均法

  D. 移动平均法

4. 几何平均法平均发展速度数值的大小（　　）。

  A. 只受中间各期发展水平的影响

  B. 不受最初水平和最末水平的影响

  C. 既受最初水平和最末水平的影响，也受中间各期发展水平的影响

  D. 只受最初水平和最末水平的影响，不受中间各期发展水平的影响

5. 银行年末存款余额时间数列属于（　　）。

  A. 平均指标数列

  B. 时期数列

  C. 时点数列

  D. 相对指标数列

三、多选题

1. 下面哪几项是时期数列（　　）。

  A. 我国历年的旅行社个数

  B. 我国历年国内旅游人数

  C. 我国历年国内旅游收入

  D. 某旅游企业历年的职工人数

2. 定基发展速度与环比发展速度的关系是（　　）。

A. 两者都属于速度指标

B. 环比发展速度的连乘积等于定基发展速度

C. 定基发展速度的连乘积等于环比发展速度

D. 相邻两个定基发展速度之商等于相应的环比发展速度

3. 累积增长量与逐期增长量（　　　）。

A. 前者基期水平不变，后者基期水平总在变动

B. 二者存在关系式：逐期增长量之和等于相应的累积增长量

C. 相邻的两个逐期增长量之和等于相应的累积增长量

D. 根据这两个增长量都可以计算较长时期内的平均增长量

4. 编制时间数列的原则有（　　　）。

A. 计算方法的一致性

B. 时间的一致性

C. 经济内容的一致性

D. 总体范围的一致性

5. 水平法计算的平均发展速度就是（　　　）。

A. 各时期定基发展速度连乘积的 n 次方根

B. 各时期环比发展速度连乘积的 n 次方根

C. 最末水平除以最初水平的 n 次方根

D. 各时期环比发展速度的几何平均数

四、判断题

1. 旅游发展水平就是旅游动态数列中每一项具体指标数值，它只能表现为绝对数。
（　　　）

2. 定基发展速度等于相应各环比发展速度的连乘积，所以定基增长速度也等于相应各环比增长速度的连乘积。
（　　　）

3. 旅游发展速度是以相对数形式表示的速度分析指标，旅游增长量是以绝对数表示的速度分析指标。
（　　　）

4. 定基发展速度和环比发展速度之间的关系是两个相邻时期的定基发展速度之积等于相应的环比发展速度。
（　　　）

5. 构成时间数列的两个基本要素是现象所属时间和指标数值。
（　　　）

五、计算题

1. 某旅游企业 2021 年 9 月 1 日到 9 月 6 日每天的职工人数资料如表 9-16 所示。请计算该企业 1 日到 6 日平均每天职工人数。

表 9-16　某旅游企业 9 月 1 日到 9 月 6 日每天的职工人数资料

日期	1 日	2 日	3 日	4 日	5 日	6 日
职工人数/人	98	100	99	101	108	106

2. 某旅游企业 2021 年 9 月 1 日到 9 月 30 日每天的职工人数资料如表 9-17 所示。请计算该企业 1 日到 30 日平均每天职工人数。

表 9-17　某旅游企业 9 月 1 日到 9 月 30 日每天的职工人数资料

日期	1—8 日	9—15 日	16—30 日
职工人数/人	102	105	108

3. 某旅游企业 2021 年一季度的职工人数资料如表 9-18 所示。请计算该企业一季度平均每月的职工人数。

表 9-18　某旅游企业 2021 年一季度的职工人数资料

时间	1 月初	2 月初	3 月初	4 月初
职工人数/人	102	105	108	104

4. 已知某企业纪念品销售额 2018 年、2019 年、2020 年三年的环比发展速度分别为 110%、150%、180%，试计算 2019 年和 2020 年的定基发展速度。

5. 已知某旅游企业 2016—2020 年生产总值资料如下：

表 9-19　某旅游企业 2016—2020 年生产总值资料

年份	2016	2017	2018	2019	2020
生产总值/万元	340	450	520	550	700

要求：

（1）计算各年逐期增长量、累计增长量、环比发展速度、定基发展速度、环比增长速度、定基增长速度，即表 9-20 中（1）-（24）的数值（将计算结果填写在表格内，不需要写出计算过程）。

表 9-20　某旅游企业 2016—2020 年生产总值计算

年　份	2016	2017	2018	2019	2020
生产总值/万元	340	450	520	550	700
逐期增长量/万元	—	（1）	（2）	（3）	（4）
累计增长量/万元	—	（5）	（6）	（7）	（8）
环比发展速度/%	—	（9）	（10）	（11）	（12）
定基发展速度/%	—	（13）	（14）	（15）	（16）
环比增长速度/%	—	（17）	（18）	（19）	（20）
定基增长速度/%	—	（21）	（22）	（23）	（24）

（2）计算 2016—2020 年该企业生产总值平均发展速度（写出计算过程和计算结果）。

（3）计算 2016—2020 年该企业生产总值平均增长速度（写出计算过程和计算结果）。

第十章

统计指数

第一节　统计指数的意义和种类

最早的指数是由研究物价变动，计算物价指数开始的。18 世纪中叶，由于金银大量流入欧洲，欧洲的物价飞涨，引起社会不安，因此产生了反映物价变动的要求，这就是物价指数产生的根源。后来，指数的研究逐渐扩大到产量、成本、劳动生产率等指数的计算，由最初计算一种商品的价格变动，逐渐扩展到计算多种商品价格的综合变动，并且，由研究动态逐渐扩展为同一时间不同地区之间的对比。

统计指数是用来分析社会经济现象数量变动的对比性指标，它可以综合说明事物变动方向和变动程度。指数的计算结果一般都用百分比表示，这个百分比大于或小于 100%，表示上升或下降变动的方向，比 100% 大多少或小多少，就是升降变动的程度。例如，银杏标准酒店某种商品零售价格指数为 103.3%，说明许多种商品零售价格可能有涨有落，但总体来看是上涨了 3.3%。可见指数担负着类似于平均数的职能，它代表许多变量作为一个整体在两个场合（可以是不同时间或不同地点）其数值大小变动的一般水平。

一、指数的概念

从广义上讲，指数是指反映社会经济现象总体数量变动的相对数。例如，动态相对数、比较相对数、计划完成程度相对数等。从狭义上讲，指数是指反映复杂社会经济现象总体数量综合变动的相对数。例如，零售物价指数、消费价格指数、股价指数等。复杂现象是指由于各个部分的不同性质而在研究其数量时，不能直接进行加总或对比的总体。例如，不同使用价值的产品产量、成本和价格。从指数理论及方法上看，指数所研究的主要是狭义指数，因此本章所讨论的是狭义指数。

二、指数的分类

统计指数既然主要用于说明事物之间的比较，那么其结果就是对有关现象进行比较分析的一种相对比率，这是所有指数的共性，但不同类别的指数往往还具有一些不同的特性。指数的分类有助于我们更加深入地了解它们的特性和正确运用各类指数，更合理地用它们对经济现象进行分析。按不同角度和依据，指数可以分为以下几种类型。

（一）个体指数和总指数

指数按其反映对象的范围不同，分为个体指数和总指数。个体指数（通常用 k 表示）反映个别现象数量变动的相对数。如某种产品的产量（或销售量）指数、价格指数等，可以用公式记为

$$产量（数量指标）个体指数 \, k_q = \frac{q_1}{q_0} \tag{10.1}$$

$$价格（质量指标）个体指数 \, k_P = \frac{P_1}{P_0} \tag{10.2}$$

式中：q 代表产量；p 代表价格；下角标 1 代表报告期；下角标 0 代表基期；k 代表个体指数。总指数是说明多种现象综合变动程度的相对数。总指数是本章统计指数的主要研究对象，即狭义的指数。如，多种产品的产量总指数、不同种类商品的销售总指数和全部商品物价总指数。

（二）数量指数和质量指数

数量指数反映研究对象的数量变动，如产量指数、商品销售量指数等；质量指数反映研究对象的质量水平变动，如商品价格指数、产品成本指数等。两种指数各有不同的编制原则和方法。

（三）动态指数和静态指数

指数按其对比性质的不同，可分为动态指数和静态指数。动态指数又称为时间指数，是将不同时间上同类现象水平进行比较的结果，反映现象在时间上的变化过程和程度。常见的有零售物价指数、消费价格指数和工业生产指数等。静态指数又包括空间指数和计划完成情况指数两种。空间指数又称作地域指数，是将不同空间的同类现象水平进行比较的结果，反映现象在空间上的差异程度。例如，地区间的价格比较指

数、人均 GDP 指数和国际对比的购买力评价指数等都是空间指数。计划完成情况指数则是将某种现象的实际水平与计划目标对比的结果，反映计划的执行情况或完成与未完成的程度，如产品成本计划完成情况指数等。动态指数是出现最早、应用最多的指数，也是理论上最为重要的统计指数。其他指数则是动态指数方法和原理的应用与发展。

三、指数分析法的意义及作用

从某种意义上来说，指数分析是时间序列分析的延伸。指数分析法就是利用指数分析社会经济现象发展动态的一种方法，是统计分析中一种重要的方法。本章主要介绍狭义指数的计算以及如何利用指数之间的关系进行因素分析。指数分析主要具有以下三个作用：

（一）可以综合反映复杂现象总体数量上的变动状态

指数可以反映复杂现象总体数量上的变动，即它可以表明多种产品或商品的数量指标或质量指标的综合变动方向和程度。编制指数的目的在于对这些复杂现象总体进行综合比较，计算出反映数量指标或质量指标变动的总指数，来反映它们的综合变动状态。指数分析法可以利用同度量因素，把不能相加的现象过渡到可以相加的总量。例如，要反映多种产品的产量总变动，可以借助价格这个同度量因素，把产量这个实物量的指标转化为可以相加的产值指标，以得到能够计算和反映多种产品的产量总变动的指数。指数一般用百分数表示，指数大于 100% 时，说明该社会经济现象的数量是上升的；指数小于 100% 时，说明该社会经济现象的数量是下降的。指数超过或不足100% 的部分，综合反映了社会经济现象总体数量上升或下降的幅度的大小。

（二）可以对现象进行因素分析

一个复杂现象总体数量的总变动，一般是由多种影响因素共同作用造成的，指数分析法可以用来分析测定复杂现象总体的总变动中受各个因素变动的影响方向和影响程度。这主要表现在指数体系中。指数体系是指标体系的一种体现和运用形式，是利用经济现象有相互联系的指标之间的因果关系来进行动态分析的一种方法。例如，产品销售额的变动受销售量和销售价格变动的综合影响，因素分析可以分别测定销售量和销售价格变动对销售额的影响程度，从而可以对销售额的变动有一个准确的说明。

在对现象的总平均数进行动态分析时，利用指数法，可以测定各组平均水平的变动和各组在总量中所占比重的变动，以及它们对总平均水平变动的影响程度。例如，企业全体职工平均工资的变动既受各类职工平均工资变动的影响，也受各类职工所占比重变动的影响。指数分析全体职工平均工资的变动，同时也分析各类职工平均工资的变动及其对全体职工平均工资变动的影响，以及各类职工所占比重的变动及其对全体职工平均工资变动的影响。

（三）利用连续编制的指数数列，对复杂现象长时间发展变化趋势进行分析

这是借助于连续编制的动态指数数列来完成的。运用编制的动态指数所形成的连续指数数列，可反映事物的发展变化趋势。这种方法，特别适用于对比分析有联系而性质又不同的时间数列之间的变动关系。因为用指数的变动比较，可以解决不同性质数列之间不能对比的困难。

第二节　总指数的编制方法

总指数有两种基本形式：一是综合指数，二是平均指数。两种形式有一定的联系，但各有其特点。

一、综合指数

（一）综合指数的概念

综合指数是指分别将报告期和基期多种不能同度量现象的数值，过渡为能同度量的数值，然后进行对比，来表明事物综合变动的统计指数，即将指数化指标加总之后进行对比的结果。综合指数是总指数的基本形式，是编制总指数时通过先综合后对比方式得到的。综合指数是总指数的一种形式，是由两个总量指标对比形成的指数。一个总量指标可以分解为两个或两个以上的因素指标时，将其中的一个或一个以上的因素指标加以固定，仅观察其中一个因素指标的变化状况的指数，称为综合指数。编制综合指数的基本方式是"先综合，后对比"，即首先加总个别现象的指数化指标，然后通过综合对比得到总指数。

（二）综合指数的编制方法

综合指数有两种：一种是数量指标指数；另一种是质量指标指数。综合指数的编制也就是指数量指标指数的编制和质量指标指数的编制。在指数的编制过程中，不仅可以得到总指数的相对变动，还可以得到绝对量的变动。

【例10-1】银杏标准酒店三种商品销售量和销售价格资料如表10-1所示。

表 10-1　银杏标准酒店三种商品的价格和销量

产品名称	销售量		价格/元	
	基期 q_0	报告期 q_1	基期 p_0	报告期 p_1
甲产品/件	500	750	100	110
乙产品/台	1 000	1 200	50	20
丙产品/个	800	600	20	35

p 代表价格，q 代表销售量，p_0 代表基期价格，p_1 代表报告期价格，q_0 代表基期销售量，q_1 代表报告期销售量，k_{qp} 代表销售额指数，则销售额指数的计算可用公式表示为

$$k_{qp} = \frac{\sum q_1 p_1}{\sum q_0 p_0} \tag{10.3}$$

根据表10-1可以计算出三种商品的基期销售总额为116 000元，报告期销售总额为127 500元，如表10 2所示。于是可得

$$k_{qp} = \frac{\sum q_1 p_1}{\sum q_0 p_0} = \frac{127\ 500}{116\ 000} \times 100\% \approx 109.91\%$$

第十章　统计指数

$$\sum q_1 p_1 - \sum q_0 p_0 = 127\,500 - 116\,000 = 11\,500(元)$$

表 10-2　银杏标准酒店三种商品销售额计算

产品名称	销售量 q		价格 p/元		销售额 qp/元			
	基期 q_0	报告期 q_1	基期 p_0	报告期 p_1	基期 $q_0 p_0$	报告期 $q_1 p_1$	假定 $q_1 p_0$	假定 $q_0 p_1$
甲产品/件	500	750	100	110	50 000	82 500	75 000	55 000
乙产品/台	1 000	1 200	50	20	50 000	24 000	60 000	20 000
丙产品/个	800	600	20	35	16 000	21 000	12 000	28 000
合计	—	—	—	—	116 000	127 500	147 000	103 000

计算结果说明报告期三种商品销售额比基期增长了 9.91%，即增加了 11 500 元，但销售总额的变动反映的是销售量和价格共同变动的结果。为了测定销售量因素的变动程度，就必须假设价格不变，消除价格因素变动的影响，只反映销售量一个因素的变动情况，这样对比的相对数就是销售量总指数。同理，为了测定价格因素的变动情况，必须假设销售量不变，消除销售量因素变动的影响，只反映价格一个因素的变动情况，这样对比的相对数就是价格总指数。

1. 数量指标指数的编制

数量指标指数，如销售量指数、产品产量指数等。现以表 10-2 中的销售量指数的计算为例，说明数量指标指数的编制原理。因为三种商品的销售量不能直接相加，所选择价格作为同度量因素，把同度量因素价格固定。

（1）当价格选择在基期时，其计算销售量总指数的公式为

$$k_q = \frac{\sum q_1 p_0}{\sum q_0 p_0} \tag{10.4}$$

将表 10-2 中数据代入式（10.4），计算三种商品销售量总指数为

$$k_q = \frac{\sum q_1 p_0}{\sum q_0 p_0} = \frac{147\,000}{116\,000} \times 100\% \approx 126.72\%$$

销售量的上涨是销售额增长的绝对值：

$$\sum q_1 p_0 - \sum q_0 p_0 = 147\,000 - 116\,000 = 31\,000（元）$$

计算结果表明三种商品销售量平均上涨了 26.72%，销售量的上涨使销售额增加了 31 000 元。

②当价格选择在报告期时，其计算销售量总指数的公式为

$$k_q = \frac{\sum q_1 p_1}{\sum q_0 p_1} \tag{10.5}$$

将表 10-2 中数据代入式（10.5），计算三种商品销售量总指数为

$$k_q = \frac{\sum q_1 p_1}{\sum q_0 p_1} = \frac{127\,500}{103\,000} \times 100\% \approx 123.79\%$$

销售量的上涨是销售额增长的绝对值：

$$\sum q_1 p_1 - \sum q_0 p_1 = 127\ 500 - 103\ 000 = 24\ 500\ （元）$$

计算结果表明三种商品销售量平均上涨了 23.79%，销售量的上涨使销售额增加了 24 500 元。

从以上①、②两种计算结果发现，计算数量指标指数（如销售量）时，把质量指标（如价格）固定在基期和报告期计算出的结果是不一样的，那么该如何选择？编制销售量指数是为了综合反映多种商品销售量的变动。用式（10.4）来计算销售量指数，是假定价格不变，报告期销售总额的计算不受价格变动的影响，因此，对比的结果反映的是销售量的变动情况。可见，由基期价格作为同度量因素计算的销售量总指数，是符合研究目的的。而用式（10.5）计算的三种商品销售量指数，是以报告期价格作为同度量因素计算的销售额。报告期价格 p_1 是由基期价格 p_0 变化而来的，用 p_1 作为同度量因素，把价格变化的影响带入指数中，销售量增加幅度减少 2.93%（23.79% - 26.72%）。究其原因，是乙商品销售量上升，价格下降，同时丙商品销售量下降，价格上升。两者影响抵消后使销售量指数变小。从中可以看出，用报告期价格作为同度量因素来计算销售量指数，其数值大小会受到各种商品价格变化的影响。另外，式（10.5）的分子是按照报告期价格计算的销售额，其中包含了随销售量变化而增减的销售额，又有随价格变化而增减的销售额。而该公式中的分母则是由基期销售量按报告期价格计算的假定销售额。两者之差除了包括因销售量变化而引起的销售额变化，还包括了由于两个时期价格差额影响而增减的销售额。显然，用式（10.5）来分析销售量的变动是不理想的。通过以上分析可以得出，编制数量指标综合指数，一般将其同度量因素固定在基期水平上。

2. 质量指标指数的编制

质量指标指数，如价格指数。现以表 10-2 中的价格指数的计算为例，说明质量指标指数的编制原理。因为三种商品的销售价格不能直接相加，所以选择销售量作为同度量因素，把同度量因素销售量固定。

（1）当销售量选择在基期时，其计算价格总指数的公式为

$$k_p = \frac{\sum q_0 p_1}{\sum q_0 p_0} \tag{10.6}$$

将表 10-2 中数据代入式（10.6），计算三种商品价格总指数为

$$k_p = \frac{\sum q_0 p_1}{\sum q_0 p_0} = \frac{103\ 000}{116\ 000} \times 100\% = 88.79\%$$

由于销售价格的上涨是销售额增长的绝对值，

因此 $\quad\quad \sum q_0 p_1 - \sum q_0 p_0 = 103\ 000 - 116\ 000 = -13\ 000（元）$

计算结果表明三种商品价格平均下降了 11.21%，价格的降低使销售额减少了 13 000元。

（2）当销售量选择在报告时，其计算价格总指数的公式为

$$k_p = \frac{\sum q_1 p_1}{\sum q_1 p_0} \quad\quad (10.7)$$

将表 10-2 中数据代入式（10.7），计算三种商品的价格总指数为

$$k_p = \frac{\sum q_1 p_1}{\sum q_1 p_0} = \frac{127\,500}{147\,000} \times 100\% = 86.73\%$$

由于销售价格的上涨是销售额增长的绝对值，

因此　　　　$\sum q_1 p_1 - \sum q_1 p_0 = 127\,500 - 147\,000 = -19\,500(元)$

计算结果表明三种商品价格平均下降了 13.27%，价格的降低使销售额减少了 19 500 元。

从以上（1）、（2）两种计算结果发现，计算质量指标指数（如价格）时，把数量指标（如销售量）固定在基期和报告期计算的结果是不一样的，那么该如何选择？编制价格总指数的目的是要综合反映多种商品价格的变动情况。用式（10.6）计算的三种商品价格指数，是报告期价格按基期销售量计算的假定销售额 $\sum q_0 p_1$ 与基期实际销售额 $\sum q_0 p_0$ 的对比，以销售量固定在基期水平为前提，不能反映价格变动对报告期销售情况的影响。用式（10.7）计算三种商品的价格指数，是报告期实际销售总额 $\sum q_1 p_1$ 与报告期销售量按基期价格计算的假定销售总额 $\sum q_1 p_0$ 的对比，其测定的是报告期实际销售商品的价格水平的变动情况。这样计算的价格总指数符合统计研究的目的，具有现实意义。所以，在计算价格指数时，其同度量因素应固定在报告期为好。

综上所述，编制数量指标综合指数，一般将其同度量因素固定在基期；编制质量指标综合指数，一般将其同度量因素固定在报告期。应该注意的是，立足于现实经济意义的分析来确定综合指数中的同度量因素所属时期具有普遍的应用意义。但这不是固定不变的原则，因此不能机械地加以应用。编制综合指数，往往要注意研究现象总体的不同情况以及分析任务的不同要求，依情况来具体确定同度量因素所属时期。

二、平均指数

（一）平均指数的概念

与综合指数相同，平均指数是总指数的基本形式之一，用来反映复杂现象的总变动。平均指数之所以被称为平均指数，是因为它利用了加权算术平均数和加权调和平均数的计算形式。在下面的讨论中，我们可以看到，平均指数的编制原理与综合指数编制的基本原理是相互贯通的。平均指数是指个体指数的平均数，其从个体指数出发，并以价值量指标为权数，通过加权平均计算来测定复杂现象的变动程度。平均指数编制的基本方法是"先对比，后平均"。"先对比"是指先通过对比计算个体指数：$k_q = \frac{q_1}{q_0}$（10.1）或 $k_p = \frac{P_1}{P_0}$（10.2）。"后平均"则是指将个体指数赋予适当的权数 $q_0 p_0$ 或 $q_1 p_1$，加以平均得到总指数。

平均指数和综合指数比较有三点不同：①综合指数是"先综合，后对比"，平均指

数是"先对比，后平均"。②综合指数主要适用于全面资料编制；平均指数既可以依据全面资料编制，也可以依据非全面资料编制。③综合指数一般采用实际资料做权数编制，平均指数在编制时，除了用实际资料做权数外，也可以用估算的资料做权数。两者的联系在于：在一定权数条件下，可以互相变形。由于这种关系的存在，当掌握的资料不能直接使用综合指数形式计算时，可把它转化为平均指数的形式计算。这种条件下的平均指数和与其对应的综合指数有着完全相同的经济意义和计算结果。个体指数相对来说是比较容易得到的，因此平均指数的运用也非常广泛。平均指数常用的形式有两种：一是加权算术平均指数，主要用于计算数量指标总指数；二是加权调和平均指数，主要用于计算质量指标总指数。

（二）加权算术平均指数的编制方法

加权算术平均指数是综合指数的变形。仍然以银杏标准酒店三种商品资料为例，说明加权算术平均数计算数量指数即销售量指数。详见表10-3。

表10-3　银杏标准酒店三种商品销售资料计算

产品名称	销售量 q		销售量个体指数 /%	销售额/元	个体指数与基期总值乘积
	基期 q_0	报告期 q_1	$k_q = \dfrac{q_1}{q_0}$	基期 $q_0 p_0$	$k_q q_0 p_0$
甲产品/件	500	750	150	50 000	75 000
乙产品/台	1 000	1 200	120	50 000	60 000
丙产品/个	800	600	75	16 000	12 000
合计	—	—	—	116 000	147 000

由以下两个公式，可以得到加权算术平均指数。

$$k_q = \frac{q_1}{q_0} \Rightarrow q_1 = k_q q_0 \tag{10.8}$$

$$k_q = \frac{\sum q_1 p_0}{\sum q_0 p_0}$$

加权算术平均指数为

$$\bar{k}_q = \frac{\sum k_q q_0 p_0}{\sum q_0 p_0} \tag{10.9}$$

用公式（10.9）计算销售量总指数 $\bar{k}_q = \dfrac{\sum k_q q_0 p_0}{\sum q_0 p_0} = \dfrac{147\,000}{116\,000} \times 100\% \approx 126.72\%$

$$\sum k_q q_0 p_0 - \sum q_0 p_0 = 147\,000 - 116\,000 = 31\,000 （元）$$

计算结果表明三种商品销售量平均上涨了26.72%，销售量的上涨使销售额增加了31 000元。

计算结果表明三种商品的销售量平均增长了26.72%。用加权算术平均指数的条件是：掌握每一种商品的销售量个体指数，同时还要有各种商品基期的价值资料。加权算术平均指数主要用于数量指标总指数，这是因为数量指标指数化时同度量因素固定在基期。

（三）加权调和平均指数的编制方法

加权调和平均指数同样是综合指数变形得到的。仍然以银杏标准酒店三种商品资料为例，说明加权调和平均数计算质量指数即价格指数。详见表 10-4。

产品名称	价格 p/元		销售价格个体指数 /%	销售额/元	报告期销售额 /个体指数
	基期 p_0	报告期 p_1	$k_P = \dfrac{P_1}{P_0}$	报告期 $q_1 p_1$	$q_1 p_1 / k_P$
甲产品/件	100	110	110	82 500	75 000
乙产品/台	50	20	40	24 000	60 000
丙产品/个	20	35	175	21 000	12 000
合计	—	—	—	127 500	147 000

由以下两个公式变形，可以得到加权调和平均指数

$$k_P = \frac{P_1}{P_0} \Rightarrow P_0 = \frac{P_1}{k_P} \qquad (10.10)$$

$$k_p = \frac{\sum q_1 p_1}{\sum q_1 p_0}$$

则加权算术平均指数为

$$\bar{k_p} = \frac{\sum q_1 p_1}{\sum q_1 p_1 \dfrac{1}{k_P}} \qquad (10.11)$$

用公式（10.11）计算价格总指数 $\bar{k_p} = \dfrac{\sum q_1 p_1}{\sum q_1 p_1 \dfrac{1}{k_P}} = \dfrac{127\ 500}{147\ 000} \times 100\% \approx 86.73\%$

$$\sum q_1 p_1 - \sum q_1 p_1 \frac{1}{k_P} = 127\ 500 - 147\ 000 = -19\ 500（元）$$

计算结果表明三种商品价格平均下降了 13.27%，价格的降低使销售额减少了 19 500元。

计算结果表明三种商品的销售价格平均下降了 13.27%。用加权调和平均指数的条件是：掌握每一种商品的价格个体指数，同时还要有各种商品报告期的价值资料。加权调和平均指数主要用于质量指标总指数的计算，这是因为质量指标指标化时同度量因素固定在报告期。

第三节　指数体系与因素分析

一、指数体系的概念与作用

（一）指数体系的概念

指数体系是由三个或三个以上有联系且数量上存在对等关系的指数所组成的数学关系式。可见，指数体系至少要由三个指数构成。本书所研究的是由三个指数构成的指数体系。例如：

商品销售额＝商品销售量×商品销售价格

产量产值＝产品产量×产品价格

这些现象在数量上存在联系，表现在动态变化上，就可以形成如下指数体系：商品销售额指数＝商品销售量指数×商品销售价格指数；产品产值指数＝产品产量指数×产品价格指数。上述列举的各个指数，不但经济上有联系，而且数量上还存在对等关系，所以每个整体都称为指数体系。等号左边的称为"对象"或"对象指标"，等号右边的称为"因素"或"因素指标"。所以从指标关系角度可以将指标体系高度概括为：对象指标等于各因素指标的连乘积。

（二）指数体系的作用

指数体系的作用主要有三个方面：一是进行"因素分析"，即分析现象的总变动中各有关因素的影响程度；二是进行"指数推算"，即根据已知的指数来推算未知的指数；三是对单个综合指数的编制具有指导意义。利用指数体系进行因素分析主要分析以下两方面的问题：①分析现象总体总量指标的变动受各种因素变动的影响程度，即利用综合指数体系，从数量指标指数和质量指标指数的相互联系中，分析各个因素的变动影响关系。例如，编制多种产品的销量指数的价格指数，分析销售量和价格变动对销售额变动的影响。②分析社会经济现象总体平均指标变动受各种因素变动的影响程度，即利用综合指数编制的方法原理，通过平均指标指数体系来进行分析。

二、总量指标变动的指数分析

（一）总量指标的两因素分析

对复杂现象总体的总量指标进行因素分析，要在编制综合指数的基础上进行。例如，要分析多种商品销售额的变动，就要编制出商品销售额指数用来反映总的变动情况，以商品销售量综合指数和商品价格综合指数为因素指数，分别反映销售量和价格两个因素的变动对销售额变动的影响。现仍用表10-2的资料来进行分析。

商品销售额＝商品销售量指数×商品价格指数

$$k_{qp} = k_q \times k_p = \frac{\sum q_1 p_1}{\sum q_0 p_0} = \frac{\sum q_1 p_0}{\sum q_0 p_0} \times \frac{\sum q_1 p_1}{\sum q_1 p_0} \qquad (10.12)$$

一个完整的指数体系，不仅包含了相对数之间的数量对等关系，而且有绝对数之

间的数量关系。即

商品销售额的增减值=销售量变动影响的增减额+价格变动影响的增减额

$$\sum q_1 p_1 - \sum q_0 p_0 = (\sum q_1 p_0 - \sum q_0 p_0) + (\sum q_1 p_1 - \sum q_1 p_0)$$

现举例说明总量指标的两因素分析法。

第一步，计算销售额指数。

$$k_{qp} = \frac{\sum q_1 p_1}{\sum q_0 p_0} = \frac{127\,500}{116\,000} \times 100\% = 109.91\%$$

$$\sum q_1 p_1 - \sum q_0 p_0 = 127\,500 - 116\,000 = 11\,500（元）$$

第二步，计算销售量总指数和价格总指数。

$$k_q = \frac{\sum q_1 p_0}{\sum q_0 p_0} = \frac{147\,000}{116\,000} \times 100\% = 126.72\%$$

$$\sum q_1 p_0 - \sum q_0 p_0 = 147\,000 - 116\,000 = 31\,000（元）$$

$$k_p = \frac{\sum q_1 p_1}{\sum q_1 p_0} = \frac{127\,500}{147\,000} \times 100\% = 86.73\%$$

$$\sum q_1 p_1 - \sum q_1 p_0 = 127\,500 - 147\,000 = -19\,500（元）$$

第三步，利用指数体系进行综合分析。

销售量指数、价格总指数和销售额总指数之间的关系为

126.72%×86.73%=109.91%

销售量变动对销售额影响的绝对额加上价格变动对销售额影响的绝对额等于销售额变动的数额

31 000+（-19 500）= 11 500（元）

以上结果说明，报告期三种商品销售额比基期增长了9.91%，报告期销售额比基期增长的绝对额为11 500元。分析其原因：一是报告期三种商品销售量比基期上涨了26.72%，使销售额上升了31 000元；二是报告期三种商品价格比基期下降了13.27%，使销售额降低了19 500元。

（二）总量指标的多因素分析

客观现象是比较复杂的，有时某现象的变动可能要受到三个或三个以上因素的影响，当一个总量指标可以表示三个或三个以上因素指标的连乘积时，同样可以利用指数体系来测定各因素变动对总变动的影响，这种分析就是对总量指标的多因素分析。例如：原材料费用总额=总产量×单位产品原材料消耗量×单位原材料价格，$qmp = q \times m \times p$
在运用多因素分析法时，一定要注意各因素的排列顺序。各因素之间的排列顺序，要符合它们之间相互联系的客观情况，一般是数量指标在前，质量指标在后；各因素的替换必须依据它们之间的客观经济联系，由数量指标到质量指标，按顺序逐次替换。在分析各因素的变动时，可以根据按综合指数确定同度量因素的一般原则来进行，即分析质量指标的变动时将数量指标固定在报告期，分析数量指标的变动时将质量指标

固定在基期。根据这个原则，原材料费用总额指数可以分解为由三个指数构成的指数体系，即原材料费用总额指数=生产量指数×单位产品原材料消耗指数×单位原材料价格指数。

$$\frac{\sum q_1 m_1 p_1}{\sum q_0 m_0 p_0} = \frac{\sum q_1 m_0 p_0}{\sum q_0 m_0 p_0} \times \frac{\sum q_1 m_1 p_0}{\sum q_1 m_0 p_0} \times \frac{\sum q_1 m_1 p_1}{\sum q_1 m_1 p_0} \quad (10.14)$$

$$\sum q_1 m_1 p_1 - \sum q_0 m_0 p_0 =$$
$$(\sum q_1 m_0 p_0 - \sum q_0 m_0 p_0) + (\sum q_1 m_1 p_0 -$$
$$\sum q_1 m_0 p_0) + (\sum q_1 m_1 p_1 - \sum q_1 m_1 p_0) \quad (10.15)$$

三、平均指标变动因素分析

（一）平均指标变动因素分析的意义

平均指标是表明社会经济总体一般水平的指标。总体一般水平由两个因素决定：一个是总体内部各部分（组）的水平；另一个是总体的结构，即各部分（组）在总体中所占的比重。总体平均指标的变动是这两个因素变动的综合结果。平均指标变动的因素分析，就是利用指数因素分析方法，从数量上分析总体各部分水平与总体结构这两个因素变动对总体平均指标变动的影响。例如，一个部门的劳动生产率水平决定于部门内各单位（组）的劳动生产率水平和不同劳动生产率水平的单位（组）在部门内的比重两个因素。通过因素分析，可以弄清这两个因素各自影响的方向、程度和数量，从而对部门劳动生产率的变动能有深入的认识。平均指标变动的因素分析是一种重要的统计分析方法，对经济管理与研究有重要的意义。影响总体平均指标变动的上述两类因素具有不同的性质。总体各部分的水平，主要取决于各部分内部的状况，反映了各部分内部各种因素的作用。而总体结构则是一种与总体全局完全有关的因素，总体结构状况决定了总体的一些基本特征。经济管理与研究的一项重要任务就是优化结构，使结构合理化。平均指标的因素分析，为这方面的深入研究提供了重要依据。

（二）平均指标变动因素分析的方法

相对数：

$$k_{\bar{x}} = \frac{\overline{x_1}}{\overline{x_0}} = \frac{\dfrac{\sum x_1 f_1}{\sum f_1}}{\dfrac{\sum x_0 f_0}{\sum f_0}} = \frac{\dfrac{\sum x_1 f_1}{\sum f_1}}{\dfrac{\sum x_0 f_1}{\sum f_1}} \times \frac{\dfrac{\sum x_0 f_1}{\sum f_1}}{\dfrac{\sum x_0 f_0}{\sum f_0}} \quad (10.16)$$

绝对数：

$$\frac{\sum x_1 f_1}{\sum f_1} - \frac{\sum x_0 f_0}{\sum f_0} = (\frac{\sum x_1 f_1}{\sum f_1} - \frac{\sum x_0 f_1}{\sum f_1}) + (\frac{\sum x_0 f_1}{\sum f_1} - \frac{\sum x_0 f_0}{\sum f_0}) \quad (10.17)$$

令 $\overline{x_n} = \dfrac{\sum x_0 f_1}{\sum f_1}$，则平均指标变动因素分析的指数体系可用如下简明形式表明：

$$\frac{\overline{x_1}}{\overline{x_0}} = \frac{\overline{x_1}}{\overline{x_n}} \times \frac{\overline{x_n}}{\overline{x_0}} \quad\quad (10.18)$$

$$\overline{x_1} - \overline{x_0} = (\overline{x_1} - \overline{x_n}) + (\overline{x_n} - \overline{x_0}) \quad\quad (10.19)$$

上述列出的指数体系包括了三个指数，依次被称为可变组成指数、结构影响指数和固定构成指数。①可变组成指数，简称可变指数，是根据报告期和基期总体平均指标的实际水平对比计算的，包括了总体各部分（组）水平和总体结构两个因素变动的综合影响。它全面地反映了总体平均水平的实际变动状况。在结构影响较大的情况下，可变组成指数的数值有可能超出各个部分变动的程度范围。也就是说，与各个部分（组）的指数相比较，有可能比最大的部分指数还大，也有可能比最小的部分指数还小。②结构影响指数，它是将各部分（组）水平固定在基期条件下计算的总平均指标指数，用以反映总体结构变动对总体平均指标变动的影响。③固定构成指数，它是将总体构成（各部分比重）固定在报告期计算的总平均指标指数。该指数消除了总体结构变动的影响，专门用以综合反映各部分（组）水平变动对总体平均指标变动的影响。因而，在其数值表现上，它总是在各部分（组）指数的范围内。事实上，固定构成指数是各个部分（组）指数的加权算术平均数。现举例说明平均指标变动因素分析方法。

【例10-2】下面是银杏标准酒店平均工资变动分析的资料，如表10-5所示。

表 10-5　银杏标准酒店平均工资变动计算

职工组别	职工人数/人		平均工资/元		工资总额/元		
	基期 f_0	报告期 f_1	基期 x_0	报告期 x_1	基期 $x_0 f_0$	报告期 $x_1 f_1$	假定 $x_0 f_1$
甲	120	180	3 500	3 700	420 000	666 000	630 000
乙	140	140	4 900	5 000	686 000	700 000	686 000
丙	100	110	5 200	5 400	520 000	594 000	572 000
合计	360	430	13 600	14 100	1 626 000	1 960 000	1 888 000

第一步，计算可变构成指数以测定总平均工资的变动程度。

$$k_x = \frac{\overline{x_1}}{\overline{x_0}} = \frac{\dfrac{\sum x_1 f_1}{\sum f_1}}{\dfrac{\sum x_0 f_0}{\sum f_0}} = \frac{\dfrac{1\,960\,000}{430}}{\dfrac{1\,626\,000}{360}} \times 100\% \approx \frac{4\,558.14}{4\,516.67} \times 100\% \approx 100.92\%$$

$$\frac{\sum x_1 f_1}{\sum f_1} - \frac{\sum x_0 f_0}{\sum f_0} = 41.47 (元)$$

计算结果说明，公司全体职工的平均工资报告期比基期提高了0.92%，报告期平均工资比基期增加了41.47元。

第二步，进行因素分析。该公司平均工资变化，一方面受各组职工工资水平变化的影响，另一方面还受到各组职工人数结构变化的影响。这两个因素同时变化会影响总平均工资的变动。下面分别对两个因素进行分析。首先，分析各组工资水平的变动对总平均工资变动的影响程度。这就需要计算固定构成指数。将表 10-5 中的数据代入式 $\dfrac{\overline{x_1}}{\overline{x_n}}$ 得

$$\frac{\overline{x_1}}{\overline{x_n}} = \frac{\dfrac{\sum x_1 f_1}{\sum f_1}}{\dfrac{\sum x_0 f_1}{\sum f_1}} = \frac{\dfrac{1\,960\,000}{430}}{\dfrac{1\,888\,000}{430}} \times 100\% \approx \frac{4\,558.14}{4\,390.70} \times 100\% \approx 103.81\%$$

$$\frac{\sum x_1 f_1}{\sum f_1} - \frac{\sum x_0 f_1}{\sum f_1} = 167.44 \ (元)$$

计算结果说明，由于各组职工工资水平报告期比基期上升，总平均工资提高了 3.81%，增加的绝对额为 167.44 元。接着，分析职工结构变动对总平均工资变动的影响程度。将表 10-5 中的数据代入式 $\dfrac{\overline{x_n}}{\overline{x_0}}$ 得

$$\frac{\overline{x_n}}{\overline{x_0}} = \frac{\dfrac{\sum x_0 f_1}{\sum f_1}}{\dfrac{\sum x_0 f_0}{\sum f_0}} = \frac{\dfrac{1\,888\,000}{430}}{\dfrac{1\,626\,000}{360}} \times 100\% \approx \frac{4\,390.70}{4\,516.67} \times 100\% = 97.21\%$$

$$\frac{\sum x_0 f_1}{\sum f_1} - \frac{\sum x_0 f_0}{\sum f_0} = -125.97 (元)$$

计算结果说明，由于职工人员结构发生变化，总平均工资下降了 2.79%，减少的绝对额为 125.97 元。以上结果的数量关系为

100.92% ≈ 103.81%×97.21%

41.47 元 = 167.44 元-125.97 元

这说明，该公司职工的平均工资报告期为基期的 100.92%，提高了 0.92%，其中各组职工工资水平上升使总平均工资提高了 3.81%，职工结构变化使总平均工资下降了 2.79%。而从绝对数来看，总平均工资增加了 41.47 元，其中工资水平的上升使总平均工资增加了 167.44 元，人员结构变化使总平均工资下降了 125.97 元。

第四节　几种常见的价格指数

一、零售价格指数

零售价格指数（retail price index）是反映城乡商品零售价格变动趋势的一种经济指数。它的变动直接影响到居民的生活支出和国家财政收入，影响居民购买力和市场供需平衡以及消费和积累的比例。因此，零售价格指数是观察和分析经济活动的重要

工具之一。居民消费价格指数和商品零售价格指数都属于价格指数，在编制的方法上也没有本质区别，但两者反映了两种不同领域，它们的编制目的是不相同的。居民消费价格指数属于消费领域的价格指数，通过它可以观察居民生活消费品及服务项目价格变动对居民生活的影响，为各级政府掌握居民消费状况，研究和制定居民消费价格政策、工资政策提供科学依据。商品零售价格指数属于流通领域的价格指数，通过它可以掌握零售商品的平均价格水平，为各级政府制定经济政策、研究市场流通提供科学依据。商品零售价格指数是在商品分类的基础上编制，商品零售价格的实际资料是通过对全国采用抽样方法选出的 226 个市、县的市场价格进行经常性的直接调查取得的。可根据需要编制不同层次的商品零售价格指数，如市、县的商品零售价格指数，某省的城市（或农村）的商品零售价格指数，全省的商品零售价格指数，全国的城市（或农村）商品零售价格指数，以及全国商品零售价格指数等。在计算权数的来源和调查商品的范围上两者也不同：①编制居民消费价格指数的权数来源于居民用于各类商品和服务项目的消费支出额以及各种商品、服务项目的实际消费支出额的构成比重，其根据住户调查资料计算。编制商品零售价格指数的权数来源于各类消费品零售额和各种消费品零售额的构成比重，主要根据社会消费品零售额资料计算。②居民消费价格的调查范围是居民用于日常生活消费的商品和服务项目价格，它既包括商品也包括非商品与服务，如学杂费、保育费等，但不包括居民一般不消费而主要供集团消费的商品，如办公用品等。商品按居民消费性质分为八大类。商品零售价格只反映商品，包括居民消费和集团消费，而不反映非商品与服务价格，商品按用途分为十六大类。

二、居民消费价格指数

居民消费价格指数（consumer price index，CPI）是大多数国家都编制的一种指数。在政府统计中，失业率和 CPI 应该是政府和老百姓都关注的两个重要指标。在美国，有足够影响力的团体，如会员超过 200 万的工会，其成员有合同保障工资和 CPI 联动。CPI 涉及经济的许多方面，当 CPI 增加 1%时，政府开支就自动地增加 60 亿美元；所得税的分级标准也会随之改动；还能够买到价值与 CPI 同步上升的美国储蓄公债。CPI 往往会影响到政府政策，在大选时它也是一个敏感指标。编制的目的是：观察居民生活消费品及服务项目价格的变动对城乡居民生活的影响，对于各级部门掌握居民消费价格状况和研究并制定居民消费价格政策、工资政策，以及测定通货膨胀等，均具有重要的现实意义。

对于 CPI，不同国家赋予的名称会有所不同，我国称之为居民消费价格指数。CPI 是反映一定时期内城乡居民所购买的生活消费品价格和服务项目价格的变动情况的一种相对数。通过它可以观察消费价格的变动水平及对消费者货币支出的影响，用它也能反映通货膨胀程度。在 2001 年以前，我国根据调查资料直接计算月环比、月同比及年度同比价格指数。自 2001 年起，我国改用国际通用方法，计算定基价格指数，即以 2000 年平均价格作基准，计算出各月定基价格指数后，再推算月环比、月同比及年度同比价格指数，同时可推算任意时间间距的多种价格指数，价格资料更丰富，可作为反映我国通货膨胀（或紧缩）程度的主要指标。经国务院批准，国家统计局城调总队负责全国居民消费价格指数的编制及相关工作，并组织、指导和管理各省区市的消费价格调查统计工作。居民消费价格指数是由居民用于日常生活消费的全部商品和服务项目构成的，具体包括食品、烟酒及用品、交通通信、医疗保健个人用品、家庭设备及维修服务、居住、衣着、娱乐教育文化用品及服务八大类商品及服务项目。在每大类中又分为若干中类，在每个中类中又分为若干小类，在每小类中又分为具体的商品。国家统计局在这八大类中选择了 262 个基本分类。每个基本分类下设置一定数量的代表规格品，目前全国有 600 多种商品和服务项目的代表规格品，作为经常性调查项目。CPI 的权重，是依据居民消费支出的比重确定的。居民消费价格指数的计算方法和计算公式与零售物价指数的计算完全一样。居民消费价格指数和零售物价指数的区别是：编制的角度和包括的范围不同。编制居民消费价格指数的类权数和大部分商品和服务项目的权数是根据住户调查中居民的实际消费构成来计算的。

三、工业品出厂价格指数

工业品出厂价格指数是反映一定时期内全部工业产品出厂价格总水平变动趋势和程度的相对数。它可以反映出厂价格变动情况及其对工业总产值及增加值的影响，从而为研究国民经济运行情况，为制定价格政策、改革价格体系提供依据。编制工业品出厂价格指数，首先要将工业品划分为生产资料和生活资料两大类，其次在此基础上细分为采掘工业、原材料工业、加工业、食品工业、衣着工业、一般日用品工业和耐用消费品工业七类。按工业部门分为冶金工业、电力工业、煤炭工业、石油工业等 15 类。从划分的各类别中选出近 800 种代表产品，5 000 多种代表规格品，以其价格的变动来反映全部工业产品价格的变动趋势。对于每种代表产品和规格品，一般应选择两个以上企业调查其价格，代表企业一般在重点城市中选择。

四、股票价格指数

在股票市场上，每时每刻都有许多股票进行交易。在同一时间里，这些股票价格各自都随着时间在不断变动。有些股票价格上涨，有些股票价格下跌，而各种股票的涨跌幅度也不尽相同。在如此千变万化的市场中，用一种股票价格的变动来描述整个股票市场的情况，显然是不行的。那么，究竟怎样来衡量整个股票市场行情的变化呢？股票价格指数是综合反映股票市场行情的一种有效指数。股票价格指数一般也采用与基期比较法，即将选样股票计算期的价格总和与基期选样股票的价格总和进行比较，反映各个时期价格水平的变动情况，简称股价指数。指数单位一般用"点"表示，"点"是衡量股票价格起落的尺度，即将基期指数作为 100，每上升或下降 1 个百分点称为"1 点"。

（一）股票指数的一般知识

1. 股价指数的特性

首先是综合性，要表示一般股价水准就必须选取许多股票价格作为计算基础。股价指数代表的是整个大市，而不能代表每一种单个股票的个别价格。其次是代表性，编制股价指数时在各类股票中均应抽取样本股。当证券市场上股票种类较少时，应当将全部上市股票作为计算对象，这样才能很好地反映现实股市的变化；当上市股票较多时，限于时间与人力，应当抽取部分具有代表性的股票作为样本。再就是敏感性，股票价格上升或下跌时，股价指数能敏感地把其变化反映出来。为了更敏感地反映股价变动，有些股价指数的计算时间逐渐缩短。计算股价指数所用的价格，先是采用当日收盘价，后改用每小时价格，现在则用每分钟的价格。最后是连续性，股价指数应当反映长时期的股市变化进程，不同时期的股价指数应当具有历史的参照作用，这就要求股价指数的编制方法一旦确定就不能随意地更改。若存在非市场因素的变化，如股票分割、增资发行等，一般应当对指数公式进行修正或调整，以维持股价指数连续变动的走势。

2. 股价指数的作用

股价指数是反映股市行情变化的指示器，人们通过它可以了解不同国家和地区股市变动的情况；股价指数能为投资者提供必不可少的信息。投资者进行股票投资，要考虑整个股市的变化情况，股价指数为他们把握投资机会、选择投资对象提供了依据；股价指数是整个经济的晴雨表。股价指数的编制是选择有代表性、实力雄厚的上市公司的股票为代表，这些公司的股价变动反映股市的股价水平，而这些公司的经营业绩又反映了该国家或地区的经济状况，所以股价指数是观察分析经济的重要参考依据。

3. 选择权数有两种方法

一般方法是以采样股票发行量为权数，来求得市价总值，报告期市价总值与基期市价总值之比，即为指数。这种股价指数显示了采样股整体资产价值的变化，相对地降低了某些股票市价暴涨暴跌对指数的影响。当股票分割、配股发生时，采样股数量相应地膨胀，权数增大，以致出现失真现象，故以发行量为权重，较适合于观察平均股价水准变动。另一种方法是以采样股票成交量为权数，但该种权数是不固定的，当股价上涨而成交量骤变时，股价指数容易使投资者产生误解，但以成交量为权重，反映了平均每股成交额，可用以测定股票市场的投资者心态。

（二）道·琼斯股票指数

道·琼斯股票指数是在 1884 年由道·琼斯公司的创始人查尔斯·亨利·道（Charles Henry Dow）开始编制的。其最初的股票价格平均指数是根据 11 种具有代表性的铁路公司的股票，采用简单算术平均法计算编制而成的。现在的道·琼斯股票价格平均指数以 1928 年 10 月 1 日为基数，因为这一天收盘时的道·琼斯股票价格平均指数恰好约为 100 美元，所以就将其定为基准日。而以后的股票价格同基期相比计算出的百分数，就成为各期的股票价格指数，所以现在的股票指数普遍用点来作单位，而股票指数每一点的涨跌就是相对于基数日的涨跌百分数。道·琼斯股票价格平均指数最初的计算方法是简单算术平均法，当遇到股票的除权除息时，股票指数将出现不连续的现象。1928 年后，道·琼斯股票价格平均指数采用了新的计算方法，即在计点的股票除权或除息时采用连接技术，以保证股票指数的连续，从而使股票指数计算方法得到了完善，并逐渐推广到全世界。

（三）香港恒生股票价格指数

香港恒生股票价格指数是香港股票市场上历史最悠久、影响最大的股票价格指数，由香港恒生银行于 1969 年 11 月 24 日开始发表。恒生股票价格指数把从香港 500 多家上市公司中挑选出来的 33 家有代表性且经济实力雄厚的大公司股票作为成分股，分为四大类，包括 4 种金融业股票、6 种公用事业股票、9 种房地产业股票和 14 种其他工商业（包括航空和酒店）股票。这些股票涉及香港的各个行业，并占香港股票市值的68.8%，具有较强的代表性。恒生股票价格指数的编制以 1964 年 7 月 31 日为基期，因为这一天香港股市运行正常，成交值均匀，可反映整个香港股市的基本情况，基点数为 100 点。其计算方法是将 33 种股票按每天的收盘价乘以各自的发行股数即为计算日的市值，再与基数的市值相比较，乘以 100 就得出当天的股票价格指数。由于恒生股票价格指数所选择的基期适当，因此不论是股票市场狂涨或猛跌，还是处于正常交易水平，恒生股票价格指数基本上都能反映整个股市的活动情况。

（四）上海证券股票指数

由上海证券交易所编制的股票指数，简称上证指数，1990 年 12 月 19 日为基准日，1991 年 7 月 15 日正式开始发布。该股票指数的样本为所有在上海证券交易所挂牌上市的股票，其中新上市的股票在挂牌的第二天纳入股票指数的计算范围。该股票指数的权数为上市公司的总股本。由于我国上市公司的股票有流通股和非流通股之分，其流通量与总股本并不一致，所以总股本较大的股票对股票指数的影响就较大。

（五）深圳综合股票指数

由深圳证券交易所编制的股票指数，简称深证指数，1991 年 4 月 3 日为基期。该股票指数的计算方法基本与上证指数相同，其样本为所有在深圳证券交易所挂牌上市的股票，权数为股票的总股本。由于深证指数以所有挂牌的上市公司为样本，因此其代表性非常广泛，且它与深圳股市的行情同步发布。我国主要的股票价格指数还有上证综合指数、深证综合指数、上证 30 指数、深证成分股指数等。

第五节　Excel 在指数分析中的应用

指数分析法是研究社会经济现象数量变动的一种统计分析方法。指数有综合指数和平均指数之分。在 Excel 中完成各项指数以及有关数值的计算，主要用到的是公式和公式复制功能。尤其是当所研究总体包括的个体很多时，公式复制功能就非常重要。下面仅说明如何在 Excel 中实现综合指数及其有关数值的计算。其他指数分析中的计算都与此大同小异，没有特别的技巧，不再赘述。

以【例 10-1】至【例 10-3】中销售总额指数、价格指数和销售量指数以及这三个指数分子、分母之差的计算为例，如图 10-1 所示。

第一步，在工作表中输入已知数据的名称和数值（包括产品名称、计量单位、基期销售量、报告期销售量、基期价格、报告期价格），如图 10-1 所示的 A~F 列第 1~6 行。

第二步，计算综合指数中的各个综合总量。本例下面的计算一共要用到四个销售总额，所以先将单元格 G1~J1 合并而成的单元格中输入"销售额 pq/元"字样，在单元格 G2、H2、I2、J2 中分别输入"基期""报告期""假定""假定"字样，在单元格 G3、H3、I3、J3 中分别输入相应的符号 $q_0 p_0$、$q_1 p_1$、$q_1 p_0$、$q_0 p_1$。这些字符的输入对计算本身而言并不是必需的，但却使计算结果的含义更加清晰明了，也便于检查，将计算结果复制到分析报告中去。

在单元格 G4 中输入公式 "=C4 * E4"，在单元格 H4 中输入公式 "=D4 * F4"，在单元格 I4 中输入公式 "=D4 * E4"，在单元格 J4 中输入公式 "=C4 * F4"；因为对乙产品和丙产品都需要类似的计算，于是可使用公式复制，最简便的方法是：用鼠标选中单元格 G4~J4，将它们的公式一并向下复制到第 6 行即可。

在单元格 A7 中输入"合计"字样，在单元格 G7 中输入公式 "=SUM（G4：G6）"（或单击自动求和图标），按 Enter 键后即可在单元格 G7 中显示出三种商品的基期销售总额为 116 000。再将单元格 G7 的公式向右复制到单元格 J7，即可得到三个销售总额的数值。

	A	B	C	D	E	F	G	H	I	J
1	产品名称	计量单位	销售量q		价格p（元）		销售额qp/元			
2			基期	报告期	基期	报告期	基期	报告期	假定	假定
3			q_0	q_1	p_0	p_1	q_0p_0	q_1p_1	q_1p_0	q_0p_1
4	甲产品	件	500	750	100	110	50000	82500	75000	55000
5	乙产品	台	1000	1200	50	20	50000	24000	60000	20000
6	丙产品	个	800	600	20	35	16000	21000	12000	28000
7	合计	—	—	—	—	—	116000	127500	147000	103000
8										
9							指数	分子—分母		
10	销售总额指数（%）：						109.91%	11500		
11	价格指数（%）：q_0 为同度量因素						88.79%	—13000		
12	q_1 为同度量因素						86.73%	—19500		
13	销售量指数（%）：p_0 为同度量因素						126.72%	31000		
14	p_1 为同度量因素						123.79%	24500		

图 10-1　销售总额指数、价格指数、销售量指数计算

第三步，分别计算各个综合指数及其分子与分母之差额。

（1）在单元格 A10 中输入"销售总额指数（%）"，在单元格 F10 中输入公式 "=H7/G7 * 100"，按 Enter 键后即在单元格 F10 中显示出销售总额指数计算结果为 109.91%；在单元格 H10 中输入公式 "=H7-G7"，按 Enter 键后即在单元格 H10 中显示出销售总额指数分子与分母之差（销售总额的增减额）为 11 500。

（2）在单元格 A11 中输入"价格指数（%）"，在单元格 F11 中输入公式 "=J7/G7 * 100"，按 Enter 键后即在单元格 F11 中显示以基期销售量 q_0 为同度量因素计算的价格指数为 88.79%；在单元格 H11 中输入公式 "=J7-G7"，按 Enter 键后即在单元格 H11 中显示出该价格指数分子与分母之差为-13 000。

在单元格 F12 中输入公式 "=H7/I7 * 100"，按 Enter 键后即在单元格 F12 中显示以报告期销售量 q_1 为同度量因素计算的价格指数为 86.73%；在单元格 H12 中输入公式 "=H7-I7"，按 Enter 键后即在单元格 H12 中显示出该价格指数分子与分母之差为-19 500。

（3）在单元格 A13 中输入"销售量指数（%）"，在单元格 F13 中输入公式 "=I7/G7 * 100"，按 Enter 键后即在单元格 F13 中显示以基期价格 p_0 为同度量因素计算的销售量指数为 126.72%；在单元格 H11 中输入公式 "=I7-G7"，按 Enter 键后即在单元格 H13 中显示出该销售量指数分子与分母之差为 31 000。

在单元格 F14 中输入公式 "=H7/J7 * 100"，按 Enter 键后即在单元格 F14 中显示

以报告期价格 p_1 为同度量因素计算的销售量指数为 123.79%；在单元格 H14 中输入公式"＝H7-J7"，按 Enter 键后即在单元格 H14 中显示出该销售量指数分子与分母之差为 24 500。

素质教育小故事

绿色指数的启示

在一个追求绿色发展的城市中，罗教授是一位深谙统计学的专家。他致力于通过数据分析来推动城市的绿色转型，将统计指数与绿色发展的理念相结合，探索出一条可持续的发展道路。

罗教授发现，虽然城市的经济增长迅速，但环境问题也日益凸显。他意识到，单纯追求经济增长的模式已经不能满足现代社会的发展需求，必须加快绿色转型。然而，如何衡量绿色转型的成效，如何确保转型的可持续性，成为摆在他面前的一大难题。

为了解决这个问题，罗教授开始研究统计指数。他收集了大量关于能源消耗、环境污染、生态保护等方面的数据，运用统计学的方法进行分析。经过长时间的研究，他成功构建了一个绿色指数体系，用来评估城市的绿色发展水平。

绿色指数体系涵盖了多个方面，包括能源利用效率、空气质量、水资源保护、生态修复等。每个方面都有相应的指标和数据支持，可以直观地反映城市在绿色转型过程中的成效。罗教授将这个指数体系应用于城市的发展规划中，为决策者提供了科学的数据支撑。

在城市政府的支持下，罗教授的绿色指数体系得到了广泛的应用。各部门根据指数体系的指导，制定了更加科学的绿色发展策略。企业也积极响应号召，采用环保技术、优化能源结构、减少污染排放。市民们也逐渐意识到绿色发展的重要性，积极参与环保活动、倡导绿色生活方式。

随着时间的推移，城市的绿色发展水平得到了显著提升。空气质量明显改善，水资源得到有效保护，生态环境逐渐恢复。这些变化不仅让市民们感受到了实实在在的利益，也吸引了越来越多的游客前来观光旅游。

在这个过程中，罗教授深刻地体会到统计指数与绿色转型相结合的重要性。他意识到，只有通过科学的数据分析，才能准确地评估绿色转型的成效；只有将数据与实际行动相结合，才能确保转型的可持续性。

罗教授的故事在城市中广为传颂。他的努力和成果不仅为城市的绿色发展做出了巨大贡献，也为其他城市提供了宝贵的经验。他用自己的实际行动诠释了绿色发展的理念。

章节练习

一、单选题

1. 指数按其所表明的经济指标性质的不同，可分为（　　　）。

    A. 个数指数和总指数　　　　　　　　B. 广义指数和狭义指数

    C. 数量指标指数和质量指标指数　　　D. 综合指数和平均指数

2. 编制指数时，需要用同度量因素的指数是（　　　）。

    1. 算术平均指数　　　　　　　　　　B. 调和平均指数

    2. 综合指数　　　　　　　　　　　　D. 固定权数平均指数

3. 在编制综合指数时，如果已将分母中的同度量因素固定在基期，则分子中的同度量因素必须固定在（　　　）。

    A. 基期

    B. 报告期

    C. 基期与报告期之间的任一时期

    D. 基期与报告期之间最中间的时期

4. 用 q 表示销售量、p 表示价格，按编制综合指数的一般原则，反映因价格变动影响而增加（或减少）的销售额的计算公式是（　　　）。

    A. $\sum q_1 p_0 - \sum q_0 p_0$　　　　　　B. $\sum q_1 p_1 - \sum q_0 p_1$

    C. $\sum q_1 p_1 - \sum q_1 p_0$　　　　　　D. $\sum q_0 p_1 - \sum q_0 p_0$

5. 编制数量指标指数时一般应以（　　　）作为同度量因素。

    A. 报告期的质量指标　　　　　　　　B. 基期的质量指标

    C. 报告期的数量指标　　　　　　　　D. 基期的数量指标

6. 指数按对象范围不同，可分为（　　　）。

    A. 个体指数和总指数　　　　　　　　B. 数量指标指数和质量指标指数

    C. 定基指数和环比指数　　　　　　　D. 平均指数和综合指数

7. 综合指数是一种（　　　）。

    A. 简单指数　　　　　　　　　　　　B. 加权指数

    C. 个体指数　　　　　　　　　　　　D. 平均指数

8. 某市居民以相同的人民币在物价上涨后少购商品15%，则物价指数为（　　　）。

    A. 17.6%　　　　　　　　　　　　　B. 85%

    C. 115%　　　　　　　　　　　　　D. 117.6%

9. 在掌握基期产值和各种产品产量个体指数资料的条件下，计算产量总指数要采用（　　　）。

    A. 综合指数　　　　　　　　　　　　B. 可变构成指数

    C. 加权算术平均数指数　　　　　　　D. 加权调和平均数指数

10. 在由三个指数组成的指数体系中，两个因素指数的同度量因素通常（   ）。

    A. 都固定在基期

    B. 都固定在报告期

    C. 一个固定在基期，另一个固定在报告期

    D. 采用基期和报告期的平均数

11. 某商店报告期与基期相比，商品销售额增长 6.5%，商品销售量增长 6.5%，则商品价格（   ）。

    A. 增长 13%   B. 增长 6.5%

    C. 增长 1%   D. 不增不减

12. 单位产品成本报告期比基期下降 6%，产量增长 6%，则生产总费用（   ）。

    A. 增加   B. 减少

    C. 没有变化   D. 无法判断

二、多选题

1. 指数的作用包括（   ）。

    A. 综合反映事物的变动方向   B. 综合反映事物的变动程度

    C. 利用指数可以进行因素分析   D. 研究事物在长时间内的变动趋势

2. 某企业为了分析本厂生产的两种产品产量的变动情况，已计算出产量指数为 112.5%，这一指数是（   ）。

    A. 综合指数   B. 总指数

    C. 个体指数   D. 数量指标指数

3. 平均数变动因素分析的指数体系中包括的指数有（   ）。

    A. 可变组成指数   B. 固定构成指数

    C. 结构影响   D. 算术平均指数

4. 同度量因素的作用有（   ）。

    A. 平衡作用   B. 权数作用

    C. 稳定作用   D. 同度量作用

5. 若 p 表示商品价格，q 表示商品销售量，则公式 $\sum p_1 q_1 - \sum p_1 q_1$ 表示的意义是（   ）。

    A. 综合反映销售额变动的绝对额

    B. 综合反映价格变动和销售量变动的绝对额

    C. 综合反映多种商品价格变动而增减的销售额

    D. 综合反映价格变动而使消费者增减的货币支出额

6. 指数按计算形式不同可分为（   ）。

    A. 简单指数   B. 总指数

    C. 数量指标指数   D. 加权指数

7. 当权数为 $p_0 q_0$ 时，以下哪些说法是正确的（   ）。

    A. 数量指标综合指数可变形为加权算术平均指数

    B. 数量指标综合指数可变形为加权调和平均指数

C. 质量指标指数可变形为加权算术平均指数

D. 质量指标指数可变形为加权调和平均指数

8. 指数体系中（　　　）。

    A. 一个总值指数等于两个（或两个以上）因素指数的代数和

    B. 一个总值指数等于两个（或两个以上）因素指数的乘积

    C. 存在相对数之间的数量对等关系

    D. 存在绝对变动额之间的数量对等关系

三、判断题

1. 指数的实质是相对数，它能反映现象的变动和差异程度。　　　　　　　　（　　）

2. 只有总指数可划分为数量指标指数和质量指标指数，个体指数不能作这种划分。

                                                （　　）

3. 质量指标指数是固定质量指标因素，只观察数量指标因素的综合变动。（　　）

4. 算术平均指数是反映平均指标变动程度的相对数。　　　　　　　　　　　（　　）

5. 综合指数是一种加权指数。　　　　　　　　　　　　　　　　　　　　　（　　）

6. 从狭义上说，指数体系的若干指数在数量上不一定存在推算关系。　　　　（　　）

7. 数量指标指数和质量指标指数的划分具有相对性。　　　　　　　　　　　（　　）

四、简答题

1. 什么是统计指数？它有哪些作用？

2. 同度量因素的含义是什么？

3. 什么是指数体系？指数体系的作用有哪些？

五、计算题

1. 银杏标准酒店三种产品的产量情况如表 10-6 所示。

表 10-6　银杏标准酒店三种产品的产量情况

产品	计量单位	出厂价格/元		产量	
		基期	报告期	基期	报告期
A	件	8	8.5	13 500	15 000
B	个	10	11	11 000	10 200
C	千克	6	5	4 000	4 800

试计算出厂价格指数和产量指数，并对该厂产值的变动作因素分析。

2. 银杏标准酒店下属三个部门生产某种产品的情况如表 10-7 所示。

表 10-7　银杏标准酒店下属三个部门生产某种产品的情况

部门	单位产品成本/元		产量/吨	
	上月	本月	上月	本月
一部	960	952	4 650	4 930
二部	1 010	1 015	3 000	3 200
三部	1 120	1 080	1 650	2 000

根据上表资料计算可变组成指数、固定组成指数和结构影响指数，并分析单位成本水平和产量结构变动对总成本的影响。

附　录

附录 A　正态分布概率表

$$P\{|Z| \leqslant Z_{a/2}\} = 1 - a$$

$Z_{a/2}$	$1 - a$	$Z_{a/2}$	$1 - a$	$Z_{a/2}$	$1 - a$	$Z_{a/2}$	$1 - a$
0.00	0.000 0	0.31	0.243 4	0.62	0.464 7	0.93	0.647 6
0.01	0.008 0	0.32	0.251 0	0.63	0.471 3	0.94	0.652 8
0.02	0.016 0	0.33	0.258 6	0.64	0.477 8	0.95	0.657 9
0.03	0.023 9	0.34	0.266 1	0.65	0.484 3	0.96	0.662 9
0.04	0.031 9	0.35	0.273 7	0.66	0.490 7	0.97	0.668 0
0.05	0.039 9	0.36	0.281 2	0.67	0.497 1	0.98	0.672 9
0.06	0.047 8	0.37	0.288 6	0.68	0.503 5	0.99	0.677 8
0.07	0.055 8	0.38	0.296 1	0.69	0.509 8	1.00	0.682 7
0.08	0.063 8	0.39	0.303 5	0.70	0.516 1	1.01	0.687 5
0.09	0.071 7	0.40	0.310 8	0.71	0.522 3	1.02	0.692 3
0.10	0.079 7	0.41	0.318 2	0.72	0.528 5	1.03	0.697 0
0.11	0.087 6	0.42	0.325 5	0.73	0.534 6	1.04	0.701 7
0.12	0.095 5	0.43	0.332 8	0.74	0.540 7	1.05	0.706 3
0.13	0.103 4	0.44	0.340 1	0.75	0.546 7	1.06	0.710 9
0.14	0.111 3	0.45	0.347 3	0.76	0.552 7	1.07	0.715 4
0.15	0.119 2	0.46	0.354 5	0.77	0.558 7	1.08	0.719 9
0.16	0.127 1	0.47	0.361 6	0.78	0.564 6	1.09	0.724 3
0.17	0.135 0	0.48	0.368 8	0.79	0.570 5	1.10	0.728 7
0.18	0.142 8	0.49	0.375 9	0.80	0.576 3	1.11	0.733 0
0.19	0.150 7	0.50	0.382 9	0.81	0.582 1	1.12	0.737 3
0.20	0.158 5	0.51	0.389 9	0.82	0.587 8	1.13	0.741 5
0.21	0.166 3	0.52	0.396 9	0.83	0.593 5	1.14	0.745 7
0.22	0.174 1	0.53	0.403 9	0.84	0.599 1	1.15	0.749 9
0.23	0.181 9	0.54	0.410 8	0.85	0.604 7	1.16	0.754 0
0.24	0.189 7	0.55	0.417 7	0.86	0.610 2	1.17	0.758 0
0.25	0.197 4	0.56	0.424 5	0.87	0.615 7	1.18	0.762 0
0.26	0.205 1	0.57	0.431 3	0.88	0.621 1	1.19	0.766 0
0.27	0.212 8	0.58	0.438 1	0.89	0.626 5	1.20	0.769 9
0.28	0.220 5	0.59	0.444 8	0.90	0.631 9	1.21	0.773 7
0.29	0.228 2	0.60	0.451 5	0.91	0.637 2	1.22	0.777 5
0.30	0.235 8	0.61	0.458 1	0.92	0.642 4	1.23	0.781 3

$Z_{a/2}$	$1-a$	$Z_{a/2}$	$1-a$	$Z_{a/2}$	$1-a$	$Z_{a/2}$	$1-a$
1.24	0.785 0	1.58	0.885 9	1.92	0.945 1	2.52	0.988 3
1.25	0.788 7	1.59	0.888 2	1.93	0.946 4	2.54	0.988 9
1.26	0.792 3	1.60	0.890 4	1.94	0.947 6	2.56	0.989 5
1.27	0.795 9	1.61	0.892 6	1.95	0.948 8	2.58	0.990 1
1.28	0.799 5	1.62	0.894 8	1.96	0.950 0	2.60	0.990 7
1.29	0.803 0	1.63	0.896 9	1.97	0.951 2	2.62	0.991 2
1.30	0.806 4	1.64	0.889 0	1.98	0.952 3	2.64	0.991 7
1.31	0.809 8	1.65	0.901 1	1.99	0.953 4	2.66	0.992 2
1.32	0.813 2	1.66	0.903 1	2.00	0.954 5	2.68	0.992 6
1.33	0.816 5	1.67	0.905 1	2.02	0.956 6	2.70	0.993 1
1.34	0.819 8	1.68	0.907 0	2.04	0.958 7	2.72	0.993 5
1.35	0.823 0	1.69	0.909 0	2.06	0.960 6	2.74	0.993 9
1.36	0.826 2	1.70	0.910 9	2.08	0.962 5	2.76	0.994 2
1.37	0.829 3	1.71	0.912 7	2.10	0.964 3	2.78	0.994 6
1.38	0.832 4	1.72	0.914 6	2.12	0.966 0	2.80	0.994 9
1.39	0.835 5	1.73	0.916 4	2.14	0.967 6	2.82	0.995 2
1.40	0.838 5	1.74	0.918 1	2.16	0.969 2	2.84	0.995 5
1.41	0.841 5	1.75	0.919 9	2.18	0.970 7	2.86	0.995 8
1.42	0.844 4	1.76	0.921 6	2.20	0.972 2	2.88	0.996 0
1.43	0.847 3	1.77	0.923 3	2.22	0.973 6	2.90	0.996 2
1.44	0.850 1	1.78	0.924 9	2.24	0.974 9	2.92	0.996 5
1.45	0.852 9	1.79	0.926 5	2.26	0.976 2	2.94	0.996 7
1.46	0.855 7	1.80	0.928 1	2.28	0.977 4	2.96	0.996 9
1.47	0.857 4	1.81	0.929 7	2.30	0.978 6	2.98	0.997 1
1.48	0.861 1	1.82	0.931 2	2.32	0.979 7	3.00	0.997 3
1.49	0.863 8	1.83	0.932 8	2.34	0.980 7	3.20	0.998 6
1.50	0.866 4	1.84	0.934 2	2.36	0.981 7	3.40	0.999 3
1.51	0.869 0	1.85	0.935 7	2.38	0.982 7	3.60	0.999 68
1.52	0.871 5	1.86	0.937 1	2.40	0.983 6	3.80	0.999 86
1.53	0.874 0	1.87	0.938 5	2.42	0.984 5	4.00	0.999 94
1.54	0.876 4	1.88	0.939 9	2.44	0.985 3	4.50	0.999 993
1.55	0.878 9	1.89	0.941 2	2.46	0.986 1	5.00	0.999 999
1.56	0.881 2	1.90	0.942 6	2.48	0.986 9		
1.57	0.883 6	1.91	0.943 9	2.50	0.987 6		

参考文献

［1］罗洪群，王青华. 新编统计学［M］. 北京：清华大学出版社，2017.

［2］李享. 旅游统计学［M］. 北京：中国旅游出版社，2016.

［3］席唤民. 新编旅游统计学［M］. 北京：旅游教育出版社，2017.

［4］向蓉美，王青华，马丹. 统计学［M］. 北京：机械工业出版社，2017.

［5］韩兆洲. 统计学原理［M］. 广州：暨南大学出版社，2018.

［6］贾俊平. 统计学［M］. 北京：清华大学出版社，2020.

［7］沃建红. 统计学基础及应用［M］. 北京：人民邮电出版社，2022.

［8］龚秀芳，杭爱明，康正发. 统计学基础［M］. 上海：立信会计出版社，2015.

［9］蒋枝偶，旅游统计分析教程［M］. 北京：中国社会科学出版社，2019.

［10］乔花芳. 中国旅游业发展报告［M］. 北京：中国旅游出版社，2021

［11］中国旅游研究院. 中国旅游经济运行分析与发展预测［M］. 北京：中国旅游出版社，2021.

［12］邱文君. Excel 统计分析与应用大全［M］. 北京：机械工业出版社，2013.

［13］王维鸿. Excel 在统计中的应用［M］. 北京：中国水利水电出版社，2020.

［14］张著，陈杰. Excel 统计分析与应用教程［M］. 2 版. 北京：清华大学出版社，2022.

本书推荐阅读资料